con Liderazgo

PROFIT editorial

Profit Editorial, sello editorial de referencia en libros de empresa y management. Con más de 400 títulos en catálogo, ofrece respuestas y soluciones en las temáticas:

- Management, liderazgo y emprendeduría.
- Contabilidad, control y finanzas.
- Bolsa y mercados.
- Recursos humanos, formación y coaching.
- Marketing y ventas.
- Comunicación, relaciones públicas y habilidades directivas.
- Producción y operaciones.

E-books:
Todos los títulos disponibles en formato digital están en todas las plataformas del mundo de distribución de e-books.

Manténgase informado:
Únase al grupo de personas interesadas en recibir, de forma totalmente gratuita, información periódica, newsletters de nuestras publicaciones y novedades a través del QR:

Dónde seguirnos:

  @profiteditorial

    Profit Editorial

Ejemplares de evaluación:
Nuestros títulos están disponibles para su evaluación por parte de docentes. Aceptamos solicitudes de evaluación de cualquier docente, siempre que esté registrado en nuestra base de datos como tal y con actividad docente regular. Usted puede registrarse como docente a través del QR:

Nuestro servicio de atención al cliente:
Teléfono: **+34 934 109 793**

E-mail: **info@profiteditorial.com**

Tony Blair

con Liderazgo

Lecciones para el siglo XXI

Prólogo
de José Blanco

Todas las publicaciones de Profit están disponibles para realizar ediciones personalizadas por parte de empresas e instituciones en condiciones especiales.

Para más información, por favor, contactar con: info@profiteditorial.com

Título original: *On Leadership: Lessons for the 21st Century*

Traducción de Carolina Hernández Terrazas

Diseño de cubierta: XicArt
Maquetación: Fotocomposición gama, sl

ISBN: 978-84-10235-64-9
Depósito legal: B 19426-2024
Primera edición: Noviembre de 2024

Impresión: Gráficas Rey
Impreso en España / *Printed in Spain*

Al maravilloso personal de mi instituto,
que está haciendo posible el cambio.

Índice

PARTE III
Lecciones políticas

PARTE IV
A la altura de un mundo cambiante: la revolución tecnológica del siglo XXI

PARTE V
Política exterior

PARTE VI
La comunicación en un nuevo entorno mediático

PARTE VII
Tú eres el líder

Prólogo

Cuando en 1983 el entonces líder del partido laborista y líder de la oposición en el Reino Unido, Michael Foot, conoció a un joven abogado de Londres llamado Tony Blair no dudó al asegurar que aquel treintañero de rostro delgado, mirada expresiva y amplia sonrisa tenía un «gran futuro en la política». Tanto es así que le dio su primera oportunidad, posibilitando que se convirtiese primero en miembro del Parlamento, siendo el diputado laborista más joven del hemiciclo, y después en portavoz de la oposición, responsable del área económica.

Foot, que había jugado un papel destacado en la recuperación de la democracia en España, defendiendo un modelo de transición inclusivo, pacífico y que favoreciese el inicio de un periodo de convivencia y reconciliación en nuestro país, demostró su buen criterio a la hora de promocionar al joven Blair como garante de un nuevo tiempo en la maltrecha socialdemocracia inglesa. No era sencillo. Era la época de la hegemonía thatcheriana y el desánimo laborista.

Años más tarde, cuando en 1994, Tony Blair se convirtió en el líder del Partido Laborista, las crónicas más destacadas de *The Guardian*, *The Independent*, *The Daily Telegraph* o *The Times* dibujaban una radiografía del nuevo líder británico destacando su energía, visión y pragmatismo. Para muchos, aquel joven de origen escocés representaba el punto de inflexión que necesitaba el laborismo inglés para superar años de abatimiento, apatía y malestar, y reconstruir tanto el propio partido como las políticas que defendían. Un golpe de aire fresco que ofrecía amplias dosis de esperanza para un nuevo tiempo.

Aquellas altas expectativas debían verse materializadas en hechos y victorias. En una gestión que fuese capaz de dar respuesta a las latentes demandas insatisfechas y que se articulase sobre la base de procedimientos y dinámicas prácticas adaptadas al contexto de los albores del nuevo milenio.

Blair aunaba los valores de un racional líder estadista con los de un emocional modelo profético. Alguien capaz de entender los retos y desafíos tanto nacionales como internacionales desde una perspectiva de amplio espectro. No solo pensaba en lo inmediato sino que perseguía construir la sociedad del mañana. La defensa de sus coetáneos y la garantía de las futuras generaciones.

Para ello eran necesarios una serie de requisitos, algunos inherentes a la personalidad del nuevo líder y otros que debía cultivar y aprender. A Tony Blair le hubiese gustado encontrarse con algún manual o guía referencial que alertase sobre las destrezas necesarias y las complejidades existentes en el noble arte de gobernar. No lo confiesa, pero es más que probable que Blair, como intelectual de su tiempo, hubiese leído e interiorizado los consejos sobre liderazgo de ilustres políticos como Teddy Roosevelt, Winston Churchill, Charles De Gaulle, Willy Brandt, Olof Palme o Nelson Mandela. Todos ellos disertaron acerca de las necesarias aptitudes y cualidades a la hora de hacer frente a altas responsabilidades públicas, y a varios de ellos hace referencia en esta precisa obra.

Es innegable que los tiempos cambian, que las formas de hacer política evolucionan y que la política nunca puede ir varios pasos por detrás de cómo avanza la sociedad. Por ello, Tony Blair, con excelente criterio, comienza alertándonos de la necesidad de analizar el contexto que nos rodea. Entender que el entorno permite comprender sus fallos, imperfecciones y necesidades. Los actuales son tiempos de volatilidad, inmediatez y complejidad. Una globalidad tecnológica en la que los cambios son tan sumamente dinámicos que, en ocasiones, propician un impulso hacia la brevedad y la celeridad tanto en las respuestas como en las acciones, al tiempo que los problemas se complejizan y las recetas clásicas se avejentan. De ahí la importancia de contar con líderes con propósito, con una visión clara de qué se debe hacer, con valentía y determinación, pero capaces de consensuar, escuchar y progresar. Todo ello de manera íntegra, adaptativa y magnánima.

Estas virtudes no servirán de mucho si no somos capaces de recordar que el liderazgo es una cuestión bidireccional en la que tan determinante es la figura del dirigente como la del ciudadano que permite que dicho actor político ostente sus responsabilidades públicas. Por eso, entender la importancia comunicativa de un adecuado liderazgo se hace indispensable en las modernas sociedades líquidas.

Todo ello estuvo y continúa estando presente en la forma de entender la política de Tony Blair. Él encarna los principios esenciales de un adecuado líder capaz de guiar la acción política del Estado. Defender y salvaguardar las instituciones, entender que los organismos públicos deben ir de la mano de la sociedad civil, apoyándose en la iniciativa privada, asegurando la justicia social, la igualdad, el progreso económico y el bienestar ciudadano. Un aval que le permitió abrir un nuevo periodo en el Reino Unido, posibilitando así que su país diese un gran salto cualitativo.

Convertirse en el primer ministro más joven en casi dos siglos de historia y mantenerse en el poder durante una década dibujan una exitosa trayectoria política que legitima al autor para señalar las amenazas vigentes y las cualidades de un liderazgo inquebrantable. En estas páginas nos ofrece un amplio ejercicio de reflexión salpimentado de vivencias personales y aderezado con ejemplos históricos que vislumbran un compendio de requisitos esenciales a la hora de elaborar, de manera exitosa, la receta de todo buen liderazgo. En definitiva, estamos ante una obra imprescindible para cualquiera que sienta vocación o apego por lo común, por aquello que es de todos y que con responsabilidad moral debemos preservar. Un relato inspirador y ameno que nos recuerda la importancia de actuar con autenticidad, coraje y empatía.

José Blanco
Exministro del Gobierno de España
y CEO fundador de ACENTO

Introducción
El liderazgo y la ciencia de gobernar

Ningún mandatario que yo haya conocido y que haya triunfado lo ha hecho por el mero hecho de ser un «líder». Lo consiguió trabajando duro, aplicándose, analizando los detalles, sopesándolo todo antes de decidir, poniendo a prueba sus dudas y su confianza en sí mismo.

Y gracias a su curiosidad. Por la voluntad de aprender. Por una búsqueda sin tregua de la respuesta correcta, yendo hasta el fondo, en caso necesario, para conseguirlo.

Fui durante diez años jefe del Gobierno británico y he pasado casi veinte más, a través de mi instituto, ayudando a Gobiernos y dirigentes de unos cuarenta países diferentes de todo el mundo. He aprendido mucho haciéndolo y viendo a otros hacerlo.

El liderazgo es siempre un viaje. Con el tiempo, he descifrado un patrón de tres etapas en ese viaje. En el primer arrebato de poder, los líderes son todo oídos. Son conscientes de que no saben nada, o muy poco, de lo que realmente significa gobernar. Escuchan con avidez.

En la segunda etapa, cuando se han aclimatado al ritmo de su nuevo día a día, saben lo suficiente como para creer que lo saben todo. Se impacientan por escuchar. Son el jefe. ¿Quién puede saber más que ellos?

La tercera etapa es la de la madurez, cuando se dan cuenta de que lo que saben no es la suma total del conocimiento político; que hay cosas —muchas— que no conocen. Una vez más, con más humildad, escuchan y aprenden.

Suelen llegar a ese momento, por desgracia, mediante una amarga experiencia.

La distancia entre las tres etapas puede ser larga o corta.

Muchos líderes nunca pasan de la segunda fase. Y es en ella cuando suelen cometerse los errores.

Este libro trata de cómo, estudiando la ciencia de gobernar y lo que implica, los líderes pueden acortar su aprendizaje para llegar a la tercera etapa más rápido y en mejor forma.

Los Gobiernos han existido siempre, por supuesto. Pero el siglo XX fue testigo de una expansión sin precedentes de lo que hacen y de lo que los ciudadanos esperan de ellos.

En el Reino Unido de principios del siglo XIX, el papel del Estado estaba muy circunscrito. Se recaudaban impuestos para pagar un conjunto limitado de obligaciones que giraban principalmente en torno a la defensa. El sistema de educación pública era escaso o inexistente; se carecía de un sistema de asistencia sanitaria auspiciado por el Gobierno; no había pensiones y las prestaciones sociales eran limitadas. La administración de la ley y el orden era rudimentaria. El concepto de asistencia social era desconocido. A lo largo del siglo XIX se desarrollaron las prestaciones del Estado, pero incluso en 1900 el gasto público solo representaba alrededor del 12 % del PIB.

Desde entonces, a medida que el Gobierno ha ido asumiendo cada vez más deberes y responsabilidades, esa cifra ha aumentado a más del 40 %. La mayoría de los países desarrollados modernos han construido su espacio público de forma muy similar. Y los países en desarrollo siguen su ejemplo.

Los ciudadanos confían ahora en que su Gobierno organice —y a menudo financie— la educación de sus hijos, les proporcione cuidados cuando están enfermos y ayuda económica cuando son mayores o están desempleados. Esperan que mantenga la seguridad en las calles y la nación protegida. Esperan que apruebe leyes para administrar un entorno empresarial cada vez más complejo y que lo regule todo, desde la producción de alimentos a la gestión de residuos, pasando por la promoción de determinados productos y las cuestiones medioambientales y climáticas.

Como resultado, el Gobierno es hoy un gigante intrusivo y omnipresente en nuestras vidas. Podemos debatir hasta la extenuación su tamaño y propósito, pero la realidad es que está aquí para quedarse y a un nivel que hace que su funcionamiento influya en una parte significativa de cómo nos movemos por la vida.

Sin embargo, aunque esa verdad es ineludible, lo extraño es lo constreñido y enrarecido que está el debate sobre lo que podríamos llamar la ciencia de gobernar: cómo funciona la máquina y cómo se puede hacer para que lo haga mejor.

No quiero decir que no se debata la competencia de determinados Gobiernos o sus políticas. Lo hacemos. Pero no nos centramos mucho en los principios de la buena gobernanza, en lo que funciona y lo que no, en si existen normas comunes o lecciones que podamos aprender. En otras palabras, no nos detenemos a considerar cómo extraer lo mejor de este monstruo.

Es cierto que las circunstancias de cada país son diferentes. Y me parece que una creencia muy común entre los líderes políticos, al menos al principio de su mandato, es que su nación es especial y que hay un límite en lo que respecta a lo que pueden aprender de las demás.

Pero los procesos de gobierno son muy similares en todas las naciones. Los retos suelen ser los mismos. La forma de gobernar —eficaz o ineficaz— tiene las mismas características. Además, los Gobiernos cuentan con décadas de experiencia. Por lo tanto, es posible —y, desde el punto de vista del éxito, esencial— conocer y comprender los distintos elementos del hecho de gobernar antes de asumir la responsabilidad de la nación.

La forma en que funciona el Gobierno, cómo crea las estructuras adecuadas para la toma de decisiones, cómo se organiza, cómo emplean los dirigentes el tiempo y su capacidad para gobernar en lugar de para hacer política: en esto consiste esta ciencia.

Dominarla marca, literalmente, la diferencia entre los Gobiernos —y, por tanto, a menudo los países— que triunfan y los Gobiernos —y los países— que fracasan.

Cuando hablo con nuevos líderes, hago un ejercicio en el que los invito a pensar en países cercanos y similares en términos de población, recursos naturales y oportunidades, y luego los insto a que los comparen.

Polonia y Ucrania (antes de la guerra). Ruanda y Burundi. Myanmar y Malasia. A pesar de todos los problemas de Colombia, se puede comparar con Venezuela. O Kuwait con los Estados más prósperos del Golfo. Y luego está el mayor experimento de laboratorio de gobierno disponible para la humanidad, la península de Corea: Corea del Norte y Corea del Sur.

Para cada país exitoso, habrá habido un punto de inflexión, un momento en el que avanzó, se desarrolló, liberó potencial y se expandió.

¿Cómo se tomaron las decisiones trascendentales? ¿Cómo se pasó de la proyección a la realidad? Cada paso no solo implicaba una idea, sino una forma de proceder: había una política, un marco de aplicación, un proceso ejecutivo. Por supuesto, también liderazgo.

Así que, como líder, no sería prudente embarcarse en una reforma importante sin estudiar detenidamente cómo la han llevado a cabo otros líderes que se han enfrentado a problemas y retos similares. Gobernar ofrece lecciones; tiene atributos que se pueden aplicar de manera general. Incluso su idiosincrasia tiene elementos comunes. Merece la pena estudiar todo esto.

En una democracia elegimos al jefe de Gobierno. Sin embargo, no se exige ninguna cualificación: llegué a primer ministro sin ninguna experiencia previa de gobierno. Los líderes no se abren camino aprendiendo sobre la marcha, con una evaluación objetiva de su capacidad; simplemente llegan y se ponen manos a la obra. Lo mismo ocurre con muchos ministros, si no con la mayoría, aunque dirijan grandes departamentos y controlen importantes presupuestos. También ocurre en los países no democráticos: los nuevos dirigentes asumen el cargo con la misma discordancia entre poder y experiencia; y sus ministros están en el mismo barco.

En cualquier otro ámbito de la vida, la mayoría de mucha menos relevancia para el ciudadano de a pie que el hecho de gobernar una nación, nadie soñaría con algo así. Lo consideraríamos irresponsable, imprudente y muy peligroso.

Para ser justos con el electorado, no se puede esperar que tenga una visión precisa de la aptitud para gobernar de aquellos a los que ha elegido. Los votantes tienen una opinión general, por supuesto, y en una democracia eligen sobre esa base.

Pero, aunque cuando un nuevo líder llega al cargo carece de experiencia —y su equipo también—, puede compensar esa irracionalidad del sistema que lo ha llevado hasta allí. Hay un historial que puede examinar; lecciones claras que puede aprender. Incluso si no ha hecho nunca el viaje, otros sí lo han hecho; hay hojas de ruta que puede seguir, señales de advertencia que puede tomar en cuenta y experiencias vividas para iluminar lo que realmente implica gobernar.

Esto no puede compensar la ausencia de liderazgo. Pero, sin duda, es mejor que los líderes se formen con el aprendizaje disponible sobre cómo les ha ido a otros ejerciendo el liderazgo.

Todos los líderes se enfrentarán a los retos de diseñar estrategias, políticas y obtener resultados; crear el equipo adecuado, superar los intereses que se interponen en el camino, hacer que la burocracia pase de la inercia a lograr un verdadero impacto, dirigir la nave del Estado a través de las tormentas de acontecimientos externos.

Así pues, sean cuales sean sus cualidades naturales de liderazgo, debe haber espacio para el aprendizaje, para adquirir habilidades tangibles de diseño y puesta en marcha, así como para algo tan etéreo como el propio carácter.

La política es en parte filosofía, en parte rendimiento y en parte sentido práctico. Este último aspecto es el más mundano, pero es el que al final marca la diferencia.

Para la persona que está en la cima, hay una diferencia entre ser líder y liderazgo. O incluso entre ser «un líder» y simplemente la persona que ocupa la posición de líder.

Los líderes llegan a puestos de liderazgo por caminos muy variados: algunos por cálculo, otros por accidente, otros por alguna circunstancia particular, algunos por crisis y otros por coraje; a menudo es una amalgama de todos ellos.

Pero solo unos pocos merecen realmente el título de líder, es decir, que, una vez allí, ejercen lo que llamamos —a modo de cumplido— liderazgo.

He llegado a la conclusión de que los atributos del liderazgo han de ser los mismos sea cual sea el cargo que se ocupe, desde el que dirige un país hasta un equipo de fútbol, una empresa o cualquier tipo de organización, ya sea una tienda o un centro comunitario.

Un líder da un paso al frente cuando los demás retroceden. El manto de la responsabilidad se va pasando de unos a otros y el líder lo toma *motu proprio*. De acuerdo, a veces le llega amablemente y otras lo arrebata antes de que nadie más pueda acercarse a él. Pero en ambos casos, o en algún punto intermedio, está preparado para llevarlo.

Pero eso solo pone en la posición del líder. Ser «un líder» significa algo diferente.

Los líderes tienen el valor de no dejarse llevar por la corriente. Hablan cuando los demás callan. Actúan cuando otros dudan. Asumen el riesgo, no porque no lo identifiquen como tal, sino porque creen que un propósito superior exige asumirlo.

Están dispuestos a decir lo que hay que decir, incluso a sus propios partidarios.

Esta es una parte esencial del liderazgo político, sin la cual se consigue poco. Cualquier político razonablemente inteligente sabe lo que su público quiere oír. Así que decirlo es lo fácil: jugar con la multitud, aceptar su calidez, recibir sus elogios, conmoverla; observar cómo sigue cada cadencia, cada gesto, el ritmo del discurso, que aumenta en intensidad, los aplausos y la aprobación. Desde tiempos inmemoriales, los políticos han pronunciado este tipo de discursos, han lanzado estas frases y ahora tuitean sus recordatorios de lealtad en 280 caracteres.

Esta forma de hacer política tiene su importancia. Pocos líderes sobrevivirían sin esos momentos. Crearlos requiere talento. Pero no es lo mismo que el liderazgo.

El liderazgo es ponerse delante de una multitud que espera ser complacida, pero prepararse para disgustarla. Explicar la verdad en lugar de lo que esperan oír. Persuadir, no apaciguar, al público que no está de tu parte. Dirigirse a la cabeza y no al corazón.

La voluntad de asumir no solo el manto de la responsabilidad, sino lo que conlleva si se lleva ese manto en serio: la crítica tanto como la adulación; la necesidad de decisión y no simplemente de debate; de sustancia tanto como de brillo; de avanzar y no solo de estar; de acción y no de mero análisis; de resolver los problemas y no simplemente de articularlos.

Y seguir adelante incluso cuando parece que la derrota es un resultado tan posible como la victoria; retirarse tácticamente, pero nunca estratégicamente.

Esto es liderazgo.

Y darse cuenta de que dar a la gente lo que quiere no es el objetivo del liderazgo.

¿Es un pensamiento sorprendente? ¿Especialmente para un líder político?

La política consiste en hacer lo que quiere el pueblo, ¿no?

Pues no. Ahora bien, una afirmación tan sorprendente necesita una cuidadosa aclaración. Por supuesto, el objetivo es mejorar la vida de la gente. Hacer que estén mejor, que sean más felices, más capaces de cumplir sus sueños y aspiraciones.

Pero eso no es lo mismo que darles lo que quieren en un momento dado, perseguir cada oleada de opinión y tratar de satisfacerla, escudriñar las encuestas y actuar en consecuencia, acceder a cada demanda en lugar de evaluar su pertinencia, medir la validez de un punto de vista por la vehemencia con que se expresa. El líder propone al pueblo lo que necesita y no solo lo que quiere. De lo contrario, el líder no es más que un seguidor.

Me encanta la mítica frase de Henry Ford, cuando le preguntaron sobre cómo dar a la gente lo que quería: «Si le hubiera preguntado a la gente lo que quería, habrían dicho "caballos más rápidos"». En una línea similar, Steve Jobs dijo: «No puedes preguntar a los clientes lo que quieren y luego intentar dárselo; para cuando lo tengas, querrán algo nuevo».

Lo que se aplica a los negocios también se aplica a la política.

Pensar que esta afirmación es elitista es malinterpretar el fundamento de la relación correcta entre líder y liderados. El líder debe hacer lo que crea que interesa al pueblo. Si al pueblo no le gusta el resultado, acaba despidiendo al líder.

Pero el trabajo del líder es liderar.

Parte de lo que se describe en las páginas siguientes trata sobre la función del liderazgo: cómo determinar las prioridades, construir la política adecuada, formar un buen equipo; cómo manejar el estrés y la tensión de gobernar.

Todas estas cosas contribuyen a un mayor éxito como líder.

Y no hay valor que pueda superar una limitación de competencia.

Pero la valentía —hacer lo correcto y no lo fácil, estar dispuesto a ser impopular además de popular— es un rasgo casi inevitable de los líderes de éxito.

Por la sencilla razón de que los verdaderos líderes son los que logran el cambio. Y el cambio es el reto más difícil de conseguir.

El cambio se resiste. Muchos lo han intentado y han fracasado.

Por eso, asumir este reto requiere valentía. Piensa en cualquiera de los grandes líderes, desde iconos como Mandela hasta transformadores de países como Lee Kuan Yew: todos ellos tuvieron que adoptar posturas que provocaron oprobio. Sin embargo, perseveraron, a menudo contra todo pronóstico; no a ciegas, sino con determinación.

Cualquier líder que haya intentado alguna vez una gran reforma ha conocido el precio: el agotamiento del capital político; nuevas oportunidades para los adversarios; la antipatía, incluso el odio, de quienes se oponen a la reforma; una gran presión, sobre él, sobre quienes lo rodean, incluso sobre la familia, los amigos; a veces, la angustia de saber si realmente merece la pena.

Aunque antes de empezar ya se sabe que va a haber dolor, resulta curiosamente sorprendente y muy incómodo cuando aparece.

Afrontar todo esto es la definición obvia de valentía política.

Pero muchas de las cosas de las que hablo en las siguientes páginas, que podrían parecer mejor definidas como competencia, también requieren valor. Elegir al equipo adecuado y ponerlo del lado del líder, por ejemplo.

Todos los líderes tienen un ego. Pero reconocer las propias debilidades y compensarlas, poner ese ego de lado y relegarlo para liderar con eficacia, eso es una forma de valentía.

Salir de la zona de confort, abrazar nuevas ideas, nuevas personas, nuevas formas de ver el mundo, todo ello contribuye a un mejor gobierno, pero también revela algo sobre el carácter y el valor del líder.

Ser honesto con uno mismo cuando se ha defraudado a los demás, ser capaz de pedir perdón y decirlo de corazón, no guardar rencor, perdonar incluso cuando olvidar es difícil o imposible, todo esto puede ayudar a sobrevivir como líder, pero también requiere el valor personal de ser autocrítico y consciente de uno mismo.

Una reflexión final: este no es un libro sobre mis cualidades o carencias como líder. Más bien trata de lo que he aprendido.

Lo que logré como líder es discutible y discutido. Pero ese no es el objetivo en estas páginas. Lo que aquí se ofrece no es un ejemplo, sino una lección. Naturalmente, mis errores o logros forman parte del contexto de lo que sigue. Pero no son el punto de partida ni de llegada.

Este libro trata de lecciones de gobierno, de liderazgo y de cómo los líderes pueden convertirse en «líderes».

PARTE I

Tomar
el poder

1

Un líder con un plan

Todo Gobierno, si quiere tener éxito, si quiere navegar por el traicionero paisaje político que será su hábitat, necesita un plan. Una hoja de ruta. Un destino.

El líder tiene que estar en el asiento del conductor.

George Kennan, el distinguido diplomático estadounidense que definió la política de contención de Estados Unidos hacia la Unión Soviética en las décadas de 1940 y 1950, comentó en una ocasión (parafraseando a Lewis Carroll en *A través del espejo*): «Si no sabes adónde vas, cualquier camino te llevará allí».

Es esencial que el líder sepa adónde va. Conduce el autobús. Lo hace con determinación y velocidad; los pasajeros, sentados detrás del conductor, le darán consejos que no ha pedido o que estén fuera de lugar, no siempre con la cortesía esperada, pero en todo momento sentados en sus asientos. Si por un momento el autobús se detiene para que el conductor pueda pedir indicaciones y los pasajeros se bajan y empiezan a discutir, con seguridad no volverán a subir a ese autobús.

La palabra *gobierno* deriva del griego *kubernao*, que significa «pilotar un barco», muy relacionada con la expresión de Platón «la nave del Estado». Para seguir un rumbo en concreto, los Gobiernos necesitan un plan.

Un «plan» no es lo mismo que un conjunto de objetivos deseables o de visiones ambiciosas. Helmut Schmidt, canciller de Alemania Occidental entre 1974 y 1982, advirtió célebremente que los políticos con visiones deberían ir a ver a un médico.

Un plan es una hoja de ruta para gobernar. Establece los objetivos finales, los hitos y, sobre todo, las prioridades. Da forma al «por qué» y no simplemente al «qué» o al «cómo».

Centra las prioridades del Gobierno; de hecho, en cierto sentido crea sus prioridades.

La preparación que conlleva su elaboración es intensa.

Mal plan: mal Gobierno.

No es necesario, y probablemente no pueda, entrar en detalles. Pero debe describir con precisión lo esencial de lo que el líder quiere conseguir; debe servir para movilizar al Gobierno, dar directrices a los ministros y estar respaldado por una narrativa clara.

Debe hacer saber qué piensa el líder sobre el estado del país, qué va mal, qué debe corregirse, y los principios básicos de cómo se harán las transformaciones debidas.

Si se elabora de la manera correcta, un plan de este tipo tiene múltiples propósitos. Por supuesto, establece un camino claro: al menos sabemos adónde debemos ir. Pero, más que eso, políticamente define la agenda. La gente puede estar a favor o en contra, pero todos están obligados a definirse en torno a él.

Siempre solía decir que lo que me haría sentir más vulnerable desde el punto de vista electoral era encontrarme con un plan de gobierno mejor que el que yo tenía.

Siempre que el plan esté bien elaborado y no sea una mera lista de aspiraciones, se convertirá en el centro del debate político. Esto tranquiliza al partido gobernante y desconcierta a la oposición.

Pero elaborarlo es más complejo de lo que parece. Lo más importante es establecer prioridades: si se intenta hacerlo todo, lo más probable es que se acabe sin hacer nada.

El plan debe identificar todo aquello que el líder considera vital, que define el éxito o el fracaso del proyecto de gobernar, que muestra hacia dónde se dirigirá principalmente la energía, que revela lo que el Gobierno intenta mantener y lo que está decidido a cambiar.

A menudo estos cambios exigen una reforma estructural a gran escala. Mi experiencia como gobernante es que los cambios suelen clasificarse en dos categorías. En primer lugar, hay cambios que se producen de un plumazo, legislativos o administrativos, como la abolición de un impuesto o la fijación de un salario mínimo. Son importantes. Su puesta en marcha es relativamente sencilla.

En segundo lugar, están los cambios de naturaleza sistémica —reforma de la sanidad, de la asistencia social, privatización de un gran servicio público, por ejemplo—, que implican un análisis meticuloso, de los cambios precisos que se quieren hacer y de su relación con el sistema tal y como funciona actualmente; implican la gestión de una serie de intereses diferentes, todos los cuales lucharán contra el cambio o encontrarán formas de reducir su impacto o neutralizarlo.

Estos cambios son los difíciles; llevan tiempo, suponen utilizar capital político y no se pueden hacer demasiados. De ahí, como indicaré, la necesidad de priorizar.

El plan debería, al menos, ofrecer una orientación clara sobre estas reformas, ya que, fuera de toda duda, no se trata solo de las más difíciles de hacer en términos prácticos, sino de las más complejas a la hora de convencer al público de que hay que afrontarlas.

Deben comenzar lo antes posible en el mandato porque llevan tiempo.

Y aquí la democracia se ha planteado un reto.

Creo que hacen falta diez años para cambiar un país. Y hablo de cambios bien enfocados. Como mínimo. Quince años permiten hacerlo mejor y veinte es el tiempo óptimo.

Un presidente con el que trabajo llegó al poder como la primera persona elegida democráticamente en su país tras un período de dictadura; y, para marcar su determinación de no caer en las malas costumbres de su predecesor, se comprometió a cumplir solo dos años de mandato, tras los cuales daría el relevo a otra persona.

Muy noble; pero, por desgracia, también muy ingenuo.

En nuestra primera reunión le dije sin rodeos que, si seguía gobernando así, el sistema no se tomaría en serio sus instrucciones; su

Gabinete dedicaría el tiempo a posicionarse para la sucesión, no a trabajar para el país; y él no solo tendría dificultades para actuar, sino que acabaría sin poder mover un solo dedo.

En lugar de mejorar la reputación de la democracia, se vería perjudicada porque no se haría nada.

Afortunadamente, decidió seguir mi consejo y, tras su reelección, comienza ahora su segundo mandato completo.

Pero, incluso después de dos mandatos, se enfrentará a un problema. Si su sucesor es de un partido diferente o no le gusta su programa, el cambio estructural que está intentando perderá impulso y se estancará.

Porque el cambio estructural no será completo.

Ese cambio lleva tiempo y requiere coherencia política y, en una democracia, cierto grado de coherencia a través de los distintos Gobiernos.

Un buen plan —bien elaborado y con una política coherente que lo sustente— no solo le proporciona al líder los medios para fijar la agenda y gobernar con eficacia, sino que también ofrece la mejor oportunidad de hacer que el plan se mantenga porque, aunque naturalmente se modificará —habrá ciertas redundancias o partes irrelevantes, no todo funcionará como se pretendía—, la dirección básica se fijará con tal fuerza que hará falta un plan mejor para derogarlo.

El plan debe elaborarse prestando rigurosa atención a lo que ya está en marcha. Independientemente de las críticas que se hayan hecho a la Administración anterior —y supongamos que ha habido muchas, porque así es la política—, se ha de juzgar con imparcialidad lo que funciona y lo que no. No hay que reinventarlo todo. Que «ellos» lo hicieran no significa, por definición, que esté mal.

Cuando me nombraron primer ministro en 1997, había cosas del período de mis predecesores conservadores Margaret Thatcher y John Major que quería cambiar; y cosas que creía que estaban asentadas en una dirección concreta para el país y debían permanecer.

Así pues, no alteramos el fomento de la empresa privada, la bajada de los tipos impositivos máximos, la privatización de industrias como la de las telecomunicaciones —que se adaptan mejor a la disciplina de mercado—, o el marco jurídico de las relaciones laborales.

También mantuvimos la orientación básica de la política exterior, al menos en torno a la pertenencia a la Unión Europea y a una sólida alianza transatlántica con Estados Unidos.

Pero hicimos grandes cambios en cuanto a reformas del ámbito público: sanidad, educación, ley y orden, bienestar, servicios a la infancia; dimos prioridad a los más pobres mediante créditos fiscales y un salario mínimo, y cambiamos radicalmente la orientación política en torno a cuestiones sociales y de corte progresista, como los derechos de los homosexuales.

Por lo tanto, hubo una coherencia política junto a cambios significativos. Eso dio a la comunidad empresarial en particular, al menos hasta la crisis financiera y luego el Brexit, estabilidad y previsibilidad en la formulación de políticas.

Pero el resultado fue que, primero, el Gobierno conservador y, después, el nuevo Gobierno laborista tuvieron un plan claro de lo que había que hacer y por qué.

Por supuesto, en cierto sentido, todo nuevo Gobierno es una reacción al anterior. Pero con frecuencia se han de medir las consecuencias de esa reacción.

Se debe construir el plan con cuidado; hacerlo duradero. Y diseñar un núcleo fuerte para que pueda llevarse a cabo.

2

Fortalecer el núcleo

Los líderes suelen llegar al poder sin experiencia ejecutiva. Las aptitudes necesarias para una buena campaña no son las mismas que para ser un buen líder y, de hecho, pueden ser totalmente inadecuadas una vez en el cargo. Hay que dar un paso adelante. Un gran líder debe, de un plumazo, metamorfosearse en un gran CEO.

Las campañas son estimulantes, llevan al aspirante por una ola de esperanza y entusiasmo, pero el riesgo es que, si tiene éxito, el líder crea en su propia magia y trate al Gobierno como una extensión de la campaña. Esto es un grave error.

Por supuesto, cuando se está en el poder siguen siendo necesarias una buena comunicación, una narrativa clara y el compromiso con la gente. Pero, una vez en el cargo, el reto principal es gobernar, y eso significa cumplir.

En la oposición, importa lo que dices. En el Gobierno, importa lo que haces. Y decir es mucho más fácil que hacer. Como se ha apuntado antes, gobernar es la única profesión de importancia en la que una persona sin cualificación, sin trayectoria y con un currículum vacío de contenido puede llegar a ocupar un puesto de extraordinario poder.

En cualquier otro ámbito de la vida, consideraríamos esta circunstancia impensable, incluso ridícula. Un CEO, un director que dirige una orquesta y nunca ha tenido una batuta en las manos, un piloto que lleva un avión sin más guía que una vaga noción de aerodinámica... Provoca risa tan solo pensarlo.

Imaginemos que un club de fútbol de primera división, en busca de un nuevo entrenador, dijera: «Reunamos a los aficionados más entusiastas y hagamos una votación a mano alzada entre ellos para ver quién debería ocupar el puesto». A los propios aficionados les parecería una locura. Y el equipo no duraría mucho en primera.

Pero en política esto puede ocurrir.

Ahora bien, por supuesto, un líder político tiene conocimientos de política y, en su vida anterior, puede haber dirigido una organización ajena a la política. Pero eso es diferente a gobernar un país. Hay una enorme diferencia.

Cuando llegué al número 10 de Downing Street en mayo de 1997, nunca había ocupado ningún cargo ministerial. Empecé desde arriba, lo que en cierto modo es ideal. Pero me llevó tiempo adaptarme y aprender que estar a la cabeza de un Gobierno requiere una mentalidad y una aplicación completamente distintas de las de la oposición.

Puede que se tenga un plan. La dirección debe estar clara. Pero hay que asegurarse de que el mundo inmediato que rodea al líder está organizado para cumplirlo.

Y esto empieza desde el principio, o citando mal a Julie Andrews en *Sonrisas y lágrimas* (*La novicia rebelde*, en algunos países), en tu propia... oficina.

No se debe escuchar a quienes recomiendan mantener un perfil bajo, que se debe dejar a los ministros «hacer su trabajo», que otros en la cadena de mando harán lo que deben hacer. Los que dan estos consejos son o bien académicos formados en la teoría y no en la práctica, o bien altos funcionarios que saben que un núcleo débil les permite estar tranquilos.

No es lo mismo que la delegación de poderes dentro de un Estado, donde la toma de decisiones propiamente dicha se ejerce mejor a nivel local y donde existe un proceso para decidir el liderazgo. Es el caso, por ejemplo, de los alcaldes de las ciudades o los funcionarios locales en un sistema federal o, en un país como el Reino Unido, formado por diferentes naciones, de las instituciones descentralizadas. Me refiero más bien al control de las áreas de las que el jefe de Gobierno es el responsable.

Todas las burocracias son iguales. No son conspiraciones para un bando u otro de la política; son conspiraciones para mantener el sistema y se llevan asombrosamente bien con la inercia. Se las puede utilizar e impulsar, pero no se debe dejar en ellas la primera o la última palabra, como explicaré más adelante.

Cuando un líder llega al poder y el país está en buena forma (a pesar de las críticas que ese líder haya podido hacerle a su predecesor), la tarea es la buena gestión, no el cambio.

De acuerdo. Ahora me dirijo al líder que quiere ser un agente de cambio. Porque, en todo caso, rara vez el *statu quo* es satisfactorio en todos sus aspectos; si no, ¿por qué se presentaría a liderar?

El líder necesita un núcleo fuerte, capaz de iniciar y llevar a cabo el cambio de manera eficaz y oportuna.

El líder tiene poder precisamente porque lo es. Esa es la posición de la que deriva su autoridad. Si se aprovecha sabiamente, las cosas sucederán.

Es necesario un núcleo fuerte porque, sin él, esa autoridad no se puede encauzar. Se debilita o permanece latente. Además, una vez que el sistema sabe que el núcleo dirige la agenda, responderá: los ministros se pondrán sobre aviso, los encargados de impulsar la inercia se pondrán nerviosos y a la defensiva.

Pero ese núcleo fuerte no surgirá por sí solo. Organizarlo es la primera tarea del líder.

El primer paso es algo tan obvio que muchos de los líderes con los que me encuentro lo obvian por completo: ¡qué importante es la agenda!

Cuando yo era líder de la oposición en el Reino Unido, y a poco tiempo de unas elecciones que se esperaba que ganáramos, visité al presidente Clinton en la Casa Blanca. Al empezar nuestra serie de reuniones, me dijo: «Recuérdame que te diga algo muy importante antes de que te vayas».

Me quedé muy sorprendido y supuse que me iba a revelar un gran secreto de Estado. Cuando me iba, se lo recordé. Me miró con gran solemnidad y me dijo: «Quienquiera que lleve tu agenda es la persona más importante de tu mundo como líder. Necesitas tiempo para pensar, tiempo para estudiar y tiempo para hacer las cosas para las que llegaste al liderazgo. Si pierdes el control de la agenda, fracasarás».

Confieso que en aquel momento me sentí un poco decepcionado. Pero llevaba razón.

El tiempo es el bien más preciado. Seguro que lo que parecía relativamente sencillo cuando los anteriores dirigentes del país recibían los aluviones de críticas se le hace al nuevo líder un mundo más complejo cuando se enfrenta a la vida real; no la de los eslóganes, sino la de la prosa compleja. Y, sin tiempo para centrarse en los resultados, para elaborar las políticas adecuadas, para gestionar la política de los cambios que está realizando, descubrirá que la gran visión que elaboró con tanta confianza cuando estaba en la oposición nunca se convertirá en realidad. Chinggis (o Gengis) Kan —que, después de todo, creó uno de los imperios más extraordinarios de la historia— dijo una vez: «Conquistar el mundo a caballo era fácil; lo difícil era desmontar y gobernar».

Ese es el reto para el líder. Hay un millón de peticiones con las que lidiar. Los dignatarios extranjeros van pasando, lo cual es necesario, pero, a fin de cuentas —a no ser que el cargo requiera un compromiso de implicación internacional— resulta una distracción.

Todo el mundo quiere algo del líder o quiere estar con él. Políticos, empresarios, viejos y nuevos amigos. Hay ceremonias a las que acudir, funerales y bodas a las que no pueden faltar, ocasiones de Estado en las que las conversaciones banales son inversamente proporcionales a su impacto en la vida de los ciudadanos. Muchos dirigentes están en reuniones desde primera hora de la mañana hasta última hora de la noche. La mayoría de ellas, improductivas. Cada hora que pasan así es una hora que no pueden reemplazar y los desvía del verdadero reto de gobernar.

Así que la persona que lleva la agenda —es decir, el día a día— y quienes tienen voz y voto sobre lo que se incluye en ella, tienen que ser del más alto nivel y estar lo más cerca posible del líder. Y deben seguir instrucciones estrictas.

¿Tiene que acudir a un acto? Que vaya, pero que no pase allí más de una hora. Incluso menos. El organizador del evento vendrá, le gritará a quienes lo acompañan, les dirá que si no se queda toda la noche será un desagravio, lo que arruinará su liderazgo. Pero el círculo del líder debe mantenerse firme.

Sin embargo, hay que ser lo bastante inteligente como para saber juzgar. A veces habrá que quedarse toda la noche. La cuestión es que quien se encargue de la agenda tiene que tener verdadera habilidad, sensibilidad política, mucha mano y encanto a la hora de decir que no.

Como líder resulta difícil decir que no; la tendencia es siempre decir que sí. Por eso, detrás del líder, se necesitan perros guardianes que se mantengan firmes incluso bajo la mayor de las presiones.

Los ministros quieren pasar tiempo con él. Hay que verlos, por supuesto. Pero no cuando ellos quieran.

El Parlamento necesita tiempo. Cuando cambié el tiempo que se dedicaba a las preguntas al primer ministro de quince minutos dos veces a la semana por la tarde a treinta minutos una vez a la semana a mediodía, ahorré literalmente un día o día y medio de tiempo a la figura del primer ministro.

Un líder debe mantenerse en contacto con su gente. Se sale a la calle, se ven las cosas de primera mano, se conoce a los lugareños, se mantiene una comunicación constante. Todo esto es importante. Pero hay que recordar que un viaje de medio día es probablemente tan eficaz como uno de un día entero. Entrar, conocer, hablar, salir.

Se tiene que ver a los dignatarios extranjeros. Estas relaciones son importantes, pero estructurando las visitas. Y reduciendo las visitas al extranjero. De nuevo, tienen que producirse. Pero el tiempo en el extranjero debe ser efectivo, con el menor protocolo posible y el mayor contenido. Los responsables de protocolo son sin duda buenas personas. Les gusta su trabajo. Les gusta el alboroto y la adulación, la ceremonia elaborada, el teatro que hay implícito en todo ello. Pero al líder no debería gustarle porque, en caso contrario, se perderá mucho tiempo haciéndolo.

El tiempo que no se dedica a cumplir el cometido para el que se gobierna reduce la capacidad de ejecución.

Conozco a líderes que mantienen una jornada de puertas abiertas, lo que al principio a la gente le encanta: se regodean en la luz del líder; esta circunstancia demuestra que también ellos son importantes. Pero muy pronto —y en el Gobierno las cosas siempre van mucho más deprisa que en la oposición— el recurso se agota, la gente exige acción, sus expectativas se hunden en la desilusión y, sin tiempo ni espacio para centrarse, el Gobierno pierde su brillo y el líder, su luz.

Además, hay algo que se descuida con demasiada facilidad: también se necesita tiempo para uno mismo, para la familia, para relajarse, para liberarse del estrés, aunque solo sea por un momento.

El horario tiene que ofrecer ese tiempo personal. A lo largo del día, la gente absorbe la energía y el líder está dando órdenes, tomando decisiones, todo lo cual es sumamente agotador. El tiempo personal repone la mente y el espíritu. Sé que parece extraño priorizar este aspecto de una manera tan tajante como propongo. Y acepto que hay algunos líderes que parecen no descansar nunca o perder la concentración; pero, si se es un mortal corriente, seguir estas sencillas reglas reportará grandes beneficios.

Luego, naturalmente, hay que organizar el resto del núcleo.

El objetivo debe ser crear una maquinaria efectiva para impulsar la agenda del líder. Más adelante me ocuparé de los detalles, pero, en esencia, dado que se necesita que el núcleo sea fuerte, hay que organizarlo para que lo sea.

Reorganicé el núcleo del Gobierno tras ganar mis segundas elecciones generales, habiendo aprendido las lecciones de mi primer mandato.

En la primera legislatura, insté al sistema directamente para que avanzara más rápido. Y hasta cierto punto lo hizo. Pero no lo suficiente y, cuando dejé el látigo, volvió a ralentizarse.

El objetivo de la reorganización era centrar el núcleo, dotarlo de la capacidad y los medios necesarios para impulsar el Gobierno y hacerlo responsable ante mí, pero también ante mis propias intenciones. Y estar siempre alerta. Incluso cuando yo estaba distraído.

Mi reestructuración incluía unidades específicas de «política», «estrategia», «comunicación» y «ejecución».

El concepto de «unidad de cumplimiento» es el más conocido de esa reorganización y ahora se reproduce ampliamente en todo el mundo. Michael Barber fue su ideólogo, hizo un trabajo brillante y escribió un libro sobre el tema —*Deliverology*— que, y no es broma, está en las estanterías de muchos líderes que conozco.

Pero las demás innovaciones fueron igualmente importantes.

En la «unidad política», los especialistas pueden seguir el desarrollo de la política gubernamental y también sugerir mejoras o ajustes. Es importante señalar que estos expertos no deben proceder de departamentos gubernamentales, sino del propio equipo del líder, y han de poseer una gran capacidad de análisis y conocimientos políticos.

La «unidad de estrategia» se centra en el pensamiento a largo plazo con objeto de aportar nuevas ideas y formas de ver el mundo.

Una «unidad de comunicación estratégica» es vital porque, de lo contrario, un Gobierno parece tecnocrático en lugar de estar orientado a valores y misiones. Tiene que proporcionar comunicaciones de tipo estratégico, es decir, no solo para las noticias del día siguiente, sino para que haya una coherencia en lo relativo a las explicaciones que proceden del Gobierno en su conjunto.

Así pues, el núcleo del Gobierno debe ser lo bastante fuerte como para ayudar a diseñar la política, garantizar la coherencia estratégica, mantener el plan en marcha, comunicarlo y, sobre todo, ejecutarlo.

Habrá crisis, cosas que nunca se previeron, acontecimientos sobrevenidos, escándalos, sobresaltos y alarmas y desvíos, pero en todo momento el líder debe contar con una máquina implacablemente centrada en la consecución de los objetivos fijados.

Se debe procurar que el núcleo sea fuerte.

3

Priorizar: si se intenta hacerlo todo, probablemente no se hará nada

Suelo decir a los nuevos líderes que una buena forma de enfocar la gobernanza es a través de lo que yo llamo «las cuatro P»: priorización, política, personal y gestión del rendimiento (*performance management*, en el original en inglés).

La primera, la priorización, es mucho más difícil de lo que parece. Se llega al Gobierno con un manifiesto. Suele ser detallado. Tiene que llegar al conjunto de la base electoral. Se supone que es un plan de gobierno. Pero la realidad es que no lo es. Ese no es su propósito, sino que era el de formar parte de una campaña (ganadora). Aunque esté redactado con cuidado y disciplina, es una lista de lo deseable, no necesariamente de lo factible, y está escrito con una retórica de esperanza en lugar de con la honestidad realista que un verdadero plan de gobierno implica.

Un sacerdote católico me contó una vez un chiste sobre religión que también podría aplicarse a la política. Un grupo de difuntos llega a las puertas del cielo y no es recibido, como esperaban, por san Pedro, sino por el diablo, que les dice: «Mirad, antes de encontraros con san Pedro, dejad que os enseñe primero las opciones, porque tengo una inmerecida mala fama y es importante que las conozcáis». Ellos aceptan y él les muestra el cielo, donde la gente está relajada, habla en voz baja y con respeto, lee algún que otro libro y, en general, se comporta bien. Luego les muestra el infierno: hay fiestas salvajes, bebida y libertinaje, todo el mundo se entrega a ellos con desenfreno y abundancia.

«Vaya —piensan—, no sabíamos que el infierno fuera así». Vuelven a las puertas del cielo y le dicen a san Pedro: «Es muy amable por tu parte ofrecernos el cielo, pero, sin ánimo de ofender, preferiríamos ir al infierno». Y se van. Entran en el infierno y hay lamentos, rechinar de dientes, es un lugar frío, miserable y horrible. Ven al diablo de pie, observándolo todo, y lo abordan furiosos, diciéndole: «Eh, ¿qué pasa? ¿Dónde están las fiestas, la bebida y el desenfreno, la juerga y todas esas grandes cosas que prometiste?».

«Ah, bueno —dice el diablo—, entonces estaba en campaña».

La campaña y su manifiesto son la guía para ganar, pero inadecuados para gobernar, más allá de describir lo que se espera que ocurra, y rara vez esto se prioriza con el rigor que, una vez asumido el poder, es absolutamente necesario.

Como ya he dicho, si se intenta hacerlo todo, probablemente no se hará nada.

Cuando llegué por primera vez a Downing Street como nuevo primer ministro, me recibió el secretario del Gabinete, en aquel momento una figura importante y significativa en el sistema británico, que me dijo con orgullo que los altos funcionarios del Gobierno habían estado leyendo el manifiesto y elaborando planes para su aplicación. Naturalmente, tenía buenas intenciones. Tras dieciocho años de Gobierno conservador, quería demostrar que el sistema aceptaba la legitimidad de los nuevos amos.

Pero confieso que me alarmó un poco la idea de que lo que ellos pensaran que eran las prioridades no coincidiera con lo que yo consideraba que eran las prioridades; y tuve que explicar que el manifiesto era un documento de intenciones, no un plan definido de gobierno.

El Gobierno funciona con gran disponibilidad de recursos. Uno de los problemas derivados de la decisión británica de abandonar la Unión Europea —y dejemos a un lado, con tacto, los aciertos y errores de la decisión— fue que tomó una enorme cantidad de esos recursos. Consumió una parte inmensa de la energía política del sistema, acortando el margen de concentración disponible para otras cosas.

No hay por qué avergonzarse de ser franco al respecto. Ningún ministro —incluido, y quizá especialmente, el primer ministro— y, por tanto, ningún Gobierno puede centrarse en todos los problemas de la misma manera. No hay tiempo ni capacidad.

Así pues, cada ejecutivo se ocupará de una serie de cosas diferentes e intentará abarcar todo lo que pueda, y así es como debe ser. Pero algunas cosas importan más que otras, ya sea porque son importantes objetivamente o porque, subjetivamente, son prioritarias para el Gobierno o el ministro en cuestión. Se necesita un proceso para determinar cuáles lo son y tener claro que no puede haber demasiadas. Por supuesto, en cierto sentido todo es prioritario. Cuando pronuncié mi primer discurso como líder del partido, expresé las tres primeras prioridades de un nuevo líder de Gobierno: «educación, educación y educación». Gran afirmación. Causó el impacto necesario. Pero recuerdo que al día siguiente conocí a alguien que me dijo: «¿Así que la sanidad ya no importa?».

Como líder, nunca puedes decir que algo no es prioritario. Te diriges a los artistas y te preguntan: «¿Es la cultura una prioridad?». O cuando te diriges a los trabajadores sociales y te hacen la misma pregunta sobre si las ayudas son una prioridad. ¿Qué vas a decir? ¿No, la verdad es que no?

Lo cual, para despejar dudas, no quiere decir que ninguno de los dos ámbitos carezca de relevancia. Ambos son muy importantes. Pero no determinarán si estás en el Gobierno o no.

Sin embargo, hay cosas que definen al Gobierno y a ti como su líder.

Una buena forma de identificarlas es imaginar que se está pronunciando un discurso para la reelección. ¿Qué es lo que idealmente le gustaría al candidato poder decir que ha conseguido? Nunca se convence a la gente de que lo ha hecho todo, pero ¿qué es lo que lo define como que al menos ha hecho algo?

A partir de ahí, se obtiene la respuesta a las prioridades. Es posible que no se entienda hasta que no se sepa qué es lo que se quiere decir que se ha hecho.

Por supuesto, había que hacer algo y, para lograrlo, tenía que ser factible.

Pero factible significa no solo digno de ser hecho, sino también realizable.

Una vez aconsejé a un líder que discutía conmigo su máxima prioridad, que era un proyecto de infraestructuras de gran envergadura. No había duda de que habría sido transformador. Era una idea grande, audaz y hermosa. «Cambiaría las reglas del juego», me dijo con confianza. «Pero ¿qué te hace pensar que puede hacerse y financiarse?», le pregunté. No tenía una respuesta convincente. Le aconsejé que comprobara su viabilidad antes de comprometerse políticamente con un objetivo cuya solidez no había investigado lo suficiente.

Se puede tener un objetivo y fracasar. Pero, al menos, hay que saber que se tienen posibilidades de éxito antes de gastar energía y capital político en él.

Las prioridades son las grandes cosas y, como tales, no puede haber quince. Si hay suerte, serán cinco. Y el proceso de priorización debe comenzar al principio del mandato. De lo contrario, el esfuerzo se diluye u otros acontecimientos dirigirán la agenda.

El sistema —es decir, los ministerios, la función pública y los organismos públicos asociados— necesita una orientación desde el principio. Eso no garantiza que quienes lo conforman se pongan de acuerdo sobre la importancia de cada prioridad, pero sabrán con certeza lo que el líder considera más importante.

Esto es crucial porque cada ministro y cada ministerio tendrá sus propios proyectos favoritos o sus propias ideas sobre lo que realmente importa.

Imagina que eres el CEO de una organización. Dispones de cierto capital político. Todo buen cambio suele requerir el gasto de parte de ese capital. Si no estableces cuidadosamente las prioridades, descubrirás que el capital se gasta en cosas que a tu equipo le importan mucho, pero que no crees que valgan todo lo que se está invirtiendo.

Este proceso de priorización, por tanto, no solo tiene que ver con el hecho obvio de que no se puede hacer todo, sino que también es un marco político que da forma al Gobierno.

Así que no se ha de tomar este proceso a la ligera ni dejar que avance por sí solo. Hay que centrarse en él, tratarlo como una parte esencial de la hoja de ruta, no solo para la primera legislatura, sino como un componente esencial para una posible continuación.

Una vez fijadas las prioridades, se necesitan políticas para aplicarlas.

4

Una buena política es (casi) siempre un conjunto de buenas medidas

Solía decir a mis hijos: «Trabajar y jugar, igual a posibilidad de éxito; jugar y trabajar, igual a certeza casi absoluta de fracaso». El orden es importante. Siempre hay quien desafía las probabilidades. Pero puedo decir que, casi sin excepción, todos los que he conocido en la cima de cualquier profesión, desde los negocios hasta el deporte, han seguido el orden de «trabajar y jugar». (O solo trabajaban, claro). En el mundo de la música, conocí a gente que triunfó mientras, aparentemente, se centraba en disfrutar. Pero, al final, o se corregían o su carrera se malograba.

La misma regla se aplica a los políticos. Para gobernar, el equivalente es este: primero la definición de la política, después las medidas. En otras palabras, decide cuál es la política adecuada para resolver el problema y luego elabora las medidas adecuadas en torno a ella; no se debe decidir lo que hay que hacer y luego elaborar una política a la medida.

En términos generales, y en contra de lo que durante tanto tiempo se ha dicho, las mejores medidas suelen derivar de la mejor política concebida. Esto no es siempre cierto y en un momento dado puede parecer incluso erróneo. Pero, en general, concebir una buena política tiene un buen resultado y una mala política, uno malo;

y el líder tiene que creer que, con el tiempo, la gente se acaba dando cuenta.

Hay muchas cosas que se interponen en el camino de una buena política. El corto plazo a menudo se opone a ella. Los intereses creados por el *statu quo* la temen y la combaten. Las distracciones desvían al Gobierno. Y, en ocasiones, una realidad fluctuante convierte en mala una política que antes era buena.

Sin embargo, del mismo modo que a los ciudadanos les gusta un Gobierno con un plan porque sienten que sabe lo que quiere —y, por tanto, hasta cierto punto, lo que está haciendo—, lo que les da confianza, escucharán a un Gobierno que exponga una política con convicción. Prestarán más atención si esa convicción parece derivarse claramente de un análisis sólido.

Durante la crisis del covid-19 en el Reino Unido, por ejemplo, hubo cierta ansiedad comprensible por el programa de vacunación masiva, vacunas que se desarrollaban a una velocidad sin precedentes ni plazos normales para la investigación y los ensayos. Hubo resentimiento por las restricciones en la vida cotidiana, por tener que llevar mascarillas, someternos a innumerables pruebas y todo el miserable conjunto de medidas que nunca antes habíamos experimentado.

En retrospectiva, no cabe duda de que se cometieron errores y se equivocaron en aspectos vinculados con la política del momento, o de su aplicación.

Y hay quienes todavía hoy arremeten contra todo el asunto y piensan que quienes lo defendimos somos prácticamente unos fascistas.

Pero son una minoría. La mayoría de la gente acepta que la vacunación es necesaria (y, para que conste, el despliegue de la vacuna en el Reino Unido redujo decisivamente los casos graves y las muertes).

Y la mayoría aceptó que tenía que haber, al menos, algunas restricciones.

Esto se debió a que la política que se siguió parecía estar basada en medidas genuinas y sensatas. La emergencia hizo que, aunque todo sucediera a gran velocidad, también contara con una enorme atención por parte del Gobierno, se sometiera a explicaciones constantes y al criterio de expertos.

Y así, al final, los políticos que adoptaron el enfoque basado en pruebas, que se opusieron a los desvaríos populistas sobre vacunas y restricciones, consiguieron salir relativamente indemnes en términos políticos. No puedo pensar en un solo líder de una democracia occidental que haya perdido el poder por tener un firme compromiso con una política covid elaborada.

La política estaba bien concebida en parte por el enorme esfuerzo y tiempo que le dedicó el Gobierno. Durante dos años, fue la única prioridad. El país estaba luchando contra algo extraordinariamente grave y que afectaba, de manera directa y de un modo u otro, a todo el mundo.

Así pues, este es un gran ejemplo de formulación de políticas, pero, y hay que reconocerlo, en circunstancias únicas.

Mucho más difícil es formular políticas y trasladarlas a amplias franjas en tiempos de normalidad. Y evitar que se guíen por lo políticamente conveniente y no por lo intelectualmente correcto. La política nacida de la ideología o la conveniencia distorsiona el análisis, está sometida a un sesgo, en lugar de concebirse a través de la evidencia, y refuerza la rigidez en un mundo en constante cambio y que, por tanto, requiere apertura a nuevas ideas.

A menudo solía decir en el Gabinete, o en debates con asesores cercanos: «Primero intentemos dar con la respuesta correcta. Luego ya hablaremos de política». ¿Cuál es el análisis correcto del problema que intentamos resolver? ¿Cuáles son los hechos? ¿Cuál podría ser una solución que realmente funcione?

No hay que pensar en el tema como un asunto político. Si debatimos sobre educación, se ha de pensar en ello como un padre. Si el tema es la sanidad, como un paciente. Si se trata de delincuencia, como una víctima.

La mejor política empieza con esas preguntas; luego se añade el debate político, una vez decidida la respuesta.

A cierto nivel, la política es un burdo negocio al por menor: ganar votos, idear eslóganes, besar a bebés y tener la resistencia física para sobrevivir a una campaña brutal. Pero a otro nivel —la dimensión del Gobierno— es un ejercicio intensamente intelectual. Requiere una gran capacidad. Y estudio. Con el tiempo, los políticos se vuelven expertos en hablar de cosas de las que no tienen ni idea. Y, si son buenos, pueden hacerlo con soltura y —para un oído desinformado— credibilidad.

En el mundo real del gobierno eso no vale. El líder debería saber de lo que habla porque se ha tomado el tiempo y el esfuerzo de dominar el tema.

Los Gobiernos deben trabajar con las personas que realmente se proponen transformar mediante leyes o decisiones administrativas. Siempre me ha parecido que la interacción con las personas que están en primera línea de los servicios públicos aporta una perspectiva que ningún documento informativo puede desvelar. Una consulta en profundidad con la comunidad empresarial ahorraría muchos errores si, en vez de llevarse a cabo con un espíritu de sospecha, se hiciera en aras de la colaboración.

Se debería garantizar que la elaboración de políticas sea un esfuerzo de colaboración, no en el sentido de optar por el consenso y el mínimo común denominador, sino en el sentido de llegar a quienes pueden tener interés y también una visión para pensar más allá, o a quienes buscan activamente el cambio en el ámbito en el que trabajan y tan bien conocen.

Se debería abordar la elaboración de políticas no como una respuesta automática a la dificultad del día, sino como una oportunidad para profundizar y hacer un cambio que dure, un verdadero cambio transformador.

Y, aunque el líder no debe perderse en detalles, ha de saber lo suficiente y, por tanto, entender lo suficiente para conseguir que la política cumple el objetivo.

En este ejercicio, se debe tener cuidado de no llegar a un planteamiento a medias. Con esto quiero decir que, a veces, una vez que el equipo ha determinado cuál es la respuesta correcta, hay que tener en cuenta realidades que pueden ser tan determinantes que amenacen con imponerse a la política. Pero hay que medir la fuerza con cautela.

Si hay que transigir, adelante. Pero hay cierto margen importante que supone en sí mismo una prueba crítica de liderazgo. Cada paso que aleja del análisis correcto es una especie de derrota. Así que el líder no debe rendirse voluntariamente a ella por el deseo de una existencia más fácil. Ha de hacerse solo en caso de fuerza mayor.

Es el caso, por ejemplo, de la inmigración, un problema que afecta a las políticas de todos los países occidentales. Nuestras economías dependen de ella. Pero también conlleva una tensión cultural. Mi opinión siempre ha sido que, siempre que haya normas, se deben evitar los prejuicios. Es una cuestión de orden. La mayoría de la gente puede aceptar que cierto nivel y tipo de inmigración es esencial desde el punto de vista económico, pero se preocupan cuando piensan que el sistema no funciona.

A veces esto se ve como un juego de números, y puede serlo si el número de inmigrantes es muy elevado. Pero, ante todo, se trata de controlar, de garantizar los medios para decidir quién tiene derecho a venir a tu país, en lugar de permitir que la inmigración sea la consecuencia de la propia determinación del inmigrante de venir porque el sistema tiene fallos. En todo esto, la aplicación efectiva de la ley es fundamental.

La realidad, por tanto, es que, si se quiere consentir la inmigración que la economía necesita, hay que reflejar en la política lo que la sociedad demanda. De ahí el argumento a favor de la identificación digital: si se dispone de ella, con las salvaguardias necesarias, el Gobierno sabe exactamente quién tiene derecho a estar en el país y quién no.

Entiendo todos los argumentos sobre la privacidad y los temores que se han expresado acerca de que el Gobierno disponga de los datos de la gente. Pero el mundo avanza hacia la identificación digital, en cualquier caso, como medio de ayudar al ciudadano a interactuar con el Estado de forma más directa y eficaz; y de ahí a que se deba poder utilizar como mecanismo de control de la inmigración hay un paso muy corto. La alternativa es la sensación de que no hay controles, lo que alimenta el sentimiento antiinmigración de un modo que es perjudicial tanto económica como socialmente.

En otras palabras, la respuesta correcta debe tener en cuenta la realidad política; por ello, esta no debe dejarse de lado.

Los líderes reconocen lo que pueden aprender de los demás. Recorren el mundo en busca de las mejores ideas. Suelen pensar que los problemas de su país son únicos. Esto lleva a la invariable e incorrecta valoración de que las soluciones también serán únicas.

Un líder puede aprender mucho de la experiencia de otros países. En todo el mundo hay naciones que se enfrentan a desafíos similares: cómo reformar o —en gran parte del mundo en desarrollo— cómo erigir sistemas de educación y sanidad; cómo digitalizar el gobierno y la economía. Entre las naciones más pobres, donde la agricultura sigue siendo la principal fuente de empleo, hay grandes extensiones de tierra muy fértil en las que, sin embargo, se lucha por producir lo suficiente y llevar esa producción al mercado, por lo que se ven obligadas regularmente a importar alimentos básicos.

Todos los países que conozco están estudiando cómo modernizar sus infraestructuras y cómo sacar el máximo partido de las asociaciones público-privadas. Siempre hay alguien, en algún lugar, que está intentando hacer lo mismo. Algunos lo están consiguiendo. Hay que emularlos, o, al menos, aprender de su experiencia.

Se debe atraer a los mejores cerebros de cualquier parte del mundo. El nacionalismo político —«Nosotros sabemos mejor que nadie cómo resolver nuestros problemas y no necesitamos que nadie de fuera nos diga lo que tenemos que hacer»— es burdo. Significa, simplemente, que el país se rige por las limitaciones de sus sistemas y su talento nacional en lugar de ampliar su capacidad más allá de ellos.

Singapur ofrece una buena lección en este sentido, como en tantos otros aspectos. Con su primer primer ministro, Lee Kuan Yew, el país importó sin pudor el capital empresarial y humano que necesitaba para prosperar. Hoy exporta ambos. Pero sin lo primero nunca podría haber hecho lo segundo. Un ejemplo más inusual sería la floreciente comunidad artística coreana. Primero fueron décadas de estudio del cine y la música occidentales. Y luego vino su extraordinaria versión coreana de ambas, que ha arrasado en el mundo de las artes.

La elaboración de políticas tiene un largo plazo. Especialmente en un mundo rebosante de nuevos conceptos, es difícil seguir el ritmo de la evolución de las ideas en torno a la política. Por eso, en Downing Street teníamos una «unidad de estrategia» que funcionaba paralelamente a la «unidad de política». El propósito de la primera era garantizar que la segunda trabajaba en consonancia con la tendencia del pensamiento intelectual.

La «unidad de estrategia» contaba con personas de gran valía, generalmente ajenas al sistema y normalmente en comisión de servicio, que hacían un parón en su carrera. Su tarea consistía en trazar un mapa del futuro, de modo que las políticas presentes y futuras tuvieran una relación entre sí. Hoy, más que nunca, esta función dentro del Gobierno es vital.

Varios ejemplos internacionales ilustran este punto.

Singapur decidió hace unos años convertirse en el centro farmacéutico de Asia (al igual que el Reino Unido podría liderar el ámbito de las ciencias de la vida si utilizara como plataforma los datos que posee de su sistema de sanidad público).

Los gigantes manufactureros de Corea del Sur (un país que en la década de 1960 tenía el mismo PIB per cápita que Sierra Leona) o Taiwán no llegaron por accidente, sino gracias a una cuidadosa asociación entre el Gobierno y el sector privado.

El propio Silicon Valley surgió de la investigación y la ciencia para mejorar la capacidad militar y de defensa de Estados Unidos. Y pensemos en la contribución de los Laboratorios Bell a la economía y la tecnología estadounidenses.

Emiratos Árabes Unidos es hoy uno de los países más avanzados en el campo de la inteligencia artificial (IA). Comenzó su andadura hace una década. Pero pensó estratégicamente.

Ninguna de estas iniciativas pioneras habría tenido lugar sin la capacidad y el liderazgo de los Gobiernos para pensar en el futuro.

Pero la calidad del pensamiento depende de la calidad de los pensadores.

5

Todo gira en torno a las personas

Hay cosas tan obvias en la vida que decirlas parece de más; y, sin embargo, aunque obvias, siempre se pueden señalar innumerables ejemplos en la propia carrera —yo, desde luego, puedo— en los que se ha ignorado incluso lo obvio.

La más importante de ellas es una verdad innegable: todo gira en torno a las personas. Y no me refiero a la gente en general, sino al personal del que el líder decide rodearse.

En cualquier ámbito, en cualquier situación que requiera liderazgo, esto es esencial. En política es una misión crítica. En cualquier parte del mundo donde trabaja mi instituto y me siento con líderes y los observo, puedo decir cuáles tienen equipos que funcionan bien y cuáles no. Y casi puedo garantizar que los líderes cuyos equipos no funcionan bien acabarán fracasando.

Por lo tanto, uno de los retos más importantes del líder es elegir al equipo que tiene a sus órdenes. Son las personas que ejecutarán lo que se conciba, interactuarán con las partes interesadas, guiarán, sostendrán en los momentos difíciles; serán los ojos, los oídos y, en algunos momentos, el cerebro del líder.

No hace falta que sean muchos. Yo solía decir: dadme tres o cuatro personas inteligentes y podremos transformar un ministerio. En Downing Street tuve la suerte de que me ayudara un grupo de personas realmente excepcional.

Las personas del entorno inmediato del líder deben ser inteligentes, está claro; trabajadoras, por supuesto; pero también tienen que poseer otras cualidades, especialmente en política. Tienen que ser duros y, en situaciones de estrés, capaces de enfrentarse a dichas situaciones, lo bastante seguros como para defenderse, mostrarse dispuestos a doblegarse, pero solo cuando la necesidad lo exija.

No deben tener miedo a decir la verdad o a discrepar. En muchos sistemas, debido a la cultura de un país, el equipo del líder será deferente hasta la adulación. Pero los líderes necesitan que se los desafíe. El debate interno es saludable, no perturbador. Y debe existir la confianza entre el líder y su equipo que permita ese debate. Una vez tomada una decisión, es evidente que todos deben apoyarla. Pero la calidad de la decisión dependerá en gran medida del debate que la haya precedido. El respeto al líder es crucial. La adulación es un error.

Al mismo tiempo, el equipo debe ser sensible a la enorme presión que el cargo ejerce sobre los líderes políticos. Incluso hoy, después de haber sido primer ministro durante diez años, a veces olvido lo fácil que es, y lo difícil al mismo tiempo, criticar. Los líderes necesitan que se les infunda confianza, incluso cuando se les dicen verdades incómodas. El equipo, al celebrar las buenas noticias, nunca debe ocultar las malas. Pero, en las peculiares circunstancias de la política, hay una delgada línea entre la franqueza y la destrucción de la confianza en uno mismo, por lo que el equipo tiene que ser capaz de transitar por esa línea con sutileza.

El equipo debe ser leal al líder. Sus miembros también deben ser leales entre ellos. Usar a un compañero como cabeza de turco cuando las cosas se ponen feas es una de las características menos admirables que conozco. Sin embargo, es habitual.

Es difícil encontrar personas realmente buenas. En cualquier ámbito de la vida, el talento excepcional es, como su propio nombre indica, excepcional. Así que, si un líder ve a alguien con ese talento, ha de ir a por él; si es tan bueno como cree, nunca se arrepentirá.

Nunca se debe sentir miedo de tener alrededor a personas más inteligentes que uno. Evitar hacerlo es un fallo básico de liderazgo.

En última instancia, ¡solo hará que el líder parezca mejor! Dicho esto, nadie es insustituible. Las personas, por muy buenas que sean, pueden quemarse en una profesión tan cruda y brutal como la política. Varias veces cometí el error de querer mantener a personas que sabían que su tiempo se había acabado cuando yo no lo sabía. El equipo debe ser un apoyo más, no el único sostén. La costumbre no suele seguir el camino de la eficacia.

El líder de un país posee una gran ventaja: tiene un enorme poder de atracción. Cuando le propone a alguien trabajar con él, la mayoría de las veces la respuesta es sí. Puede que haga falta algo de persuasión, algo de persecución del objetivo, pero al final la mayoría de la gente es patriota y si su presidente o primer ministro los necesita, responderán afirmativamente a la llamada. Por eso la búsqueda de las personas adecuadas rara vez es una pérdida de tiempo. Merece la pena.

Es crucial contar con un equipo político inteligente, capaz, sin agenda propia y obediente a la del líder.

Casi siempre habrá que contar con expertos externos. Los líderes políticos no deben dejarse cautivar por los expertos, sino ser respetuosos con ellos. No deben decidir la política, sino al menos acompañarla de información.

Observo dos rasgos del mundo actual relevantes para la política: el mundo se mueve tan rápido que un líder lucha para seguir el ritmo de lo nuevo y, debido a la complejidad asociada a los constantes cambios, necesita especialistas que lo guíen.

A medida que aumentan nuestros conocimientos, sobre todo en ciencia y tecnología, el que sabe un poco de todo debe dejar paso al especialista. De hecho, esta tendencia se repite en prácticamente todos los ámbitos de la vida: en campos específicos de la medicina, el derecho, la prestación de servicios o la ingeniería.

Esto plantea un problema adicional para la mayoría de los Gobiernos actuales. El funcionario, por muy brillante que sea, no tiene ninguna posibilidad real de competir en conocimientos y experiencia con alguien que dedica su vida al estudio o la práctica de un tema especializado.

Así pues, es sensato que los Gobiernos, en este contexto, cuenten con gente de fuera, se abran a comisiones de servicio temporales de otros ámbitos, privados o públicos, y amplíen el espacio para la formulación de políticas innovadoras o, al menos, inteligentes y bien informadas. Desgraciadamente, temores infundados sobre conflictos de intereses y la incomodidad de permitir la entrada de extraños suelen disuadir de hacerlo. Hay que resistirse a esos sentimientos.

El equipo de Gobierno incluye a los ministros, lo que da lugar a una mezcla de personas completamente diferente.

Siempre divido a los ministros en dos categorías: los que quieres elegir y los que te ves obligado a elegir. Los primeros son las personas que seleccionas con entusiasmo; los segundos te los eligen las circunstancias políticas. Todo líder sabe que hay personas a las que tiene que mantener a su lado por diversas razones políticas: equilibrio de facciones, deudas de honor o lealtad, aptitudes que pueden no ser del todo adecuadas para gestionar un departamento, pero que sin embargo son muy útiles para la gestión del Gobierno en conjunto.

Lo importante aquí es colocar a las personas que se desean por su capacidad en los puestos más importantes y a las nombradas por necesidad política en puestos en los que tengan estatus, pero poco impacto práctico. En otras palabras, las funciones que determinan si el Gobierno va a cumplir o no deben asignarse a las personas que pueden ayudar a llevar la carga hacia el éxito político.

Pongamos que la educación es una prioridad absoluta y sabes que ese ámbito requiere una reforma importante. Si pones al ministro equivocado al frente, nunca conseguirás que el programa se lleve a cabo de la manera deseada. Las reformas no tomarán forma o lo harán de manera ineficaz. La atención no estará equilibrada y, en ausencia de una dirección política firme, el sistema se verá afectado y la energía para reformar acabará disipada. El trabajo importante tiene que recaer en el ministro con talento para que las cosas lleguen a puerto.

No solo se debe asegurar que los mejores ministros ocupen los puestos clave, sino que tampoco se ha de tener miedo a promocionar a quienes demuestren un talento especial. Esta afirmación puede parecer un tanto extraña. ¿No se suele recompensar el talento con mayor responsabilidad e influencia? En política, suele ocurrir que los dirigentes se sienten amenazados por los ministros con talento y temen que, al promocionarlos, aparezcan posibles aspirantes al cargo.

Esto es un completo error. La falta de promoción del talento afecta clara y negativamente a la eficacia de la Administración. Menos evidente es que resulta asimismo inútil. El verdadero talento encontrará su propio camino. También existe el riesgo de que el resentimiento causado por no recompensar por miedo a un desafío aumentará la probabilidad de que se acabe haciendo realidad ese desafío.

Ningún líder puede realizar por sí solo los cambios que exige el futuro de un país. Se necesita un equipo. Ese equipo debe ser el mejor posible. Los equipos de segunda categoría consiguen logros de segunda categoría y cambios insustanciales.

Parte del trabajo del equipo consiste en colaborar con la burocracia. Y, en circunstancias óptimas, algunos de los mejores burócratas se convertirán en parte integrante del equipo.

6

Cultivar una burocracia sin excesos

Todos los líderes tienen que lidiar con la burocracia. El temido «sistema». Todos los países tienen uno. Su tamaño, competencia y eficacia varían. En algún momento, para algunos líderes, muy poco después de asumir el cargo, ese sistema se volverá frustrante, confuso, irritante.

Por eso es muy importante saber qué es y qué no es la burocracia; qué es razonable esperar de ella y qué no.

Casi todas las formas de burocracia tienen algunas características comunes. Se consideran permanentes, mientras que el líder es de carácter temporal. De acuerdo, hay casos en que un dictador de larga duración puede ser la excepción que confirma la regla, pero siempre se puede seguir pensando que un acto, venga de la mano del hombre o de la de Dios, puede acabar con él.

Con la burocracia, el riesgo rara vez se recompensa y la prudencia se castiga aún menos. Así que, por defecto, ante ella se desaconsejan las acciones transformadoras y se crea un clima de duda en la mente del líder.

Los altos funcionarios, los máximos responsables de la burocracia, suelen poseer una sabiduría generalista. Tienen una amplia experiencia que puede ser inmensamente útil, pero carecen de conocimientos especializados. Esto puede ser limitante e implica que no es prudente confiarles asuntos que requieren experiencia.

Así que, por encima de todo, se ocupan de los procesos. Es su mundo. Antes de que nadie se preocupe por el proceso, ellos lo hacen. Son el medio valioso que permite alcanzar los objetivos. El problema es que la propia burocracia tiende a convertirse en el fin; cobra vida propia, extinguiendo así la creatividad y la innovación y enredando el objetivo deseado de la política en un bucle continuo de deliberación e indecisión.

Por lo tanto, el líder tiene que frenar la tendencia natural de la burocracia a ser, cómo no, burocrática, lo que lleva a la importancia de obtener asesoramiento externo, para asir el liderazgo, para garantizar que el sistema esté dirigido y no meramente comprometido.

El líder debe concentrarse en hacer que los procesos burocráticos sean lo más eficientes posible. Precisamente porque importan.

Conozco Gobiernos cuyas reuniones de gabinete son interminables. Me vienen a la mente largas e impenetrables sesiones informativas que consumen bosques enteros de papel, donde, si hay que tomar una decisión, esta se acaba perdiendo en algún lugar del maremágnum para desaparecer. He visto a ministros —que ya se sentían intimidados por su propia área de competencia— tener que dominar otras muchas sin ningún tipo de orientación y con pocas ganas. De situaciones así suele resultar una indeterminada masa de datos y análisis sin estructurar que se presentan de cara a la toma de decisiones como una enorme cantidad de comida indigesta que uno sabe que nunca va a llegar a digerir.

Por eso merece la pena prestar atención a los procesos desde el principio, desde que se toman las riendas del poder. No hay que dar nada por sentado acerca del sistema. Ni lo que puede hacer ni lo que no puede. Se debe tratar como a un solicitante de empleo, evaluando sus capacidades y su simpatía o disposición.

El de los altos funcionarios es un nombramiento decisivo. Y, sin embargo, es sorprendente la cantidad de nuevos dirigentes que asumen el gobierno y aceptan sin más, sin cuestionar ni indagar, quién dirige la maquinaria que se encuentra bajo su mando.

La burocracia no tiene nada de místico. Forma parte del sector público. Sus cuadros son una mezcla de auténticos servidores públicos: gente muy capaz, otra menos capaz y, por último, vividores. La ventaja es que se trata de un servicio público. La desventaja, que no está sometida a la disciplina del mercado, que busca las competencias y los talentos. O, al menos, no en la misma medida.

Se debe cultivar la burocracia sin excesos, centrándose en su espíritu público. Los asuntos de los que se ocupa la burocracia no carecen de importancia. Afectan a la vida real de las personas. Y en cualquier sistema hay quienes reconocen este hecho, tienen sentido del deber y se esfuerzan por cumplirlo.

Naturalmente, también hay ambición. Para los que tienen ambición es vital que entiendan por parte del líder lo que supone un ascenso. Poniendo el énfasis en los resultados, en cumplir, en hacer las cosas, los ambiciosos responderán en consecuencia. Recompensando las mejoras en los procesos que contribuyan a mejoras sustanciales, muy pronto el mensaje se filtrará hacia abajo.

Si el líder muestra claridad de dirección y propósito, el sistema se ajustará y reorientará en consecuencia.

El caos, la falta de control son elementos que despiertan la propia inercia de la burocracia. Al igual que algunos animales cuando sienten peligro, la burocracia se pone en modo de autoprotección, agazapándose y quedándose quieta, a la espera de que el entorno que la rodea se calme y entonces pueda recibir órdenes.

Los departamentos gubernamentales tienen fama de ser lugares estancos, donde solo se alberga una idea; lugares que impiden que a esa idea le puedan alterar otras. El problema es que la vida no trata de ideas aisladas. La mayoría de los retos de la Administración exigen que los distintos departamentos trabajen en cooperación entre sí y con el mundo exterior. El líder tiene que crear los espacios para esa cooperación.

Una de las razones por las que el núcleo del Gobierno tiene que ser fuerte en torno al líder es para que haya una visión de conjunto que garantice que las partes encajan entre sí, que una parte del Gobierno no está operando en contradicción o desafío —a veces por ignorancia— de otra, lo que podría malograr sus objetivos.

¿Se puede dar distinta forma, modificar la burocracia? La mayoría de los líderes con experiencia de gobierno se muestran escépticos. Pero la verdadera respuesta es que, hasta cierto punto, es posible. Y, como en tantos otros ámbitos, el impacto dominante de la tecnología implica que es esencial cierta formación y reciclaje.

No me viene a la mente ningún líder que haya llegado al final de su mandato sin tener opiniones bastante firmes sobre su sistema. Esas opiniones varían. Pero lo que tienen en común es la sensación de que, incluso después de una larga etapa en el Gobierno, ambos no se acaban de entender. Para el líder, el sistema es más bien como un cuadro que te gusta, pero nunca sabes muy bien en qué parte de la casa colgarlo.

Supongo que esto se debe a que el líder siente, al principio, que —cambiando de símil— la burocracia es como un instrumento musical que se tiene en las manos. Puede ser destartalado y difícil de manejar, o bien elegante y de fácil uso. Pero siempre es posible aprender a utilizarlo.

Sin embargo, con el tiempo, el líder se da cuenta de que en realidad no es un instrumento, sino un organismo vivo. Tiene una mente y un temperamento propios. Por lo tanto, aunque un buen líder puede utilizarlo, y desea hacerlo, no puede poseerlo ni someterlo completamente a su voluntad.

La burocracia es buena para algunas cosas, pero mala para otras. Intentará cumplir las órdenes, pero no más allá de los límites de lo que considera que es su capacidad. Si pone obstáculos en el camino, puede hacerlo con una astucia fatal para el programa de un líder. Si ayuda, puede ser un colaborador eficaz, pero nunca sustituirá al líder y a su equipo.

Así que, como digo, bien merece la pena no quitarle ojo.

PARTE II

Cumplimiento

7

Democracia mediante o no, todo es cuestión de cumplir

Ya se trate de una democracia occidental, de una democracia «controlada», de una autocracia benévola o de un «líder fuerte», siempre se trata de cumplir lo prometido.

Creo que la democracia es la mejor y más elevada forma de gobierno. Pero también considero que se ha acostumbrado a asumir su superioridad y ahora vivimos en una época en la que debe demostrarla.

Hace un par de décadas, cuando visitaba un país que no era una democracia, el líder explicaba medio disculpándose que su país aún no estaba preparado para un experimento democrático, pero que con el tiempo llegaría. Se aceptaba que todo país debía aspirar a la democracia.

Ahora es diferente. Los dirigentes de países no democráticos que son personas razonables y de mente abierta no desprecian la democracia como podría hacerlo un dictador; pero la cuestionan, ponen en duda su estabilidad, su entorno mediático y, sobre todo, su capacidad para tomar decisiones y ponerlas en práctica. En otras palabras, no están convencidos del reto central de la gobernanza, el de «hacer cosas».

Cabe señalar que la inmensa mayoría de los países con los niveles de vida más altos son democracias, que el país más poderoso del mundo —Estados Unidos— es una democracia y que, en general, hay más gente que quiere irse a vivir a países con este sistema de gobierno que dejarlos, lo cual es un claro indicio.

Es un argumento poderoso. Como también lo es cuando vemos cómo la libertad inherente a las democracias permite que florezca la innovación y que la empresa privada no se sienta amenazada por la corrupción o la confiscación del Estado. El Estado de derecho, como veremos, es una enorme ventaja que tienen la mayoría de las democracias y de la que carecen, en general, las naciones que no lo son.

Pero, cuando se trata de gobernanza, escucho con demasiada frecuencia este reproche: «Ustedes —es decir, los líderes de las naciones democráticas— han perdido la capacidad de pensar o planificar a largo plazo, su formulación de políticas pasa a un segundo plano y su entorno mediático los obliga a gestionar constantemente crisis que tienen una importancia marginal para el futuro de sus naciones, al tiempo que no se centran en las grandes cosas que lo determinarán».

En otras palabras, un argumento que podría ser concluyente ya no lo parece tanto. Además, el escepticismo sobre la democracia ya no se limita a los regímenes más autoritarios: también lo expresan muchos ciudadanos de países democráticos.

Ahora bien, para parte de la sociedad occidental, en particular algunos de nuestros medios de comunicación, la razón de los fallos de la democracia está clara: todo gira en torno a la transparencia o la rendición de cuentas. ¿Son honestos los Gobiernos? ¿Son los políticos dignos de confianza? Y, para una parte de la comunidad internacional implicada en el desarrollo y la cooperación, todo gira en torno a los derechos humanos.

Son formas similares, al menos en parte, de decir que la democracia tiene problemas morales y que su cura reside en sacar a la luz las irregularidades, contar con líderes que digan la verdad y procurar un sistema transparente, por así exponerlo. Si lo hacemos, afirman estas voces, tendremos grandes líderes que, en estrecha alianza con el pueblo, mejorarán nuestra vida.

Quiero dejar claro que no estoy diciendo que estas cuestiones morales no sean importantes ni irrelevantes para gobernar: alcanzado cierto nivel de desarrollo, son cruciales. Pero en ninguna fase del desarrollo deben tener más peso que la ejecución en sí.

El reto de la democracia actual es la eficacia. Aunque una democracia tenga un magnífico historial de transparencia, no podrá superar un pésimo historial de resultados.

Y, en un país en desarrollo, donde la gente lucha por llevar comida a la mesa, ir a la escuela, recibir una atención sanitaria básica, ganarse la vida a duras penas, etc., el cumplimiento de todo esto puede marcar la diferencia entre la vida y la muerte; o al menos la diferencia entre una vida con esperanza y otra sin ella.

Por supuesto, la gente quiere políticos honestos, líderes en los que confiar; pero sobre todo lo que quiere son soluciones. Quieren que los problemas que afectan a sus vidas se resuelvan o al menos se mitiguen en lo posible. Desean tener un nivel de vida más alto, una mejor calidad de vida, mejor sanidad y educación, más seguridad.

No puede haber simplemente buenas intenciones expresadas con honestidad; hay que aplicar políticas que funcionen.

Profundicemos más. Tomemos una democracia occidental clásica. La realidad en demasiados países es que —en contra de la regla que he expuesto páginas atrás— las medidas son lo primero y la definición de la política lo segundo. El corto plazo eclipsa al largo plazo. La clase política parece a menudo más feliz discutiendo un escándalo que abordando una solución.

Las redes sociales, además, crean un ambiente tóxico para el debate y un clima de auténtico odio y, por tanto, de riesgo para los representantes electos.

La inestabilidad es hoy una característica tan inherente a la democracia occidental como la estabilidad. Los partidos tradicionales están siendo dinamitados por corrientes populistas; los partidos disidentes van y vienen. La política del agravio predomina entre partes significativas del electorado. En toda Europa se están desmoronando partidos que solían mantenerse en el poder durante largos períodos de tiempo. En Estados Unidos, los dos partidos tradicionales son incómodas coaliciones de discordia. En solo ocho años, entre 2016 y 2024, el Reino Unido ha tenido seis primeros ministros. Cuando dejé el cargo, era el tercero en casi tres décadas. No es de extrañar que el país tenga problemas. ¿Cómo no iba a tenerlos?

La causa fundamental de la inestabilidad es la falta de resultados. Desde la crisis financiera, el nivel de vida de muchos se ha estancado. La ansiedad por la inmigración hace estragos, pero nadie parece capaz de resolverla. El gasto público es elevado; los impuestos, moderadamente altos; los resultados de los servicios públicos, escasos. El gasto en bienestar social no parece ser eficaz para hacer frente a determinadas presiones. La delincuencia, especialmente la organizada, y la falta de respeto por las instituciones nacionales, orgullo de la mayoría, parecen no tener freno. Los políticos convencionales proclaman que tienen soluciones, pero la experiencia ha enseñado a la gente a dudar de tales afirmaciones.

Por eso el populismo está tan presente. En realidad no es tan complicado de entender. Si la política democrática convencional no parece funcionar, triunfa quien promete una mayor sacudida, quien crea más revuelo, quien provoca más indignación entre las figuras tradicionales.

Todo el contenido de este libro está pensado para explicar por qué la única prueba real de gobierno es la ejecución, el cambio que funciona. Pero tampoco se debe olvidar que es la única forma de proteger la democracia.

En el mundo en vías de desarrollo, el contexto es diferente. Pero la lección es la misma. Aquí la honradez y la transparencia pueden afectar de manera más honda a los sistemas que repercuten en la eficacia. La corrupción es la perdición del cumplimiento de las medidas políticas. No solo porque es moralmente incorrecta, sino porque es una guía nefasta para la toma de decisiones. Echa a perder la oportunidad de mejorar las instituciones y crea el espíritu equivocado y no pueden florecer la empresa y la innovación.

Pero, al margen de esta cuestión, hoy en día cualquier país puede progresar si sigue los principios de la buena gobernanza. Y con esto me refiero no solo a una gobernanza honesta, sino sobre todo a una eficaz, es decir, que ponga en marcha sistemas y políticas que puedan dar resultados. ¿Cuál es la mejor manera de afianzar la democracia en un país con una incipiente tradición de gobierno democrático? Demostrar que funciona.

Si los Gobiernos occidentales pusieran el mismo empeño en fomentar políticas que ayudaran a los países en vías de desarrollo a encontrar soluciones prácticas que en dar lecciones de corrección constitucional, tanto ellos mismos como aquellos a los que realmente pretenden ayudar saldrían ganando.

Ahora bien, después de haber defendido la eficacia como la ambición más importante para cualquier Gobierno y de señalar por qué la democracia occidental a menudo tiene fallos que la democracia guiada y la autocracia benévola a menudo no cometen, permitidme añadir algo.

La democracia guiada y la autocracia benévola solo funcionan si los gestores siguen siendo inteligentes y los autócratas, benévolos. Fracasan si, por la razón que sea, se convierten en «hombres fuertes».

Como en todo, sin duda hay excepciones, pero la forma de gobernar del «hombre fuerte», la mayoría de las veces, no funciona.

Tales Gobiernos tienen un gran inconveniente, que no solo tiene que ver con el fundamento del régimen en sí, sino que va al corazón de la eficacia y el cumplimiento. Cuando no hay controles y equilibrios en el ejercicio del poder, porque todo el mundo está demasiado aterrorizado para discrepar, se suelen tomar malas decisiones.

Destacan dos ejemplos recientes de países que han encabezado la carga contra la democracia liberal: Rusia y China.

Si Rusia fuera una democracia que funcionara bien, el presidente del país nunca habría cometido el error de cálculo extraordinario de pensar que Ucrania —a pesar de todos sus defectos, una verdadera democracia con un presidente electo— se dejaría someter y —dada la historia entre los países— permitiría que su vecino la pisoteara sin más. Nunca dos democracias auténticas han entrado en guerra, y con razón. Sus pueblos prefieren vivir en paz y resolver sus disputas sin conflictos militares. Sea cual sea el resultado, las devastadoras consecuencias de este error de cálculo para Rusia —así como, obviamente, para Ucrania— se prolongarán durante una generación. Y ello se produjo porque el líder ruso creó a su alrededor una infraestructura desprovista de capacidad de desafío.

China recibió elogios por su gestión inicial de la pandemia del covid-19. Sus tasas de mortalidad eran muy inferiores a las de los países occidentales. Siguió una política de covid-19 cero y, durante un tiempo, esa política pareció haber funcionado. En Estados Unidos y Europa, por el contrario —en parte por decisión política y en parte por la hostilidad popular hacia las medidas de confinamiento—, al principio se dejó que la enfermedad se propagara entre la población, antes de que los confinamientos estabilizaran la situación y el virus se controlara mediante la creación de niveles significativos de inmunidad natural y vacunación masiva.

La llegada de la variante ómicron, mucho más contagiosa, cambió la dinámica y debería haber modificado la política de China. Pero, como los dirigentes se habían aferrado a las medidas de covid cero, no pudieron o no quisieron adaptarse. La propia omnipotencia de los dirigentes creó rigidez, no flexibilidad. El resultado fue una política que causó inmensos daños y penurias sin una buena razón subyacente, lo que nunca ha sido una postura sensata para un dirigente, ni siquiera para uno sin responsabilidad democrática.

La respuesta no pasa necesariamente por la democracia. Pero debe ser, al menos, un sistema lo suficientemente eficaz como para permitir el desafío. Incluso si eres el líder de un país sin tradición democrática, rodearte de buenas personas dispuestas a debatir contigo, y ser lo suficientemente inteligente como para darte cuenta de la importancia de mostrarte abierto a que te desafíen, es una parte esencial de cumplir. Sin esto, puede que tengas el poder para hacerlo, pero no la política que, por sí misma, cumple.

China es muy diferente de Rusia en historia, tradición, civilización y burocracia. Es muy posible que posea un sistema con la capacidad de ajustarse e ir más allá de los intentos actuales de recrear un liderazgo de consolidación del poder muy cercano al maoísmo.

Si lo consigue, la razón será precisamente que tal consolidación, apuntalada por disposiciones ideológicas, no superará la prueba del cumplimiento.

Putin ha ejercido una gran influencia en la política del siglo xxi. Existe una especie de «modelo Putin» de gobierno. Recuerdo cuando empezó a aplastar la incipiente democracia de su país, convirtiendo los cargos electos en cargos designados, socavando el poder de los medios de comunicación libres, tachando a los oponentes políticos de enemigos de la nación y mostrándose hábil incluso a la hora de eliminar a algunos para *dar ejemplo*.

Pero, en sus inicios, la gente apenas se dio cuenta de este proceso, que parecía discordante con la teoría del triunfo de la democracia liberal tras la caída de la Unión Soviética. Cuando nos dimos cuenta de lo que estaba ocurriendo, se consideró a Putin como un caso atípico, una excepción, un ejemplo que probablemente no se seguiría.

Pero muchos aspirantes a líderes han estudiado su trayectoria y calculado si es realmente posible concentrar el poder absoluto de esta manera, aplastando la disidencia y abriendo la perspectiva de una longevidad política impensable en una verdadera democracia.

Hemos visto que no se trataba simplemente de concentrar la autoridad, sino también de desarrollar una narrativa que explicara por qué era necesario en interés del país. Y, en un mundo que cambia rápidamente, con inseguridad económica y cada vez más también en el plano cultural, una figura de autoridad dominante parece menos aterradora que el inmovilismo económico y el relativismo cultural de los líderes democráticos tradicionales.

El concepto de «líder fuerte» ha experimentado un renacimiento y Putin ha sido su mejor ejemplo.

De manera significativa, se ha producido una alineación entre las preocupaciones de los electorados occidentales y los que apoyaban a los líderes emergentes en países no democráticos o escasamente democráticos.

Ambos grupos han visto que el mundo que los rodea estaba cambiando de un modo que no les gustaba y que no sentían haber consentido; consideraban que la figura de la autoridad era, por tanto, su mejor protección contra este cambio y ninguno de los dos ha creído que los que se oponían a esas figuras tuvieran un plan viable para el progreso económico.

Pero, sobre todo, ambos creen que, con el hombre fuerte, al menos se conseguirá algo. La parálisis que se apoderaba de los sistemas democráticos mientras luchaban con demandas contrapuestas sería superada por alguien lo bastante poderoso, y lo bastante indiferente a la oposición, como para hacerlo.

Por eso hay tanta ambivalencia sobre Putin tanto entre la extrema izquierda como entre la extrema derecha en los países democráticos. Tiene sus admiradores y son reales.

Hay muchas dudas sobre cómo detener esta tendencia antidemocrática.

Lo que no funcionará son las expresiones de indignación cada vez más estridentes, ya que parece que la indignación no la comparte toda la población en su conjunto.

En cambio, lo que sí funcionará es tratar de comprender la naturaleza del problema y la política necesaria para resolverlo.

Si el líder no reconoce las inquietudes de la gente y las aborda eficazmente, estas personas permitirán que alguien que sí las reconozca tome el poder, aunque ello signifique sacrificar los mecanismos tradicionales de rendición de cuentas. Por poner solo un ejemplo: si un líder no comprende la preocupación por el aumento de la inmigración, el populista explotará rápidamente esa incomprensión.

En casi todos los casos, el populismo es una respuesta al fracaso de la política convencional —la que podríamos llamar «centrista»— a la hora de adoptar posturas firmes que contrarresten la tendencia a hacer oídos sordos de los elementos de la política progresista.

No me cabe duda de que esto representa una parte significativa, que perdura contra viento y marea, de Donald Trump en la arena política estadounidense.

Cuando los países parecen indefensos ante la inmigración, o débiles frente a posiciones extremas en cuestiones de guerra cultural, damos sustento a los populistas.

Esta es otra dimensión de la falta de resultados. En este caso, se trata de la percepción de que la política convencional está más interesada en cuestiones que, aunque importantes, no afectan a la vida cotidiana de la mayoría, sino que se ven impulsadas por la presión de los grupos que hacen campaña. El resultado es la impresión de que los que están en el poder no tienen tiempo o ganas de centrarse en las cosas que realmente afectan al día a día de la gente.

La conclusión de todo esto es que el líder tendrá que centrarse en muchas cosas diferentes. Y, en algunos países, debido a su historia o circunstancias, puede que el cumplimiento de las políticas no sea lo más importante. En ese momento, puede que se trate de un cambio constitucional o institucional. O algún aspecto que tenga más que ver con la pura política.

Pero, independientemente de todo esto, democracia o no mediante, sin duda alguna, la tarea es cumplir.

8

La suprema importancia de la estrategia

La palabra «estrategia» deriva del griego *strategia*, «oficio del general». Sin ella, no hay liderazgo.

Es una de mis palabras favoritas del ámbito de la política. Implica claridad de ideas, coherencia, cohesión, algo que relega el corto plazo al lugar que le corresponde y ayuda al cumplimiento a largo plazo del plan general.

Su presencia no garantiza el éxito, pero su ausencia prácticamente augura el fracaso.

La estrategia consiste en mantener el día a día alineado con el año a año; en asegurarse de que las necesidades políticas —o las que parezcan necesidades en ese momento— no enturbien los objetivos estratégicos del Gobierno en lo que respecta a su finalidad esencial.

No se trata de un plan. Es una actitud. Un estado mental. Como una señal de advertencia que pone en alerta al líder cada vez que parece que una decisión, pese a ser correcta desde el punto de vista táctico, es errónea desde el punto de vista estratégico.

Este estado de ánimo debe desarrollarse antes de que el líder tome posesión de su cargo. Debe venir con él, formar parte de él cuando entre en funciones.

Y la razón es que, tras asumir el poder, la vida del líder puede tornarse rápidamente en un *modus vivendi* que, de alguna manera, se opone a la identificación y aplicación de la estrategia.

Conozco a muchos líderes en su primera etapa de gobierno y suelen pasar exactamente por el mismo proceso que yo viví. Al principio, las cosas parecen razonablemente bien ordenadas. Dan instrucciones; el sistema es bastante complaciente; tienen cierto espacio político; pueden sentirse algo abrumados por el sentido de la responsabilidad, pero todavía no por la carga de gobernar.

La estrategia parece estar presente casi sin quererlo porque todo parece bastante tranquilo.

Luego, poco a poco, pero cada vez más deprisa, se echan encima los asuntos de gobierno. Las órdenes dejan paso al reto del cumplimiento; las mejores intenciones chocan con la realidad; proliferan las reuniones, nacionales e internacionales; la política, que parecía un asunto controlado, se vuelve turbulenta. De repente, el día a día empieza a ser tan ajetreado que el tiempo para la reflexión es mínimo; el descanso se ve perturbado.

Por lo tanto, es aconsejable estar mentalmente preparado para el reto de asumir la importancia de la estrategia y cumplirla. Por eso antes hablaba de la importancia de los horarios. Hay que reservar momentos en los que tú y tu entorno podáis volver constantemente a la tarea de conciliar las tácticas cotidianas con la estrategia central.

La diferencia entre táctica y estrategia es fundamental.

Las tácticas son importantes. Ayudan a llevar a cabo el plan. Digamos que un líder necesita aprobar una legislación concreta. Se trata de una gran reforma gubernamental. Es posible que haya intereses que atender, incluso que negociar; podría haber un repliegue táctico sobre determinadas partes no esenciales, para facilitar la continuidad del proceso; o una alianza especial y única para asegurar el objetivo crucial de la reforma. Todo esto es táctica. Pasos muy necesarios, todos dados en pos del objetivo estratégico.

Pero, si el repliegue concierne una parte esencial de la legislación, si atender a esos intereses socava su propósito o si el fracaso estratégico es el precio que se ha de pagar por evitar temporalmente determinados enfrentamientos, entonces no han de darse esos pasos. La comodidad momentánea se traducirá en una incomodidad a futuro cuando llegue la hora de hacer las cuentas de los logros del Gobierno.

La confusión entre táctica y estrategia es una de las principales razones del fracaso de los líderes. Se enfrentan a una crisis. Adoptan una medida para evitarla. La medida se ajusta al momento. Pero choca con la política del objetivo final. Resultado: incoherencia. El plan se marchita. El pueblo pierde la confianza. El Gobierno da un paso más hacia la pérdida del poder.

La reciente crisis del coste de la vida en la que se han visto envueltos Gobiernos de todo el mundo es un buen ejemplo de ello. Al poco de empezar la crisis, causada principalmente por factores externos (escasez de energía, guerra, etc.), quedó claro que la magnitud de la subida del precio de los carburantes era tal que los Gobiernos tendrían que asumir gran parte de la factura. Los Gobiernos que salieron mejor parados fueron los que adoptaron medidas —sin duda, sin precedentes y costosas— que, al menos en buena parte, se ajustaban a sus objetivos estratégicos generales. Por ejemplo, fue el caso de los que combinaron subvenciones con incentivos para reducir la demanda de energía, reformar el mercado energético a largo plazo y ayudar a cumplir los objetivos climáticos. Los que se limitaron a inyectar dinero para afrontar el problema, pero sin pensamiento estratégico, se encontraron con que lo que debían aportar era inasequible y se vieron obligados a retirarse sin cumplir.

Una vez que algo así empieza a suceder con un Gobierno, suele ser el principio del fin, porque el sistema empieza a actuar al azar y entonces se multiplican las tácticas que se disfrazan de estrategia, pero que en realidad denotan una deriva sin estrategia. La incoherencia engendra incoherencia. La gente pierde la fe. Se pierde el rumbo y las políticas empiezan a parecer un conjunto de incursiones individuales en la maleza política sin ninguna conexión coherente con el destino final.

La estrategia debe permanecer invariable; es la táctica la que debe cambiar. Flexibilidad con la segunda; firmeza con la primera. Al menos casi siempre.

Como suele ocurrir, siempre hay una excepción que confirma la regla. Pueden suceder cosas, a menudo acontecimientos externos sobre los que el líder tiene poco control, que cambien los hechos fundamentales en los que se basa la estrategia.

A principios del siglo XXI, los líderes europeos creían que la era de los conflictos entre grandes potencias había terminado. El desarrollo de las fuerzas armadas tenía una finalidad política limitada y no figuraba entre las prioridades de la mayoría de los Gobiernos. Entonces llegó la invasión rusa de Ucrania. La política cambió. La estrategia de defensa cambió. Porque los hechos en los que se basaba la estrategia anterior también habían cambiado.

En el caso de Ucrania, esta transformación fue tan dramática y vívida que no hizo falta un gran discernimiento político para detectarla y ajustar la estrategia en consecuencia.

En otras ocasiones, sin embargo, es más difícil identificar cuándo algo ha cambiado; no las cuestiones superficiales, sino las fundamentales. Personalmente, reconozco que a veces fui demasiado lento para detectar esos casos.

Un ejemplo interesante, que muestra cómo la estrategia debe mantenerse siempre bajo revisión, es la relevancia para el crecimiento económico de una estrategia industrial moderna.

Cuando yo estaba en el cargo, la opinión generalizada era que los Gobiernos debían evitar todo lo que se pareciera a intentar dirigir una industria concreta o interferir en el buen funcionamiento general del mercado. Francia se consideraba un caso atípico por su estrategia y existía la opinión de que no era necesariamente una estrategia que se debiera imitar.

Como en tantas otras cosas, la revolución tecnológica exige reconsiderar esta estrategia de separación estricta entre mercado y Gobierno. No se trata de volver a la «estrategia industrial» de antaño, que implicaba apuntalar industrias que necesitaban una reforma impulsada por el mercado, sino de reconocer que, si el Gobierno no muestra un gran interés por cómo se apoyan determinados sectores de vital importancia estratégica, el país será menos poderoso en términos económicos y, por tanto, la gente será más pobre.

En el caso del Reino Unido, esto podría significar apoyar las ciencias de la vida y asegurarse de que el país mantiene su fuerte posición en un sector tan estratégico como el de la inteligencia artificial (IA).

En el caso de Francia, podría tratarse de atraer inversión extranjera, sobre todo en el sector financiero, donde el Brexit ha dado a París una oportunidad.

En Estados Unidos, una política industrial estratégica ha dado un enorme impulso a la energía y la industria verdes.

En toda África, los países se preparan para reformar su sector agrícola; intentan garantizar la industrialización de las materias primas a las que necesitan desesperadamente añadir valor, en lugar de enviarlas a otros lugares que obtienen ese valor.

Se trata de posiciones que los Gobiernos anteriores de esos países podrían haber evitado o ignorado. Sin embargo, a medida que cambian las circunstancias, también debe hacerlo la estrategia.

Así que hay que ser firme en la adhesión a la estrategia. Pero tampoco rígido. El dicho de John Maynard Keynes de que «cuando los hechos cambian, cambio de opinión» sigue siendo muy sensato para los líderes. Sin embargo, es importante señalar que se trata de modificar la estrategia, no de descartarla. No significa renunciar al principio básico: mantener la coherencia estratégica; no convertir el corto plazo en enemigo del largo plazo.

Cuando Alemania se comprometió a cerrar su sector nuclear tras el accidente del reactor de Fukushima en Japón en 2011, respondía al sentimiento predominante de la opinión pública sobre ese tipo de energía. Pero una década después, con la crisis energética y las obligaciones climáticas, la decisión táctica ha chocado con la necesidad estratégica de proteger el nivel de vida y reducir las emisiones.

Todas estas cuestiones de estrategia requieren un análisis cuidadoso, una reflexión profunda y una reevaluación constante. El reto para el líder es mantenerse al tanto de lo estratégico mientras lucha contra el día a día.

En un día concreto, los temas que dominan los titulares parecerán lo único que importa, por lo que la tentación de hacer lo que de ellos se desprende en ese momento será enorme. Si se sigue ese rumbo sin tener en cuenta las consecuencias a largo plazo, al final del día el líder suspirará aliviado. Pero más tarde lamentará esa decisión y sacudirá la cabeza con pesar. Porque repercutirá, posiblemente de forma fatal, en su capacidad de cambio.

9

Ser un agente de cambio, no solo quien ocupa un puesto

Imagina que te colocan en una posición de liderazgo y has de tomar decisiones. Pueden ser decisiones que se toman. También pueden ser decisiones que no se toman: cuando un líder aboga por no actuar, sigue siendo una decisión, con consecuencias. La deriva —dejarse llevar— es una política en concreto. Solo que no suele ser muy buena.

Cuando visité a Shimon Peres —el extraordinario primer ministro, presidente, filósofo y político de Israel— me habló de una conversación que había mantenido con uno de sus sucesores en la residencia oficial en Jerusalén. El sucesor dudaba sobre la mejor manera de gestionar el proceso de paz. Peres le dijo finalmente: «Mira, tienes una elección: estás aquí, ocupando esta famosa residencia, como líder del país. ¿Quieres estar en el libro de historia o en el de visitas?».

No es nada habitual que un líder esté satisfecho con el *statu quo*. La mayoría de los líderes han alcanzado esa posición precisamente atacando el *statu quo*. También saben que los eligieron por una razón: para mejorar la vida de la gente. En cualquier caso, la inactividad política no es una opción en un mundo que cambia tan rápidamente, caracterizado por el alcance, la escala y la velocidad del cambio. Cuando yo era primer ministro, Twitter (o X) no existía; no tenía teléfono móvil (algo por lo que siempre, en retrospectiva, he estado agradecido); internet estaba, si no en su infancia, en su adolescencia; Amazon era simplemente una librería en línea, y Netflix no se conocía siquiera. Pero, lo que es más importante, la inteligencia artificial era solo un concepto, no una revolución en marcha; el cambio climático seguía siendo objeto de acaloradas discusiones; China era en gran medida una nación en desarrollo; los países del Golfo eran meros Estados petroleros; el Reino Unido lideraba en Europa; Rusia formaba parte de lo que entonces era el G8; India se consideraba «tercermundista», y Estados Unidos estaba inmerso en la lucha contra el yihadismo global tras el 11-S.

Con el cambio de milenio, las diez primeras empresas del mundo por capitalización bursátil eran Microsoft, General Electric, Cisco, Walmart, Exxon, Intel, NTT Docomo, Royal Dutch Shell, Pfizer y Nokia. En la actualidad, solo una de esas organizaciones —Microsoft— sigue en la lista, que ahora cuenta con empresas como Apple, NVIDIA y Amazon.

Dominan las empresas tecnológicas, con capitalizaciones bursátiles muy superiores a las de las mayores empresas de hace veinte años.

Es un mundo nuevo. Con todos los retos y oportunidades que conlleva la novedad a esta escala.

Por lo tanto, si el líder no es un agente de cambio en un mundo así, será él quien probablemente cambie.

La crisis del covid-19 nos enseñó esta lección, aunque a la mayoría de la gente no se le ocurriera analizarla de este modo.

Basta con reflexionar sobre ello. Tuvimos la primera pandemia global del mundo moderno. Trágicamente, mató a millones de personas. Infectó a miles de millones. Y paralizó el mundo durante un tiempo. Sin embargo, en última instancia, salimos de ella, la economía se recuperó mucho mejor de lo que nadie podría haber previsto, al igual que la mayoría de los que enfermaron, y aprendimos un montón de lecciones que deberían ayudarnos a superar la próxima pandemia más rápidamente y con menos dolor.

No quiero que se me malinterprete. Sé que el covid aún está circulando, que la amenaza de nuevas variantes persiste y que los efectos a largo plazo de la enfermedad aún están por esclarecerse. Pero, si comparamos dónde estamos con dónde podríamos haber estado, lo que debería impresionarnos es nuestra capacidad de adaptación y supervivencia, no nuestra propensión al desastre.

¿Cómo lo hicimos? Desarrollamos vacunas en un tiempo récord, incluidas las que respondían a una nomenclatura hasta entonces inaudita —ARN—; las fabricamos, las distribuimos y —sí, aunque con muchas vergonzosas desigualdades por el camino— las recibió más de la mitad de la población mundial. Hoy existe la perspectiva de toda una nueva generación de vacunas e inyectables preventivos con el potencial de salvar decenas de millones de vidas de enfermedades transmisibles y no transmisibles.

Hemos creado pruebas que miden el riesgo de contagio en cuestión de minutos. Hemos desarrollado la secuenciación genómica, que debería permitirnos crear un sistema de alerta precoz para detectar nuevos patógenos y, a largo plazo, revolucionar no solo el diagnóstico en medicina y detección de enfermedades, sino también en la producción agrícola y otros ámbitos.

No podíamos relacionarnos físicamente durante la pandemia. Así que recurrimos a Zoom. No podíamos trabajar en la oficina. Así que trabajamos desde casa. En el proceso descubrimos no solo que trabajar de esta manera era factible, sino que incluso tenía algunas ventajas. Por supuesto, todos queríamos que se acabaran los confinamientos, pero seguimos adelante. Y, en la gestión de la crisis, la ciencia y la tecnología avanzaron a toda velocidad de formas inesperadas.

Las lecciones de la experiencia del covid para los gobernantes son inmensas: la urgencia generó eficacia, la necesidad generó inventiva, la desesperación generó una apertura de parcelas tradicionalmente estancas y aligeró la burocracia en el Gobierno. Todos mostramos la capacidad de cambiar rápidamente.

En cierto sentido, eran «tiempos de guerra». Pero, aunque la presión sobre el Gobierno para que se vea tan impelido a actuar disminuye en tiempos de paz, los cambios continúan. Ocurren sin cesar. El Gobierno debe reconocerlo. Si el mundo que te rodea avanza y el líder no, este se queda atrás.

Con todo esto quiero insistir en que debe ser un agente de cambio, no quien tan solo ocupa un puesto.

El cambio, normalmente por la vía de la reforma, es en las circunstancias actuales casi como un deber. Pero también es, por desgracia, lo más difícil de hacer.

El problema es que todo el mundo asiente cuando se habla de reforma; pero piensan que debería aplicarse a otra persona.

En el Gobierno, yo siempre intentaba hacer reformas. Y con el tiempo aprendí que el proceso tiene una manera concreta de realizarse. Cuando propones una reforma por primera vez, la gente te dice que es una mala idea; cuando la estás haciendo, es un infierno, y, después de haberla hecho, desearías haber hecho más.

Ningún cambio que merezca la pena se produce sin dolor. Por lo tanto, a lo largo del proceso se encuentra resistencia. Hay que enfrentarse a ella con perseverancia.

Sin embargo, la persistencia debe combinarse con un realismo obstinado. Si se intenta cambiar todo un sistema de golpe, probablemente se fracasará. Hay que hacer el cambio paso a paso. Eso no significa que el cambio no sea radical en cada paso; solo que, si se intenta llegar al punto de destino con prisas, a los que se oponen les resultará más fácil movilizarse y utilizarán el dolor del trastorno para demostrar que todo el proyecto de reforma es defectuoso.

También es importante crear un grupo de apoyo al cambio. Puede que los beneficios estén muy lejos y que se desconozca su alcance, pero al menos determinadas personas serán lo suficientemente valientes como para reconocer lo que puede lograrse, algunas comprenderán que el cambio las beneficia y, si se las corteja adecuadamente, algunas llegarán a verse a sí mismas como parte de la fuerza impulsora de la reforma.

Para ganar adeptos, hay que comunicar la reforma en un lenguaje y en unos términos con los que el público se sienta identificado. Se debe incluir en la narrativa de la gobernanza; repetir y reiterar su propósito y su significado. El líder no es un tecnócrata. Por lo tanto, el mensaje no debe resumir los logros funcionales de la reforma, por importantes que sean, sino que debe apuntalar los valores en los que el líder cree, la razón por la que buscó el puesto de liderazgo. En otras palabras, ha de mostrar cómo encaja el cambio en el gran esquema de las cosas, el plan. No limitarse a recitar los hechos.

Las mejores reformas son las que llegan a ser autosuficientes, es decir, aquellas que no necesitan que el líder o el Gobierno estén constantemente pendientes porque, una vez hecha, la reforma ha instaurado un agente de cambio en el sistema, con su propio impulso, independiente de la supervisión gubernamental.

Los Gobiernos no son grandes motores de innovación. Pueden innovar, pero no están siempre haciéndolo. Pueden crear, pero luego dan el trabajo por hecho. Pueden, con el liderazgo adecuado, cambiar el *statu quo*. Pero entonces aparece un nuevo *statu quo*.

O empiezan una transformación, pero se desvían. O cambian las personas encargadas de la reforma. O el enfoque varía. Pueden pasar mil cosas diferentes.

Por eso, lo ideal es hacer una reforma que, una vez lograda, permita a los que están facultados por ella hacerse cargo. Porque lo más probable es que no se desvíen.

Permitidme ilustrar todos estos puntos haciendo referencia a las reformas que mi Gobierno llevó a cabo en educación y sanidad. En el centro de las reformas estaba la idea de dar prioridad a los padres o alumnos y a los pacientes, es decir, a los intereses de los usuarios, no de los gerentes.

En el ámbito de la educación, esto significaba que las escuelas se independizaban del control de las autoridades locales, podían asociarse con el sector privado y gozar de mayor libertad para contratar y gestionar al personal que considerasen oportuno. Por lo que respectaba a los padres, se les autorizaba a elegir una escuela para sus hijos si consideraban que la más cercana prestaba un servicio deficiente.

Esto fue especialmente importante en los centros urbanos. En el distrito de Hackney, al este de Londres, las escuelas pasaron de un éxito de alrededor del 20 % —jóvenes que lograban lograr el título a los dieciséis años— a más del 80 %; y en otro distrito londinense una de las escuelas públicas envió el año pasado a más alumnos a las universidades de Oxford y Cambridge que el prestigioso colegio de Eton.

En el caso de la asistencia sanitaria, la reforma del Servicio Nacional de Salud del Reino Unido dio a los pacientes la posibilidad de elegir médico e incorporó a los proveedores del sector privado a la prestación de servicios del sistema público.

Ambas reformas se recibieron con gran hostilidad, por parte de los profesores, por un lado, y del sector médico, por otro.

Durante mi primer mandato, intenté reformas de todo el sistema: retribución de los profesores en función de los resultados, por ejemplo, y objetivos para médicos y hospitales. No funcionaron. En mi segundo mandato adoptamos un planteamiento diferente. Pretendíamos una reforma sistémica y estructural, pero empezamos poco a poco y fuimos ampliando con el tiempo. Así, por ejemplo, creamos escuelas academia —algo así como las escuelas concertadas en Estados Unidos—, pero empezamos con unas pocas en las zonas más desfavorecidas de las ciudades. En cuanto a la reforma sanitaria, implicamos al sector privado para ayudar a reducir las largas listas de espera para operaciones básicas de ortopedia en el sistema sanitario público. Era razonablemente sencillo de hacer.

Estas reformas se convirtieron en agentes del cambio. Al ver que las escuelas mejoraban y las listas de espera de los hospitales disminuían, cada vez eran más los que apoyaban lo que se estaba haciendo y, con el paso del tiempo, lo hacían con mayor confianza y firmeza. Pero tuvimos cuidado de combinar las reformas con la inversión en infraestructuras básicas: centros escolares y nuevos centros de salud. No todo recayó en el sistema.

Me temo que, con demasiada frecuencia, no hemos sabido expresar cómo encarar las reformas en términos generales y hemos sido demasiado tecnócratas. Pero, cuando lo hemos hecho bien, hemos replanteado el argumento no solo en términos de los logros prácticos de los cambios, sino en cómo reflejaban un compromiso con la justicia social. Una buena educación y una atención sanitaria de calidad habían sido en gran medida exclusivas de los más pudientes. Ahora, decíamos, ambas cosas están al alcance de la mayoría de la población, que dependen de estas prestaciones por parte del Estado.

Hoy en día, la revolución tecnológica ofrece nuevos resortes y oportunidades de reforma. En la sanidad, promete transformar el diagnóstico y el tratamiento, dar a los pacientes un control mucho mayor de su propia enfermedad, utilizar los datos para gestionar los sistemas sanitarios de forma más eficiente y reinventar el ámbito de las ciencias de la vida. En educación, ofrece la posibilidad de llevar a las aulas a los mejores profesores del mundo y permitir que los estudiantes aprendan al ritmo que más les convenga. El progreso tecnológico puede cambiar radicalmente los planes de estudio, el tamaño de las clases y el papel del profesor.

En el sector público en general, hay oportunidades para que la identificación biométrica permita poder interactuar con la Administración en línea; los avances en el reconocimiento facial y de ADN mejoran la justicia y la seguridad ciudadana; por no hablar de la transformación en términos de eficacia, desde la contratación pública y las ciudades inteligentes hasta el consumo de energía y los vehículos eléctricos.

A veces, cuando hablo con políticos de primera línea, me doy cuenta de que son extraordinariamente pesimistas sobre las posibilidades de cambio. No hay dinero, la política es dura, los sistemas parecen inamovibles, impermeables al cambio, y todo resulta abrumador.

Yo les digo que es un momento apasionante para gobernar. El potencial de cambio, la necesidad de transformar, es enorme. Y también lo son los instrumentos, especialmente en cuanto a la tecnología, a disposición del líder de hoy. Solo hace falta indagar y averiguar cuáles son esos instrumentos y el valor para hacer uso de ellos.

Ser un agente de cambio nunca ha sido tan importante, pero tampoco tan factible. Así que, ¡manos a la obra!

Si no eres un agente de cambio en las circunstancias actuales, tan solo estás ocupando un cargo, y muy pronto todo el mundo lo sabrá.

Será duro, pero, si no aceptas el reto, acabarás en el libro de visitas.

10

Le suivi: cumplir

Aceptar la importancia de cumplir no es lo mismo que cumplir. Lo primero es entender que el «cumplimiento» es la prueba política suprema; lo segundo es saber cómo hacerlo. Adivina qué es más difícil.

Una de las lecciones más desconcertantes que aprendí al principio de mi primer mandato fue que, aunque tenía mucho poder como primer ministro, tener el poder y ser capaz de ejercerlo eran dos cosas distintas.

Cuando me senté por primera vez en la silla del primer ministro en la mesa del gabinete en Downing Street (la única silla con brazos del lugar), supuse ingenuamente que, si decidía algo, ese «algo» sucedería. Mi decisión se transmitiría a través del sistema y su contenido e intención se aplicarían fielmente.

Para mi sorpresa y malestar, con el tiempo me di cuenta de que se trataba de un grave error. A menudo no ocurría nada. El sistema «se enteraba» de la decisión, la consideraba, jugaba con ella, intentaba aplicarla vagamente (en algún momento), la absorbía y luego la enterraba.

Para ser justos, esto no se debe únicamente a que el sistema se resiste al cambio.

Es algo más fundamental y sencillo: el cambio es muy difícil de realizar. Requiere, como hemos visto, una buena política y un personal capaz. También, un sistema bien orientado, centrado e implacable.

Así, me obsesioné con lo que los franceses llaman *le suivi*. El seguimiento. El paso de la visión a la política y de esta a la aplicación.

Antes he mencionado cómo en mi segundo mandato reorganizamos Downing Street y el núcleo del Gobierno para crear sistemas más eficaces que cumplieran las prioridades básicas. Una de esas creaciones fue la «unidad de ejecución». Fue una innovación tan exitosa que ahora la han emulado en todo el mundo Gobiernos que buscan mejorar la ejecución en su núcleo y, a menudo, en el seno de ministerios concretos. Algunas consultoras, como McKinsey, abogan igualmente por su aplicación.

Como dije en el primer capítulo, algunas cosas que el Gobierno decide hacer, aunque pueden ser complejas a múltiples niveles en términos políticos, son relativamente sencillas de llevar a cabo una vez acordadas. Son una cuestión de legislación o de dictado administrativo: la decisión es la aplicación, por así decirlo. Así, por ejemplo, cuando introdujimos el salario mínimo en el Reino Unido, tuvimos que conseguir que la medida pasara por el Parlamento, pero, una vez acordada, ya estaba hecha. Y ya está. O tomemos el salario de los trabajadores del sector público. ¿Se quiere aumentar? Se toma la decisión. Hecho.

El reto surge cuando la decisión implica un cambio profundo en el sistema. En parte, esto se debe a que los intereses creados en los sistemas integrados se interponen en el camino. Pero también porque un cambio de esta naturaleza es realmente complejo. La reforma de la sanidad, la educación o los sistemas jurídicos; la asistencia social o el pago de subsidios; la inmigración y los procesos de asilo; la digitalización de la Administración; la difusión del uso de soluciones tecnológicas en el sector público: todos ellos son objetivos obvios, pero, como demuestra la experiencia, difíciles de cumplir. Implican lidiar no solo con «qué» hay que hacer, sino con «cómo», y el «cómo» a menudo implica un grado de conocimiento técnico del que los funcionarios y sus amos políticos tienen, en el mejor de los casos, una comprensión limitada.

Los países que intentaron crear una vacuna covid con sus propios expertos sanitarios gubernamentales fracasaron en casi todos los casos. Los que, como Estados Unidos y el Reino Unido, recurrieron al sector privado, tuvieron éxito.

Piensa en todas esas extraordinarias misiones espaciales de la NASA. Es un trabajo asombroso. Un ejemplo brillante de ciencia. Pero tuvo que llegar Elon Musk para reactivar la industria y hacer reutilizables las naves espaciales, reduciendo así drásticamente unos costes que de otro modo serían inasequibles.

Hay una razón básica por la que los planes quinquenales soviéticos fracasaron. El fracaso iba de la mano de su propia concepción. Había determinación para alcanzar un objetivo, pero no ingenio para lograrlo ni flexibilidad para modificarlo.

La aplicación depende del apoyo y la cooperación —o al menos de la aquiescencia— de muchos agentes. Requiere desglosar los distintos componentes del cambio, comprender todas sus dimensiones y, lo que es vital, comprobar que lo que se supone que va a suceder acaba sucediendo.

El sector privado está familiarizado con estos procesos y tiende a ser mejor en ellos. Para ser francos, hay que admitir que es más fácil para el sector no estatal. En el sector privado hay intereses especiales que se resienten o se oponen al cambio, así como empleados que se resisten a él, pero, al final, la dirección conseguirá lo que quiere, el mercado probablemente lo empujará y no hay políticas que se interpongan en el camino. Si los directivos se equivocan o tienen que abandonar el cambio, serán despedidos, la empresa perderá dinero o quebrará. En cambio, para los Gobiernos, la capacidad de cancelar o cambiar de rumbo es más difícil y el coste del fracaso, mucho mayor.

Siempre les digo a los empresarios que se quejan de los procesos gubernamentales: venid y probad, es mucho más difícil de lo que creéis.

De ahí la «unidad de ejecución», que nació de la convicción, basada en mi experiencia durante mi primer mandato, de que necesitábamos algo concebido específicamente para hacer frente al reto de la ejecución.

Con el tiempo hemos aprendido a hacer que funcione de la manera más eficaz. Y ahora, con la experiencia de mi instituto en la creación de unidades de ejecución en todo el mundo, hemos comprobado que hay ciertas reglas claras sobre cómo deben establecerse estas unidades y cómo hacer que funcionen.

La principal es elegir un número limitado de prioridades en las que debe centrarse la unidad: las prioridades es una de las cuestiones que más preocupan al líder. Ese discurso de campaña del que hablaba antes, en el que el líder imagina lo que quiere enumerar como logros cuando se presente a la reelección, o cuando deje el cargo, es de las cosas de las que debe ocuparse la unidad de ejecución. Hay que insistir en este punto. A veces me encuentro con Gobiernos cuya unidad de ejecución es, de hecho, un ministerio de planificación que actúa en todo el Gobierno. Nunca funciona. La unidad de ejecución no está pensada para hacer sombra al Gobierno. Se trata de un instrumento centrado, específico, como un rayo láser, para la ejecución de programas de las prioridades del líder. Y solo ha de funcionar como tal.

Esas prioridades deben ser evaluables, como lo son los objetivos y resultados clave (OKR, por sus siglas en inglés) en el sector privado. Si no se pueden medir, hay que descartarlos, al menos a efectos de la unidad de ejecución. ¿Un objetivo de reducción de la pobreza o de creación de empleo para los jóvenes? Es demasiado vago. ¿Un programa específico de reducción de la pobreza o una política de empleo juvenil con objetivos concretos de ejecución? Sí, eso funciona.

En su día utilizamos la unidad de ejecución para reducir las listas de espera en los hospitales y las solicitudes de asilo injustificadas, y ejecutar un programa de reforma escolar. Se trataba de reformas cuantificables. El éxito estaba claro. El fracaso no podía ocultarse.

También es esencial que el líder esté personal e íntimamente implicado en el trabajo de la unidad de ejecución, que el sistema sepa que su autoridad reside en él y que, si el sistema perjudica la unidad, sepa que está ofendiendo al líder. Cuando se descuelga el teléfono en nombre de esta unidad para hablar con un departamento ministerial, o incluso con un ministro, el destinatario de la llamada debe saber que está hablando con la fuente del poder y no simplemente con un funcionario. Esto no puede hacerse mediante afirmaciones. Se hace mediante la demostración y el ejemplo.

Mientras fui primer ministro, organizaba una sesión mensual para cada una de las prioridades de la unidad —en ella estaba presente el ministro competente—, en la que el equipo de la unidad de ejecución hacía una presentación de los progresos realizados —o no— en relación con la prioridad en cuestión. Lo hacía no solo porque quería saber lo que ocurría, sino porque quería demostrar que las prioridades eran mías, que me pertenecían, que la unidad cumplía mis órdenes y rendía cuentas ante mí. Las presentaciones se estructuraban cuidadosamente: prioridades, avances, problemas, formas de superarlos.

Las personas que prestan servicio en la unidad de ejecución deben elegirse con enorme cuidado. Por regla general, han de ser personas ajenas al Gobierno y con conocimientos especializados. Por supuesto, existe un gran riesgo de que los de dentro los traten con recelo, pero, trabajando con el sistema pese a no formar parte de él, mejorarán enormemente la capacidad de ejecución.

En cualquier caso, es inevitable cierto recelo general, al menos al principio. Los ministros y ministerios verán la unidad de ejecución como una interferencia en el núcleo, una irritación innecesaria en el mejor de los casos, una amenaza en el peor. Con el tiempo, si las cosas se gestionan de la manera adecuada, llegarán a verla como una ayuda, una ventaja, un mecanismo adicional de refuerzo de su propia posición, y también podrán regodearse en el éxito de lo que se cumpla. Pero, para empezar, desconfiarán.

Una prioridad clave para la función de la unidad de ejecución es reunir los datos adecuados. Siempre digo que hay que conocer los hechos. Los ministerios le dirán al líder: «No te preocupes, todo va bien, por buen camino». Cuando se descubre que no es así, será demasiado tarde. Así que parte del trabajo de la unidad de ejecución consiste en buscar la verdad, no dejar piedra sin remover, ni obstáculo oculto o sin abordar.

No es tarea fácil. El desconocimiento de la situación, como descubrí —especialmente tras el 11-S, cuando nos apresurábamos a proteger la seguridad de la nación y a relacionarnos con países y culturas diferentes—, puede ser una limitación crónica de la eficacia, lo que se acaba apreciando demasiado tarde.

Sin embargo, la unidad también es importante en el terreno más mundano de la reforma sistémica de los servicios. El líder debe conocer la situación sobre el terreno, saber de primera mano cuáles son los retos a los que se enfrentan los servicios y no dar por sentado que lo sabe. La unidad de ejecución debe ayudar a conocer la realidad, ha de ser el vínculo real entre el Gobierno y los gobernados.

Por último, para dirigir un Gobierno hay que saber lo que este hace o deja de hacer. Prepararme para las preguntas que me hacían como primer ministro era un trabajo duro, pero la única ventaja era que descubría muchas cosas sobre lo que ocurría por debajo de mi posición. Supuestamente bajo mi liderazgo. Y algunas cosas eran horribles: retazos de burocracia absurda, políticas que algún iluminado había decidido que ensalzarían su ministerio y que yo desconocía por completo.

La función de la unidad de ejecución es hacerle saber al líder que lo que quiere que se haga se está haciendo y darle un mecanismo para corregir el rumbo si no se está cumpliendo o se está haciendo mal.

En todo el Gobierno debería prevalecer la misma mentalidad. Lo que es cierto para el líder —primer ministro o presidente— debería serlo para los departamentos que dependen de él. Los ministros también deben conocer sus prioridades (ojalá coincidan, ya sea en mayor o menor medida, con las del líder) y centrarse en su aplicación.

En toda organización, la tarea más difícil es convertir la promesa en prueba.

11

Los éxitos rápidos allanan los cambios a largo plazo

El problema del cambio a largo plazo es precisamente ese: es a largo plazo y la política y los políticos tienden a tener horizontes a corto plazo. En una democracia, hay elecciones y ciclos electorales; e incluso cuando el pueblo no es elector, o no lo es en un sentido competitivo serio, sigue siendo «el pueblo».

La mayor parte de los beneficios a largo plazo pasan por el dolor a corto plazo. Suelen implicar reformas estructurales. Significa enfrentarse a sistemas establecidos, a intereses creados y, casi siempre, tiene sus perdedores, que pueden identificarse inmediatamente, y sus ganadores, que no pueden, pero que son los beneficiarios anónimos del futuro, cuando la reforma se materializa. Los primeros gritan; los segundos callan.

No hay ningún logro real cuando se gobierna sin esos cambios, porque el dolor es el camino para el éxito; y, a menudo, cuanto más dolor, más ganancia, porque el cambio resulta de gran alcance y efecto.

A los presidentes y primeros ministros con los que trabajo les digo: «Iniciad pronto el proceso de reforma a largo plazo, porque es probable que no dé resultados hasta casi el final del primer mandato».

Sin embargo, muchas reformas no saldrán adelante incluso después de que haya expirado su primer mandato. Si tiene la suerte de conseguir otro mandato, verá el beneficio en términos prácticos y políticamente.

Pero, por supuesto, aún hay que superar ese primer mandato y esa es la preocupación de los líderes.

De ahí que haya que endulzar la píldora, lo que significa que hay que buscar dónde y cómo obtener «ganancias rápidas». No hay nada que despierte más el interés de un político que hablar de «victorias rápidas». La primera lección sobre la dura realidad de gobernar es que las expectativas de la gente van mucho más allá de la capacidad de cualquier mortal para cumplirlas. Así que, en un plazo de tiempo aterradoramente corto, la gente empieza a quejarse: «Prometiste cambios, pero no veo señales de ellos», «Dijiste que transformarías el país, pero mi vida sigue siendo igual de mala», «Todo son castillos en el aire y nada tangible», «Los políticos sois todos iguales», etc., como decía Yul Brynner en el musical *El rey y yo*.

Todo esto es tan irrazonable como razonable. Es razonable esperar que un político que gana unas elecciones basándose en el cambio lo produzca. Y es irrazonable pensar que puede conseguirlo en tan poco tiempo. La expectativa es comprensible y la realidad, irrefutable. Pero por eso la política es un negocio difícil.

Por lo tanto, hay que efectuar algún cambio lo suficientemente rápido como para mantener la esperanza. Una victoria «rápida» es la que se consigue en un año, máximo dos. Te da algún logro que exponer ante los más impacientes para demostrar que, con el tiempo, es posible que lleguen más. Es un indicador de buenas intenciones, una muestra de confianza.

Aunque tampoco es algo de lo que sentirse demasiado orgulloso: el cambio estructural a largo plazo debería ser el verdadero orgullo. Pero es una táctica a corto plazo necesaria para la supervivencia esencial a largo plazo.

Las victorias rápidas tienen muchas formas y tamaños. Pero las características que comparten son: que tienen impacto, se circunscriben a un lapso concreto, de una manera que la gente nota y de una forma a través de la cual conectan la victoria con el líder.

Pueden ser puramente políticas: la supresión de alguna institución o ley odiada, el nombramiento de algún agente anticorrupción o el abrazo a un antiguo adversario político para demostrar unidad nacional. Son señales políticas que indican un enfoque, un conjunto de valores o un orden de prioridades diferentes. Son eficaces hasta cierto punto, pero el riesgo es que, al no ser pasos que afecten de manera directa a la «vida cotidiana», a menudo pueden atraer más a la élite política que a la gente real.

Pueden ser un gasto de dinero bien canalizado. Soy muy consciente de que gastar dinero es lo más fácil del Gobierno y lo menos valiente en términos políticos. Básicamente, cualquiera puede hacerlo. Sin embargo, hacerlo de manera que no contravenga los cambios a largo plazo, que la generosidad sea —al menos algo— proporcional desde el punto de vista de las finanzas del país, que llegue a las personas adecuadas y marque una diferencia en su vida... eso es una habilidad. La promesa del primer ministro de la India, Narendra Modi, de que todo el mundo pudiera tener acceso a aseos adecuados fue un ejemplo clásico. Fácil de entender, de gran efecto y, debido a las implicaciones sanitarias, sensata a largo plazo.

Puede ser una nueva carretera en una zona rural o un mejor acceso a la electricidad, teniendo en cuenta que aproximadamente un tercio de los hogares africanos carecen de ella. En la actualidad, la llegada de la tecnología por satélite, que en las zonas rurales es mucho más eficaz que el cable, para poner internet al alcance de todos es una gran victoria rápida para los líderes, como mi instituto está demostrando en un número creciente de países de todo el mundo. La tecnología es el nuevo campo de las victorias rápidas. La digitalización de los servicios gubernamentales, la eliminación de intermediarios en los pagos estatales mediante transferencias digitales o la creación de nuevas aplicaciones, por ejemplo, para los agricultores en las zonas rurales. Incluso la introducción de un DNI digital o una tarjeta sanitaria inteligente puede garantizar el reconocimiento de que las cosas están cambiando y puede hacerse en media legislatura.

Por eso, las mejores cosas son tangibles físicamente (se pueden tocar, ver, sentir) o tangibles virtualmente. Sea como sea, el impacto es innegable. Por eso los líderes se decantan tradicionalmente por los proyectos de infraestructuras. Son una realidad física. Solo hay que asegurarse de que son los proyectos adecuados y de que marcan la diferencia para las personas adecuadas en los lugares indicados. Y ahora, sus equivalentes virtuales pueden constituir una «victoria rápida» igual de importante y, a veces, mejor y a mayor velocidad aún.

En la medida de lo posible, hay que evitar el sistema de subvenciones; son una forma de soborno al pueblo. El problema de las subvenciones es que son populares, sin duda, pero son prácticamente imposibles de eliminar, incluso si los costes se disparan o la justificación original pierde su sentido. Y, en algún momento, alguien —el FMI, por ejemplo— vendrá y dirá que es una idea terrible.

Lo mejor de todo es cuando la victoria simboliza y enriquece la narrativa básica del Gobierno. Así lo hicimos cuando introdujimos el salario mínimo. Funcionó a todos los niveles. Era beneficioso, se podía hacer económicamente y, sobre todo, simbolizaba un nuevo enfoque, con valores diferentes y mejores.

Cuando un líder llega al Gobierno, no debe dar por sentado que las mejores «victorias rápidas» son las que concibió en la oposición. Debe tomarse su tiempo. No demasiado tiempo, naturalmente, pero sí el suficiente para que, cuando haya podido echar un vistazo y haya visto lo que se puede hacer, tenga una idea informada de lo que es rápido y lo que es una victoria.

Por último, aunque no debe entusiasmarse demasiado con lo que, a fin de cuentas, es una mera táctica, no ha de ser tan purista como para no hacerlo. Se necesitan victorias rápidas. Algo de lo que hablar, que sea sencillo, simple y popular. El resto del Gobierno también lo necesita.

Para los Gobiernos de los países en desarrollo, que reciben apoyo de la comunidad internacional, existe una importante vía de oportunidad para asegurar algunas victorias rápidas sin dañar las ya frágiles finanzas públicas. Merece la pena dedicar algo de tiempo y energía a pensar qué podrían apoyar los donantes y ver si se puede dar forma a una victoria rápida en torno a ello. La comunidad de donantes responde mucho mejor a los planes claros y elaborados, sobre todo a aquellos que implican que también ellos participan en el resplandor de esa victoria. Por tanto, se deben modificar en consecuencia.

Si se hacen bien, las victorias rápidas dan un respiro para lo que realmente importa: cambios que signifiquen que la próxima generación lo va a hacer mejor que la actual y que el futuro será más brillante que el pasado; cambios que demuestren que la política bien hecha mejora la vida de la gente.

Pero estos son los más difíciles.

12

Nada es inevitable en política; ni la derrota, ni la victoria

A menudo oigo a políticos o comentaristas hablar del destino político de un partido o una persona como algo seguro. Están convencidos de que fracasará; o de que triunfará.

No existe tal cosa.

Por supuesto, hay probabilidades. Hay resultados probables. Si vas veinte puntos por detrás en las encuestas y queda poco tiempo para las elecciones, parecerá que ya te han derrotado. O veinte puntos por delante y parecerá que estás prácticamente dentro. Seguro… salvo que nada es seguro en política.

La pregunta interesante es la siguiente: si parece que se avecina la derrota o la victoria, ¿qué puede hacer el líder para evitar una y asegurar la otra?

Supongamos que, como líder, te enfrentas a una muy probable derrota.

En primer lugar, averigua por qué. Esto puede ser más difícil de lo que crees, porque los que te rodean y posiblemente tú mismo pueden haberse sumido en el engaño o la negación. Averigua a qué se debe realmente que la gente prefiera a tus oponentes o, de manera más pertinente, por qué sienten desdén por ti.

La historia del Partido Laborista británico es, por desgracia, una lección sobre el poder del autoengaño. Como demuestra su historia reciente.

Perdió en 2010 (aunque ningún partido obtuvo una clara mayoría) porque dejó de ser el nuevo laborismo para parecerse demasiado al viejo laborismo. Perdió en 2015 (obtuvo la mayoría el Partido Conservador) porque había virado bruscamente a la izquierda. Luego sufrió una derrota monumental en 2019 porque había vuelto a girar, esta vez a la ultraizquierda.

A cada momento, se tragaba la extraordinaria afirmación de que la gente votaba a los *tories* porque los laboristas no eran suficientemente de izquierdas. Nunca se explicó por qué los británicos se comportaban de forma tan irracional. Pero la creencia en este engaño era absoluta, como lo había sido en las décadas de 1970 y 1980, e incluso, hasta cierto punto, en la de 1990.

Solo ahora el Partido Laborista, afortunadamente para quienes lo apoyan, ha entrado en razón bajo un liderazgo nuevo y eficaz.

Los conservadores acabarán lamentando haber permitido que el euroescepticismo, en una forma perversa del thatcherismo, dominara su partido. Podrían haber ganado todas las últimas elecciones de no haber tomado esa deriva; y, finalmente, perderán el poder durante más tiempo del necesario por culpa de ello.

Como líder, enfrentarte al hecho de que lo estás haciendo mal requiere un análisis claro de lo que le disgusta a la gente de ti, que no puede dejarse de lado por razones de dificultad, sensibilidad o, sobre todo, por una cuestión ideológica.

Si estás en la oposición, debería ser razonablemente sencillo, aunque es extraordinario con qué frecuencia los opositores políticos confunden el mundo tal como es con el mundo tal como desean que sea.

Si estás en el Gobierno, puede ser más complicado. Los Gobiernos pueden ser impopulares incluso haciendo «lo correcto». Las reformas se odiarán mientras estén en marcha. Los líderes pueden ser sometidos a evaluaciones que parten de estándares de perfección irrazonables mientras la nación deposita sus esperanzas en ellos.

Además, una sucesión de escándalos o malas noticias puede influir en la opinión pública.

Luego hay que medir no solo la amplitud, sino la profundidad, de este sentimiento, tanto en calidad como en cantidad. Los sondeos de opinión son imágenes instantáneas. Significativas, pero solo eso. La firmeza de las cifras es harina de otro costal. La gente puede responder a la pregunta de la encuesta dando la respuesta que cree que debería dar, no necesariamente según lo que realmente cree, o una respuesta que deriva de una reciente noticia negativa. Pero nada de esto es firme. Una mera ráfaga de viento puede desestabilizarlo.

Los fundamentos, sin embargo, pueden ser diferentes. Y son profundos. ¿Tiene el Gobierno un plan? ¿Está actuando estratégicamente, aunque sea en contra del deseo mayoritario? Y, por supuesto, ¿está cumpliendo? ¿Qué piensa realmente la gente? Y me refiero a la gente de verdad, la que no es activista política, la que no siente pasión por la política, la que no devora los telediarios, la que no escucha podcast políticos, la que no habla de política en la mesa; es decir, la mayoría.

Estas personas se hacen una pregunta muy sencilla cuando se acerca el día del juicio: «¿Qué es lo mejor para mí y para mi familia?».

Por eso se cita con tanta frecuencia el famoso eslogan de la campaña de Clinton a la presidencia de Estados Unidos: «Es cuestión de economía, estúpido». Porque es básicamente cierto. Si la seguridad está en peligro, eso puede ser aún más decisivo, por supuesto. Pero, en general, la gente vota sin referencia a la ideología, sino según sus intereses inmediatos: lo que hará que sus hijos y ellos estén mejor, los haga más prósperos.

La delincuencia, los servicios públicos, la sanidad, la educación, el transporte, etc., todo esto importa porque afecta a esa sensación crucial de bienestar. Estar mejor no es solo una cuestión de tener dinero en el bolsillo, sino de calidad de vida en la medida en que se ve afectada por las cosas de las que el Gobierno es responsable.

Tener esperanza en un futuro económico mejor es condición *sine qua non*. Prometerlo es un componente esencial en una campaña de reelección.

La reelección comienza con la definición de las prioridades para el siguiente mandato.

Mantra es una palabra del hinduismo y el budismo que alude al pensamiento que subyace a una acción o a algo que se repite continuamente para facilitar la concentración. Y siempre digo que un buen mantra en el que pensar para la reelección es este: «Mucho hecho; mucho por hacer; mucho que perder».

«Mucho hecho» es una afirmación de logro necesaria para apoyar la idea de que no se ha estado haciendo perder el tiempo a la gente durante el mandato actual.

«Mucho por hacer» es un reconocimiento: no se han cumplido todas las expectativas y a través de él se acepta la tarea que se tiene por delante (se sabe cuál es).

«Mucho que perder» es una advertencia: si el electorado vota por otra opción, lo que se ha ganado hasta ahora se perderá.

El primer mantra es algo jactancioso, carece de la humildad del segundo. El segundo es una forma de admitir el fracaso y no tiene en cuenta el primero. Y, por su parte, el último es un recordatorio a la gente de que el estándar que deben aplicar es el de la elección, no el de la perfección.

Se necesitan los tres.

Recuerdo que justo antes de mi primera campaña de reelección, cuando íbamos por delante en las encuestas, aunque, francamente, un poco a remolque, recibí una llamada de Bill Clinton poco después de haber dejado la presidencia. «¿Cómo estás?», me preguntó. «Bien. Ya sabes, ahora nos toca explicar todas las cosas que hemos hecho, los logros», respondí «Bueno —dijo—, en ese caso puede que solo digan muchas gracias y adiós».

Lo que quería decir, y me sacó de mi ensimismamiento, es que siempre se trata del futuro y, por lo tanto, no basta con decir lo que se ha hecho, a menos que se explique lo que queda por hacer, que es la razón por la que se pide a los ciudadanos que nos reelijan.

Es mejor que el partido esté unido. Pero es un mito que un partido dividido está abocado al fracaso. Nunca es la división en sí misma la que causa la derrota, sino la división que afecta a la dirección. En otras palabras, siempre que el líder esté al mando y sea capaz de ejercer la autoridad y lo haga de manera clara, el hecho de que en sus filas haya quienes estén en desacuerdo no impedirá, en última instancia, la victoria. Pero, si la división es tal que no parece poder disolverse de la manera que desea el liderazgo —de modo que da la sensación de que el líder no está al mando ni hay una dirección clara—, la situación es fatal.

Cuando dirigía el Partido Laborista, había mucha gente que siempre estaba en desacuerdo, hablando, quejándose. Pero se sabía que yo tenía el control. De hecho, en algunos momentos, los desacuerdos eran útiles, ya que subrayaban hasta qué punto se ejercía el control.

Así pues, si puedes abrazar todas las cualidades aludidas en los capítulos anteriores —estrategia, tener un plan, centrarse en la entrega, fortaleza como líder—, lo que sin duda requiere tiempo, inteligencia y energía, las cosas siempre se pueden enmendar.

No sucederá de otro modo; pero, con esas cualidades, sobre todo si se puede establecer un contraste con el oponente, se tiene la oportunidad de luchar, y eso es lo mejor que hay en política.

¿Cuál es el problema? ¿Cuál es la solución? Ante un problema profundo, solución profunda.

Si se hace con decisión, sin ambages, los detalles medidos, incluso sin dejar de lado aquello que pueda causar dolor, se logrará.

Y a la inversa. Se puede ir con ventaja y, aun así, todo puede estar perdido. Si la lucha se basa en una negatividad hacia los adversarios, en sentimientos que no calan hondo en la gente y las políticas no están completamente definidas, con puntos débiles —sin remediar porque se cree que la ventaja es tan cómoda que no se necesita hacer nada al respecto— o no se ha planificado la estrategia con la precisión requerida, uno puede acabar llevándose un susto desagradable.

Un presidente con el que trabajé —un buen tipo, que había ganado dos veces— estaba seguro de poder designar a su sucesor y conseguir que resultara elegido. Las encuestas le eran favorables. El propio prestigio del presidente, si no enorme, era razonable.

Pero, si hubiera dado un paso atrás y analizado la situación, habría reconocido que el aspirante a sucesor era muy mayor y poco enérgico, que su programa carecía de brillo y que su oponente destilaba energía y prometía cambios.

No había estrategia, ni plan, ni fuerza en la ejecución. El día de las elecciones, la ventaja se evaporó.

De aquella campaña se extrajo otra lección importante.

Nunca se ha de subestimar al oponente. Es mejor lo contrario. Hay que tratarlo con respeto. Se deben analizar los puntos débiles del contrincante, pero, antes que nada, los puntos fuertes.

Recuerdo cuando los progresistas menospreciaban a Ronald Reagan —«descerebrado», «superficial», «demasiado viejo», «demasiado campechano», etc.— y yo pensaba: «Bueno, dado que ha vencido dos veces, ¿en qué nos convierte eso?». Hoy se podría hacer la misma pregunta a quienes resoplaban con sorna ante Joe Biden antes de que ganara las elecciones presidenciales de 2020.

Si, como líder, tu oponente ha ganado, asume que tiene algo que le ha permitido vencer. Si ambos optáis por la elección y no crees en la inevitabilidad de tu victoria, pregúntate cuál es su atractivo y cómo puedes contrarrestarlo.

En varias ocasiones he alabado la necesidad de mantener la calma y evitar las pasiones desatadas. Nunca es más importante que cuando se alberga la convicción de una victoria o una derrota supuestamente segura. Siempre se puede remontar si se es lo bastante inteligente para descubrir y trazar la ruta para conseguirlo; y siempre se puede perder el rumbo antes de llegar a la línea de meta por ser engreído, complaciente o por no profundizar lo suficiente para ver lo que ofrece y pone al alcance de la mano esa línea.

Si todo eso le produce ansiedad al líder, en este caso se trata de un tipo saludable de ansiedad.

PARTE III

Lecciones políticas

13

El primer deber: la seguridad de las personas

Como ya he dicho antes, una buena regla de oro a la hora de moverse en política es empezar por pensar en uno mismo, no como político, sino como persona de a pie: «¿Qué quiero del Gobierno?». Pues muchas cosas. Una buena política económica, servicios públicos, algún tipo de compromiso con la decencia y la integridad. Cosas así. Pero lo primero que quiero es que se preserve mi seguridad y la de mi familia.

Si no me siento seguro, nada más en la vida lo va a compensar.

Los políticos, sobre todo los de la izquierda progresista, lo subestiman constantemente; o, lo que es peor, a veces parecen simpatizar tanto con el autor de un delito como con la víctima.

Pero, según mi experiencia, la gente corriente que respeta la ley tiene sentimientos muy viscerales respecto a la delincuencia y la seguridad. No les gusta sentirse amenazados.

Ahora bien, la seguridad puede adoptar distintas formas, o más bien lo hacen las amenazas que se ciernen sobre ella.

Están las grandes amenazas a la seguridad: la amenaza de invasión o de acciones de agentes internos o externos. Y luego están las amenazas de la delincuencia cotidiana.

Obviamente, todas ellas requieren respuestas y acciones muy diferentes. Pero el principio básico es el mismo: el primer deber del Gobierno es mantener a salvo a la población.

En las últimas décadas, el extremismo ha supuesto una amenaza a través de los yihadistas y, más recientemente, de la extrema derecha. El 11-S cambió la política de seguridad en todo el mundo. Sé que existe la opinión generalizada de que Estados Unidos se sobrepasó para hacer frente a la amenaza terrorista, pero, tras el peor atentado terrorista que el mundo había visto, en aquel momento no había mucho apoyo a la contención; y, como pude comprobar de primera mano, el presidente y el pueblo estadounidenses estaban decididos a que la respuesta fuera tan contundente que nadie volviera a intentar un acto semejante.

La lucha de Ucrania contra la agresión rusa no es solo para defender a su país hoy, sino para disuadir de cualquier posible repetición de esa agresión en el futuro.

Las acciones contra el separatismo del pueblo tigray en Etiopía; las luchas contra Boko Haram en Nigeria; la campaña militar de Arabia Saudí y los Emiratos Árabes Unidos (EAU) en Yemen; no se trata de debatir la sensatez de cada política, sino de subrayar que, para los Gobiernos, controlar el espacio de seguridad es esencial incluso si ello implica una lucha en el propio territorio del país, con su propio pueblo, con sus propios vecinos.

Una de las amenazas más comunes hoy en día es el terrorismo islamista. Muchos países se enfrentan a él. Todos intentan superarlo, con mayor o menor éxito.

La realidad es que, si el Gobierno no puede afrontarlo adecuadamente, el país en cuestión estará en apuros, desestabilizado e inseguro. La gente se preocupa, las empresas se resienten, la sociedad se fractura, el progreso del país se estanca en el mejor de los casos y retrocede en el peor. La gente pierde la fe en el largo plazo y, por tanto, se centra solo en el corto plazo. Ninguna nación puede prosperar así.

Ahora mismo, en la región africana del Sahel, la democracia está asediada porque los Gobiernos no pueden derrotar la amenaza yihadista que parte de Libia hacia esos países a través del norte del

África subsahariana; y desde allí se está filtrando hacia el África occidental y oriental, así como desde Somalia por la costa este.

El resultado es que los esfuerzos de desarrollo, tanto de los propios países como de la comunidad internacional que apoya a esas regiones, tienen un impacto mucho menor. Sin seguridad, el desarrollo es imposible.

Existe la creencia común, especialmente entre la comunidad de ONG, de que sin desarrollo la seguridad está en peligro porque, ante la falta de esperanza de una vida mejor, la gente recurre a las soluciones de los extremistas. Hay algo de cierto en ello. Y también es verdad que los extremistas son expertos en aprovechar los agravios de la población y, al igual que los populistas en Occidente, explotarlos.

Sin embargo, si bien es cierto en parte, una verdad insoslayable es que, si la seguridad desaparece, las posibilidades de mejora y desarrollo se esfuman con ella. Los golpes de Estado que han tenido lugar en todo el Sahel estuvieron motivados, en parte, por la incapacidad de los Gobiernos elegidos democráticamente para desempeñar ese primer deber esencial. No pudieron mantener a salvo a la población. La seguridad era más importante para los ciudadanos que la democracia.

Por supuesto, habría sido mejor haber conservado la democracia, sobre todo en un país como Níger, cuyo presidente intentaba realmente realizar un cambio efectivo y mejorar la situación de la seguridad mediante reformas con ayuda exterior y no a través de organizaciones paramilitares como el grupo ruso Wagner.

La cuestión es que, una vez perdida la batalla de la seguridad, la fe de la población en el cambio y en las perspectivas de progreso se va con ella.

Frente a estas grandes amenazas procedentes de grupos con conexiones en todo el mundo, los Gobiernos necesitan sistemas de seguridad que requieran recopilación de información, vigilancia, armamento de precisión, fuertes centros de mando y control; en otras palabras, una gobernanza eficaz.

Los países desarrollados tienen capacidad para hacerlo. El mundo en vías de desarrollo a menudo tiene dificultades. Sería sensato que el mundo desarrollado ayudara más a aquellos países que lo necesitan. Porque, aparte de lo apuntado, si esos países se desestabilizan, sus ciudadanos empiezan a plantearse buscar una vida mejor, lo que suele significar irse a Europa o a Norteamérica. Pero ese es otro tema.

El mundo en vías de desarrollo es el escenario de la mayor parte de las amenazas terroristas a escala mundial en la actualidad. Casi con toda certeza, las fuerzas de seguridad convencionales de estos países serán inadecuadas al carecer tanto de formación especializada como de equipamiento. Por lo tanto, la única manera de corregir esta situación es llevar ayuda del exterior. Muchos países occidentales —como el Reino Unido, Estados Unidos y Francia— la proporcionan.

La cuestión es que para el líder que se enfrenta a una amenaza de este tipo no hay literalmente nada más importante que conseguir los medios de derrotarla. No debe ser orgulloso. Ha de pedir prestado si es necesario. Centrarse en ello. Poner a sus mejores hombres al mando. Encontrar a los mejores donde haga falta para que le ayuden a mejorar aún más. Debe movilizar a la comunidad internacional —los donantes— para que entiendan que, si no le ayudan con esto, no sirve de nada que apoyen un programa de escuelas rurales o a los pequeños agricultores, porque nada más funcionará si la seguridad no es efectiva.

Mozambique se ha enfrentado y se enfrenta a una amenaza yihadista en Cabo Delgado, en el norte del país, donde están a punto de empezar a explotarse las enormes reservas de gas del país, cruciales para el desarrollo económico. El presidente no dudó en pedir ayuda exterior mientras las fuerzas del país se esforzaban por controlar el problema. El resultado fue la renovación del proyecto de gas.

Un último punto crucial: las fuerzas del orden deben comportarse; han de tener la disciplina de que, incluso cuando se las provoca, no pueden reflejar la conducta de aquellos contra los que luchan. Se hace mucho daño cuando los encargados de mantener la seguridad abusan de su poder, dirigiéndose a las comunidades sospechosas con mano dura en todo momento, no solo cuando es necesario.

Esto es mucho más difícil de conseguir de lo que parece. Las fuerzas de seguridad pierden colegas a causa de la violencia, ven atrocidades, se desesperan en su deseo de obtener resultados. Pero hay que mantener una disciplina férrea, con mandos que comprendan que es vital para una estrategia de éxito intentar poner de su lado a las comunidades locales.

La seguridad —la capacidad de proteger al país de las amenazas internas y externas— es lo primero. Así que, si el líder llega al poder y este es uno de los problemas, debe tratarse como una crisis; resolverlo como prioridad más acuciante.

Más mundano, pero probablemente más importante para el día a día en muchos lugares —en el mundo desarrollado o en los países en vías de desarrollo estables—, es el orden público. En otras palabras: la protección frente a delincuentes y comportamientos delictivos.

Me hice un nombre en este tema como aspirante a líder laborista. El Partido Laborista, como la mayor parte de la izquierda en la década de 1990, se consideraba «blando» con respecto a la delincuencia, mostraba cierto deseo de «culpar» a la sociedad, incómodo con la atribución de responsabilidad individual, excepto con respecto a los delitos de cuello blanco, aquellos cometidos por personas ricas.

Pero, con el tiempo, aprendí dos cosas sobre la delincuencia. En primer lugar, que son las comunidades más pobres las que más la sufren. Son las que conviven con los traficantes de droga, con las bandas que dirigen el barrio; las que muestran miedo a aventurarse fuera; las que sufren los perjuicios, humillación incluida, a manos de gente con malos propósitos y cuyos hijos reciben los peores modelos de conducta.

En segundo lugar, detengámonos un momento en la palabra *humillación*. Ser impotente ante la delincuencia es humillante. Y eso le importa a la gente. Recuerdo al tipo que orinó junto a la puerta de una casa en la calle donde yo vivía y me amenazó con un cuchillo cuando lo increpé. Esas cosas se te quedan grabadas porque, de alguna manera, no solo son desagradables, sino que castigan la autoestima.

Retomé el tema de la delincuencia y lo convertí en un asunto laborista. Decimos que representamos a los trabajadores. Pues representémoslos.

Pero eso es solo una actitud, aunque sea la correcta. Para hacer frente a la delincuencia se necesita mucho más. Como todo lo demás, se necesita una estrategia.

Según un estudio del que fui responsable sobre las naciones con los índices de delincuencia más bajos, todo empieza por una cuestión de cultura. En mi opinión, la tolerancia cero es sin duda lo que hay que hacer. No se debe tolerar ningún mal comportamiento que afecte a la tranquilidad de los que respetan la ley.

No hay duda de que en la sociedad occidental actual hemos decidido tolerar bastante, sea cual sea el lenguaje que utilicen los líderes a la hora de expresarlo. En los centros urbanos campa a sus anchas la cultura de las bandas. El tráfico de drogas suele quedar impune. A la delincuencia organizada le resulta razonablemente fácil prosperar. Muchos casos de robo no se investigan. Los sistemas judiciales son ridículamente anticuados y lentos. Y los delincuentes que acaban en la cárcel suelen acabar en una «escuela de delincuencia», no de rehabilitación.

Cuando yo estaba en el poder, centré mucha atención en este tema y el nuestro fue el primer Gobierno en el Reino Unido desde la Segunda Guerra Mundial en ver descender los índices de delincuencia. De haber continuado en la senda, habríamos dado grandes pasos hacia el liderazgo mundial, como nación razonablemente grande y desarrollada, en materia de delincuencia.

Obviamente, muchos países en desarrollo se encuentran en una situación similar, aunque allí, dada la falta de recursos, es más comprensible.

No obstante, el hecho es que, sean cuales sean las circunstancias de una nación, una vez que se arraiga cierto grado de tolerancia hacia la delincuencia, se crea una cultura peligrosa. El elemento criminal, o parte de él, se cree intocable. Los ciudadanos pierden la esperanza. El sistema se rinde. Demasiadas normas, formularios burocráticos, procedimientos, investigaciones que nunca empiezan, procesos que nunca terminan.

Si el escenario se pone muy mal, entonces el riesgo es que algún nuevo líder llegue y diga: «Al carajo el sistema, las normas y los procesos. Voy a dar un golpe sobre la mesa para que se enteren de quién soy». Y, sorpresa, el público en general se alegrará. Pensemos en el presidente Bukele y su programa antipandillas en El Salvador.

La cuestión es que no se puede defender un proceso a menos que este imparta justicia. Y eso no se aplica solo al acusado.

Así que, si un líder no quiere que la política se lleve al extremo, ha de actuar. No tiene que acabar con el proceso, pero puede que tenga que modificarlo. Debe empezar por proponer que no se tolere lo que es intolerable y trabajar a partir de ahí.

Como con cualquier otro problema, hay que deconstruir el sistema, analizar lo que no funciona y ponerse manos a la obra para solucionarlo. Desgraciadamente, habrá una lista enorme de cosas que no funcionan. Y la solución será difícil. Es probable que la policía y las autoridades necesiten más competencias y la concesión de esas competencias será muy disputada.

El sistema judicial puede necesitar una revisión completa. Las soluciones tecnológicas, desde los registros de ADN hasta las operaciones de vigilancia y el control financiero, pueden requerir nuevos marcos jurídicos y capacidades.

Al igual que ocurre con la seguridad nacional, los agentes de policía deben proteger a las comunidades, no explotarlas ni incurrir en corrupción. Para que esto funcione, tiene que haber un nivel de confianza entre la policía y las comunidades locales. Pero, por poner el ejemplo del Reino Unido, puedo decir sinceramente que, en mis cuarenta años en la política británica, nunca conocí a una comunidad que quisiera menos presencia policial.

Y aquí están las buenas noticias, y sin paliativos, para el líder: abordar el reto de la «ley y el orden» funciona electoralmente. Sí, aunque parezca mentira, la gente se decanta por la seguridad.

En cualquier lugar del mundo, le pregunto al líder: «¿Qué delincuencia tenéis aquí?». Normalmente obtengo una respuesta inmediata, ya sea buena o mala. Pero, a veces, para mi asombro, veo que algunos no han pensado realmente en ello.

La delincuencia aborda muchas más dimensiones que la obvia de proteger a la sociedad. Un nivel bajo de delincuencia es bueno para los negocios. Alguien está pensando en invertir en un país. «¿Es seguro?» es una de las primeras preguntas. Es bueno para el turismo. Si alguien está eligiendo su destino de vacaciones, adivina cuál no va a elegir: el que, según acaba de leer en los periódicos, ha sido el escenario de un crimen horrendo.

Y dice algo importante sobre el país. Algo que no solo incumbe a la cultura, sino también al espíritu. La delincuencia no es un problema en Singapur porque las autoridades decidieron que no iba a serlo. Sin duda, los métodos fueron a veces cuestionables, pero se creó una narrativa sobre el país: no se iba a tolerar la delincuencia. Nada se interpuso en el camino de ese objetivo. Esta política no era accesoria para el éxito de Singapur, sino esencial.

Y todo giraba en torno al liderazgo. Como siempre.

14

Lecciones para la economía

Las economías varían tanto en su naturaleza que parece tarea imposible imaginar lecciones comunes. ¿Qué tiene que ver la economía de Estados Unidos con la de Sierra Leona? ¿Cómo comparar China con Myanmar? Historia, escala, recursos, cultura, posición geográfica, estado de desarrollo: todas estas características distintivas hacen difícil, a primera vista, entender cómo circunstancias tan diferentes en cada caso pueden, sin embargo, arrojar enseñanzas compartidas.

Sin duda, los países del primer mundo tienen ciertas cosas en común, al igual que las naciones más pobres del globo. Pero también hay principios discernibles más generales de lo que pensamos, aunque no todos se apliquen por igual en todos los casos. Por ello, resulta muy instructivo examinar cómo, en el último medio siglo, algunos países han avanzado en prosperidad económica mientras que otros han retrocedido.

Si nos fijamos en los casos más notables de progreso, vemos que se tomaron y aplicaron decisiones que condujeron a un cambio transformador.

A finales de las décadas de 1970 y 1980, China, tras décadas de economía comunista férreamente gestionada, se abrió al comercio y la inversión internacionales. En 2001 ingresó en la Organización Mundial del Comercio. Ningún país en la historia del mundo ha logrado un avance económico y material de tal envergadura a lo largo de la historia en el transcurso de solo treinta años. Pero todo empezó con una decisión de liderazgo.

Corea del Sur se construyó a sí misma tras un prolongado conflicto que dividió la península coreana y a su pueblo y después de sufrir un período de regímenes corruptos y dominación militar, hasta que gracias al liderazgo y las reformas emergió en el siglo xxi como una de las potencias económicas mundiales.

Los países de Europa del Este ingresaron en la Unión Europea e iniciaron algunas de las reformas políticas y económicas más notables jamás vistas. Polonia —un país que luchó por librarse de las cadenas soviéticas— se ha convertido, gracias al programa de reformas exigido por la UE, en una de las naciones más ricas del continente, con un aumento de los salarios reales de casi el 10 % en pocos años.

La cuestión es que ninguna de estas historias se debe a la casualidad, a la suerte o a algún acontecimiento fortuito. Su éxito puede atribuirse directamente a decisiones de líderes y Gobiernos.

Fui primer ministro de una de las mayores economías del mundo. Desde que dejé el cargo, a través del Instituto Tony Blair he trabajado con países del Golfo, del Sudeste Asiático, de Europa del Este y de África, cuyas economías difieren enormemente de la del Reino Unido y entre sí. Pero hay rasgos comunes muy identificables, lecciones que se aplican —cualquiera que sea el contexto y cualesquiera que sean las características nacionales individuales— a través de las culturas y a pesar de los múltiples y diversos retos.

Todas las naciones que han tenido éxito han buscado, obtenido y mantenido la estabilidad macroeconómica. La política fiscal y monetaria se ha seguido con coherencia y con obediencia a los preceptos básicos del equilibrio de las cuentas, con niveles de deuda asequibles, manteniendo la moneda equilibrada, con bancos centrales independientes (normalmente, aunque no siempre) y evitando riesgos no calculados.

He llegado a la conclusión de que no se trata de una cuestión de izquierdas contra derechas, sino de acierto contra error. Una buena política macroeconómica es un requisito previo para el progreso económico.

Esto no quiere decir que no haya grandes debates sobre determinadas políticas individuales. Tras la crisis financiera, algunos países favorecieron la flexibilización monetaria, otros no. Algunos académicos han defendido la expansión fiscal para restablecer el crecimiento; otros piensan que es perjudicial para la salud financiera a largo plazo. Existe una amplia gama de opiniones sobre las políticas macroeconómicas más adecuadas para producir crecimiento, sobre la política fiscal o sobre el límite a partir del cual ciertas políticas pueden poner en riesgo la estabilidad.

Pero lo que no se discute es que perder credibilidad en macropolítica y poner así en peligro la estabilidad es contraproducente. Mantener sistemáticamente la confianza en una economía, y, por tanto, el acceso al crédito, es una condición previa para el éxito.

En última instancia, si parece que un Gobierno no puede pagar sus facturas, estará en apuros, como comprobó incluso una nación tan desarrollada como el Reino Unido en septiembre de 2022, cuando una pequeña partida presupuestaria que pretendía financiar recortes fiscales mediante un mayor endeudamiento causó consternación en los mercados. La credibilidad de un Gobierno, su Ministerio de Economía y su Banco Central sustentan la credibilidad general de cada país.

Aunque esto puede parecer obvio, hay que decirlo porque a veces los líderes creen que pueden jugar un poco rápido con esta credibilidad. Pero en realidad no pueden.

Las naciones deben estar abiertas a la inversión, tanto interna como externa. Ningún país tiene éxito sin ella. Según mi experiencia, a los dirigentes les encanta que se invierta en su país: dice algo positivo no solo de la economía, sino de la propia nación.

Por eso, cuando los dirigentes —algunos, de países con un enorme potencial inversor— me preguntan cómo atraer inversiones, les digo que la respuesta se resume en dos sencillas palabras: previsibilidad y estabilidad. Pero, por desgracia, a menudo tengo que añadir que su país está a una enorme distancia de cualquiera de las dos cosas. Puede que el líder piense que no lo está; incluso que el sistema le diga que está orientado a atraer la inversión que el país necesita. Pero, si habla con los inversores actuales de su país o con los que podrían tener interés en invertir, le dirán cuál es la verdadera situación.

Crear un buen clima empresarial y de inversión es la forma más rápida de atraer capital: normas predecibles, aplicadas correctamente; contratos adjudicados sin corrupción. El problema es que esto suele implicar una reforma sustancial del sistema cuando este representa precisamente lo contrario. Cambiarlo requiere transformaciones culturales y normativas. No hay duda de lo que funciona. Cualquier empresario o economista razonablemente inteligente y de prestigio internacional puede decírselo al líder. La cuestión es si este lo escucha.

Los países deben estar preparados para mostrar lo que tienen: hacen bien en participar en grandes congresos de inversión, celebrar reuniones específicas para los inversores interesados. Han de salir al mundo, no esperar a que la gente se presente a su puerta.

También deben contar con un sólido proceso de seguimiento. Sí, *le suivi* también importa aquí. A menudo veo que los países despiertan un interés inicial por parte de posibles candidatos inversores. Puede que el jefe de Estado se reúna personalmente con ellos. Hay verdadero entusiasmo. Pero luego ese entusiasmo pone los pies en el suelo y desaparece en el impenetrable marasmo de la burocracia. Contar con una agencia o consejo de inversión o promoción que se centre en identificar oportunidades y facilite acceder a ellas es una buena idea. Sin embargo, una agencia de este tipo solo funcionará si cuenta con el apoyo total y demostrado del líder y posee el poder de actuar a través del Gobierno para afrontar los obstáculos.

Hay que resistirse al nacionalismo económico. Con esto no me refiero a negarse a apoyar a los adalides empresariales de excelencia demostrada o a descartar la estrategia industrial. Lo que quiero decir es que no se debe dificultar la entrada de empresas internacionales que realmente pueden aportar valor añadido a la economía del país con el argumento falaz de que la nación puede hacerlo sola. La entrada de capital financiero, intelectual y de gestión de alta calidad en un país es una parte esencial de su desarrollo.

Como nota interesante, apuntaré que la industria automovilística del Reino Unido solo se reactivó realmente, tras un declive crónico, en la década de 1970, cuando se permitió a la japonesa Nissan instalar su planta en el noreste del país. Este hecho mostró el camino hacia la eficiencia moderna y el resto de la industria la siguió con efectos significativos y positivos.

Los países ricos en recursos naturales, pero que los exportan sin procesar, permitiendo que el valor se añada en otro lugar, necesitan atraer a aquellos inversores que tengan un historial que demuestre que lo pueden conseguir dentro de sus fronteras. Hacerlo es más difícil de lo que parece, pero solo es posible si el país tiene una idea clara y plausible de lo que hay disponible y de cómo podría explotarlo un inversor, y es capaz de dirigir la inversión a las empresas que, en su opinión, añadirán valor.

Mi instituto ha contribuido a garantizar algunas inversiones importantes de grandes empresas internacionales en países que no procesan, o lo hacen de manera deficiente, sus materias primas, como el algodón u otros cultivos. Estas empresas llevan a cabo el procesamiento o la fabricación necesarios a nivel local, de modo que al menos parte de ese valor añadido sustancial se queda en el país que lo produce.

Sin embargo, todavía hay países que cultivan grandes cosechas, pero las exportan sin procesar a otras naciones más desarrolladas, y el producto de sus cosechas vuelve en forma de importaciones caras. Es un sinsentido. Y, por supuesto, muy malo para la balanza de pagos.

Especialmente para los países en vías de desarrollo, soy partidario de una estrategia industrial. El líder debe elaborar un plan coherente de lo que hay en el país, cuál es su potencial y cómo puede relacionarse con otras facetas de la economía interna para servir a la economía global. Mi consejo es que recurra a los mejores cerebros para que le ayuden a formular esa estrategia; que piense, por ejemplo, cómo puede beneficiarse el sector de la pequeña empresa local de la llegada de un gran inversor. Debe asegurarse de que esta estrategia se entiende en todo el Gobierno. Para atraer inversiones es necesario que los distintos departamentos trabajen juntos y se pongan de acuerdo. Para que esto ocurra, se debe establecer el proceso adecuado dentro del Gobierno.

Al igual que la necesidad de una política macroeconómica fuerte, la de una buena infraestructura puede parecer obvia. Por supuesto, todos los países quieren las mejores infraestructuras posibles. Saben que sin ellas su economía se atrofiará. El problema —dados los recursos finitos y la demanda ilimitada— es cómo conseguirlas.

Una de las razones por las que China ha podido ganar tanto terreno en África es que el país ha estado dispuesto a construir infraestructuras. ¿El líder quiere un nuevo puente? ¿Un nuevo aeropuerto? ¿Un nuevo edificio gubernamental? Los chinos, ya sean del Gobierno, del sector privado o empresas estatales, se ponen manos a la obra. Sin condiciones políticas. El problema son las demás condiciones: concesiones de recursos, requisitos de deuda o contratos negociados a toda prisa, de los que luego se arrepienten.

Pero es esta velocidad de entrega la que ha permitido al país asiático ampliar tan rápidamente sus vínculos comerciales con el mundo en vías de desarrollo. Lo que, a su vez, subraya la urgente demanda de infraestructuras.

Este *modus operandi* requiere un plan, como todo. En el fondo es un proyecto a modo de inversión. Aquí es donde las cosas suelen fallar. Inversión implica alguna forma en la que el interesado, que viene de fuera, pueda ver el alcance, la viabilidad y, lo que es más importante, la tasa de rendimiento. No puede limitarse a cumplir una lista de las ideas favoritas del presidente.

El problema es que hacer que un proyecto acabe siendo una inversión requiere unos conocimientos técnicos de los que suelen carecer los Gobiernos. Por eso, a pesar de todo lo que se dice, en los últimos años ha disminuido la proporción de inversiones en energías renovables en los países en vías de desarrollo frente a los que se han hecho en países desarrollados. No es falta de capital. Es una escasez de proyectos con rendimientos de inversión.

Esto ofrece una gran oportunidad para las políticas de desarrollo de Occidente si se logra suplir esta laguna.

Mi instituto ayuda a superar este reto en muchos de los países en los que trabajamos, pero los Gobiernos, por su parte, tienen que cooperar y superar los intereses creados por las infraestructuras existentes.

Las infraestructuras, por supuesto, sirven tanto al propio país como a los agentes del comercio internacional. Por ejemplo, las conexiones aeroportuarias. Cuanto más conectado y accesible esté un país, más inversiones atraerá. Los vuelos directos desde Europa y Estados Unidos, y cada vez más desde las zonas más ricas de Asia, son cruciales. También lo son la simplicidad, o no, de los procedimientos fronterizos para reducir las molestias al visitante. Lo ideal es contar con una compañía aérea nacional, aunque no necesariamente estatal. Todo esto supone un gran reto. Sin embargo, con la planificación adecuada, los retos pueden superarse. Singapur, EAU y Qatar han recurrido a la riqueza pública para mejorar sus conexiones. Pero también lo han hecho países más pobres como Ruanda, que está dando forma a una aerolínea de éxito, y Etiopía, que tiene una de las mejores del mundo.

También es necesario que los puertos dejen de estar en manos de los Gobiernos, que a menudo son bastiones de corrupción, y que se contraten operadores de talla mundial. Conozco países que tienen mucho que ofrecer al mundo y en los que se tardan semanas en sacar las mercancías de un puerto, a no ser que ciertas cantidades de dinero cambien de manos, lo que para las empresas occidentales supone una inmensa barrera hoy en día.

La planificación del sector eléctrico también es esencial, sobre todo en una era como la actual, impulsada por la tecnología. En los países en vías de desarrollo, la gestión de los servicios públicos nacionales suele ser ineficaz, por lo que los inversores que buscan rentabilidad no la suelen ver (por regla general, estos reciben ayudas de la comunidad internacional para carreteras y, ocasionalmente, para ferrocarriles y puertos, mientras que la ayuda para la generación de energía está disponible, pero cuesta mucho tiempo y esfuerzo acceder a ella).

El resultado es que algunos de los países más pobres tienen los precios más altos de la electricidad, mientras que las grandes empresas que desarrollan materias primas utilizan su propio suministro eléctrico, ajeno a la red nacional. En el trabajo que realizamos en este sector en todo el mundo, dimos luz a un plan que puede seguirse para garantizar que fluyan las inversiones y se cree capacidad de generación. Pero requiere que el líder se centre en ello y esté dispuesto a enfrentarse a los intereses que frenan las reformas necesarias.

Un estado insular con el que trabajamos tiene un clima cálido y mucho sol. Por tanto, hay un potencial ilimitado de energía solar y eólica barata. ¿Qué utiliza? El caro gasóleo. ¡Una locura! Afortunadamente, está cambiando. Pero solo porque el líder decidió que era hora de hacer algo con el sistema de monopolio.

Hoy en día, la tecnología digital es esencial para las infraestructuras, tan vital que le dedico un capítulo aparte (el capítulo 20). En este sentido, cabe señalar que no hay estrategia económica de un país que no vaya a estar influida por la tecnología.

La agricultura, por ejemplo, está a punto de experimentar su propia revolución tecnológica: nuevos métodos de irrigación y fertilización, nuevas semillas, nuevas formas de propiedad cooperativa facilitadas por la digitalización, nuevas formas de acceder a los mercados, de predecir el tiempo, incluso de cultivar en espacios interiores, pero todo ello desarrollado gracias a los avances tecnológicos que la IA está a punto de impulsar enormemente.

Dado que una gran parte del mundo sigue dependiendo de la agricultura para emplearse, es crucial que el líder estudie estos avances y vea cómo pueden aplicarse en su caso. Hay países —Sierra Leona con el arroz, Etiopía con el trigo— que han diseñado con éxito programas que, aunque limitados, sustituyen parte de las importaciones. Las posibilidades actuales ofrecen la oportunidad de una agrorrevolución a los países dispuestos a comprometerse con estas nuevas formas de trabajar.

En medio de todo esto, no hay que olvidar el mercado laboral. Una vez más, hay lecciones que aprender de las naciones desarrolladas y en vías de desarrollo.

Algunos países pobres tienen economías tan informales que, en la práctica, no importa cuál sea la letra de la ley en materia de derechos laborales, protección en el lugar de trabajo, etc. Pero en el caso de los países de renta media, que aspiran a convertirse en países desarrollados, estos derechos son relevantes. Estos países también se ven a menudo frenados por viejas prácticas laborales —generalmente restrictivas—, múltiples intereses creados y un entramado de diferentes organizaciones que dificultan el negocio del empleo o siguen fomentando la economía sumergida. Una vez más, para los inversores extranjeros, estas prácticas son un factor disuasorio.

Tomemos el caso de Indonesia. Durante años, y a través de sucesivas presidencias, luchó con un sistema en el que, por ejemplo, existía la prohibición de que pudieran ejercer médicos extranjeros. El Colegio de Médicos controlaba férreamente la contratación. El resultado fue que el sistema sanitario se quedó muy corto de personal y el país se gastó una fortuna enviando a personas —al menos, a las más ricas— al extranjero para recibir tratamiento, hasta que, finalmente, el presidente Jokowi presentó una reforma laboral que permitía a algunos médicos extranjeros ejercer para suplir la carencia de personal local.

Europa es una lección para los países de renta media. Nuestra legislación laboral y nuestros regímenes de pensiones son fruto de una negociación colectiva estancada en los tiempos de una industria ahora anticuada. A medida que la economía ha exigido más flexibilidad, se han convertido en frenos a la innovación y el crecimiento. Cambiarlos es difícil, pero esencial. Porque, sin un nivel razonable de flexibilidad del mercado laboral, un país tendrá dificultades para obtener altos niveles de inversión o crecimiento.

Esto no significa que no deba haber un sistema de protección adecuado, como un salario mínimo, por ejemplo. Pero las prácticas muy restrictivas en materia de contratación y despido, aunque pueden implicar menos despidos, también conllevan menos contrataciones.

También es crucial preparar a las personas, educarlas para un mercado laboral cambiante. Hoy en día, las universidades no son solo centros de enseñanza, sino también viveros de empresas. Para el Reino Unido, que cuenta con algunas de las mejores del mundo, son una parte vital de la sociedad británica, lo que representa un importante cambio de orientación en los últimos treinta o cuarenta años. Lo mismo puede decirse de Estados Unidos. No es casualidad que donde está Stanford, Berkeley o la UCLA haya una plétora de empresas tecnológicas de éxito; algo parecido ocurre en Boston y, cada vez más, en Texas.

La *crème de la crème* de los estudiantes de los países en vías de desarrollo suele acabar en el extranjero. A corto plazo, es inevitable. Pero, incluso si esto resulta ser así a largo plazo, sigue siendo necesario que estos países cuenten al menos con algunas instituciones de enseñanza superior que funcionen bien. Las instituciones que deseen modernizarse pueden beneficiarse en ocasiones de una asociación con una universidad occidental reconocida. La mayoría de las universidades de los países occidentales tienen, de hecho, convenios con países en desarrollo, algunos de los cuales los ha facilitado mi instituto.

Merece la pena que los países en desarrollo hagan un esfuerzo real para incorporar a estos socios. Ayudan a acelerar el progreso y compartir conocimientos que, a su vez, crean conexiones con los «mejores de la clase» a escala internacional de una forma que un país por sí solo nunca podría lograr.

Se ha de liberar a los jóvenes talentos, especialmente en el sector tecnológico. Prácticamente en todos los países del mundo hay jóvenes inteligentes expertos en el ámbito de la tecnología que, si se les permite, inventarán aplicaciones, crearán pequeñas empresas que pueden crecer, revolucionarán los modelos de negocio tradicionales y lo harán con una rapidez asombrosa. Lo he visto en toda África y Extremo Oriente. El ingenio nacional es asombroso. El papel de los Gobiernos consiste en crear el mayor número posible de permisos reglamentarios para la experimentación y reducir al mínimo las interferencias burocráticas o las normas que respondan a una visión anticuada de la economía.

Algunos países han construido sus propias instalaciones para ayudar a las empresas de nueva creación, lugares especialmente diseñados con oficinas donde se puede ayudar a los jóvenes empresarios con innovaciones interesantes a convertir las ideas en negocios. Son los llamados «viveros de empresas».

El resultado es que los jóvenes más inteligentes que hacen uso de esas instalaciones tienen la oportunidad de hacer crecer un negocio, emplear a gente y crear el ecosistema que puede ayudar al florecimiento de toda la economía.

A pesar del frecuente caos de las administraciones centrales en muchos países de África, y aunque la cantidad de capital africano es muy inferior al del resto del mundo, se ha multiplicado por diez en los últimos cinco años. Este continente alberga ahora una docena de impresionantes empresas unicornio. La tendencia es aún más evidente en el Sudeste Asiático.

También ayuda que el país sea un lugar al que la gente quiera ir. Donde haya seguridad. Que tenga ciudades que funcionen. Todo eso importa. También la cultura y el arte.

Por último, el propio Gobierno debe organizarse para aprovechar las oportunidades e impulsar este tipo de cambios económicos. Se debe poner a los mejores hombres y mujeres al mando. Contratar a expertos externos. Es muy poco probable que la burocracia existente cuente con los conocimientos necesarios. Pero habrá personas de fuera —quizá de la diáspora— que se apunten si se las llama.

Cuando el presidente de Indonesia quiso contar con el mejor ministro de Economía, recurrió a Sri Indrawati, entonces empleada en el Banco Mundial. Se lo pidió una vez. Ella dijo que no. Dos veces; dijo que no. A la tercera, como en la parábola bíblica, la persistencia dio sus frutos. Las buenas personas son oro. Si se va en su búsqueda y se les pregunta e insiste, acabarán diciendo que sí.

La economía siempre parece un terreno muy árido. Pero algunas de estas lecciones, si se siguen, cambian la trayectoria de un país. Todas son difíciles de poner en práctica, por supuesto. Pero en todo el mundo hay países que lo han conseguido.

Hasta el momento, he omitido un aspecto. Es tan importante que necesita su propio capítulo: el Estado de derecho.

15

El Estado de derecho

Cuando consideramos los variados y complejos retos a los que se enfrentan los líderes, las grandes y fascinantes cuestiones, como la revolución tecnológica, o cómo hacer frente al ascenso de China, o incluso las lecciones prácticas pero esenciales de ganar o perder el poder, puede parecer un tanto prosaico dedicar un capítulo a algo que suena tan árido y concreto como el Estado de derecho.

Sin embargo, eso sería subestimar mucho su importancia. El Estado de derecho es algo que todas las naciones desarrolladas tienen en común. Solo por eso ya se le debería prestar atención. Porque implica que es intrínseco al desarrollo y, de hecho, lo es.

Pensemos en los países que han pasado del «tercer mundo» al «segundo mundo» y a ser naciones desarrolladas; todos ellos —algunos con mucha lucha— han abrazado finalmente el Estado de derecho.

Cuando se habla de Estado de derecho, se alude a un sistema jurídico que no está corrompido; que funciona de acuerdo con principios objetivos; en el que juristas experimentados examinan las pruebas, buscan la verdad y deciden sobre la base de lo que consideran, genuinamente, correcto. En otras palabras, se refiere a un sistema judicial que trata de ser justo.

Eso no significa que sea impecable, o que no cometa errores, o que ocasionalmente no se cometan injusticias; pero no es lo que el sistema en sí pretende.

La mayoría de la gente estará de acuerdo en que es moralmente correcto tener un sistema de justicia de este tipo. Pero lo importante es subrayar el papel que desempeña no solo en la rectitud moral del Gobierno, sino en su eficacia.

La característica que más valora la gente en cualquier sociedad es la estabilidad. Puede que no sea lo primero en lo que piense alguien de un país moderno y desarrollado. Pero eso se debe a que la damos por sentada. Si el Gobierno pierde unas elecciones, da un paso atrás. La gente infringe la ley y entendemos que hay consecuencias. El sistema puede funcionar mal y defraudar a la gente, pero sabemos que debe funcionar correctamente y que, si no lo hace, habrá consecuencias. Podemos desafiar al Gobierno, expresar opiniones, protestar, presentarnos a las elecciones en todo tipo de agrupaciones políticas extrañas: en esencia, nos sentimos libres, dentro de las normas de comportamiento aceptadas, para hacer lo que nos plazca.

Claro que en ocasiones la gente se queja de un Gobierno «intrusivo», como cuando durante la pandemia algunos llegaron a afirmar que vivíamos en un «Estado policial» por llamar a la vacunación masiva, pero la mayoría de esas personas no tienen ni idea de lo que es vivir en un verdadero Estado policial.

El Reino Unido ha tenido la suerte de ser un Estado de derecho desde hace mucho tiempo y de manera ininterrumpida. Ha habido convulsiones políticas, momentos de aguda ansiedad nacional, guerras, amenazas terroristas y muchas crisis, pero en todo momento la estabilidad básica del país se ha mantenido firme.

El Estado de derecho ha sido crucial para ello.

Sería difícil enumerar todas las personas del extranjero que me dicen: «Nos gusta su país porque sabemos que podemos confiar en su sistema judicial». Un amigo de un país en el que los jueces aceptan sobornos de forma rutinaria me habló de su placer y asombro cuando descubrió que, en un caso judicial que había litigado a través del Tribunal de Comercio de Londres —había incluido acertadamente en el contrato que los litigios se resolverían en el Reino Unido—, ¡el juez parecía realmente preocupado por los hechos!

De hecho, el Reino Unido vive bien del derecho. A los bufetes de abogados y a los tribunales les va bien aplicando la ley con justicia, porque el derecho británico, o más exactamente el anglosajón, es el elegido mayoritariamente para regir los contratos internacionales.

Un sistema jurídico que funciona correctamente en un país hace de este un lugar atractivo. Sé de inversores internacionales que dicen: «Solo invertiré en un país que respete las garantías procesales». Se les puede hablar de las grandes oportunidades que ofrece un país en vías de desarrollo, de los beneficios potencialmente extraordinarios que pueden obtener, pero, aun así prefieren la solidez y fiabilidad de un país cuyo sistema jurídico les garantice un juicio justo si algo sale mal.

Con fe en la ley, la gente puede planificar, pensar en el futuro, ser ambiciosa, ser muy creativa. Sin ella, llegan con facilidad al siguiente razonamiento: «Voy a tomar tanto cuanto pueda y donde pueda, porque quién sabe lo que me deparará el mañana; si solo puedo ser creativo en la medida en que me lo permita un Gobierno opresor, ¿para qué molestarme?».

Puedes ser un buen emprendedor, tener una gran idea, creer que puedes construir un negocio próspero, pero, si eso te obliga a acosar a los proveedores de la misma línea de negocio o conseguir permisos de una burocracia corrupta, tu principal ocupación va a ser luchar contra el sistema, no mejorar la empresa y la calidad del producto, y gastarás energía en sortear los obstáculos.

En todo esto, un marco jurídico sólido desempeña un papel importante. Los proveedores no pueden hundir al empresario a través de sus contactos gubernamentales, los funcionarios del Gobierno no van a pedir un soborno; no hay ninguna mano oculta que trate de frustrar al emprendedor. Y, si la hay, se puede desafiar.

Naturalmente, hay casos de grandes empresas globales que, con su propio poder y contactos, pueden entrar en casi cualquier entorno político y hacer tratos, prosperar y calcular los riesgos bastante bien. Sin embargo, los pequeños inversores o empresarios locales se llevan la peor parte. Y el impacto es mucho mayor de lo que se piensa. En varios de los países en vías de desarrollo en los que trabaja el Instituto Tony Blair, sectores vitales para lograr una economía moderna están dominados por actores tradicionales clave que impiden la innovación utilizando sus redes de contactos y reprimen a la competencia para mantener el *statu quo* que tanto les beneficia.

La energía y las telecomunicaciones son dos áreas habituales. En la era de la revolución tecnológica, tienen mucha más importancia que nunca. Si no se innova en estos ámbitos, el potencial de un país se verá limitado por largo tiempo.

Conozco países con acceso a grandes cantidades de recursos naturales para obtener energía que, sin embargo, dependen de costosas importaciones de combustibles fósiles o cuyos proveedores de energía cobran precios exorbitantes porque han acabado con la competencia.

Conozco países cuya necesidad de tecnología por satélite para llevar internet a zonas remotas es más que evidente, pero continúan bloqueando a los proveedores de satélite porque las empresas de telecomunicación locales temen a la competencia.

Para la economía, por tanto, el Estado de derecho no es simplemente algo deseable, sino un elemento crítico para la prosperidad futura.

También es vital para la estabilidad política. Porque, si la gente sabe que existe un recurso legal contra la discriminación o el mal comportamiento de los funcionarios, es más probable que busque el cambio a través de la persuasión que de la revuelta. Eso no significa que no haya manifestaciones, marchas y, sobre todo si se es francés, algún que otro motín; pero la mayoría silenciosa, sea cual sea su opinión sobre el asunto en cuestión, no cree que «salir a la calle» sea la forma de decidirlo.

Para los países en desarrollo que quieren convertirse en un Estado de derecho, el reto está en saber por dónde empezar. Como cualquier otra reforma, el cambio de todo el sistema es difícil y no se puede hacer de una sola vez.

Pero hay formas de empezar. Por ejemplo, con los contratos comerciales. Varios países han delimitado el derecho contractual para que, en caso necesario, intercedan jueces de fuera del país; así, las empresas que inviertan pueden estar seguras de que se respeta el derecho contractual. Es vital que esto se aplique también a las empresas locales. Una de las muchas lecciones en materia de gobernanza extraídas del proceso de adhesión a la Unión Europea es la insistencia, como parte de la superación de las pruebas de adhesión, en la adopción de las debidas garantías procesales. Los países que formaban parte del antiguo sistema de justicia soviético, que habían sido tanto política como financieramente lugares muy corruptos, tuvieron que cambiar de manera radical el sistema para cumplir la normativa. Y, aunque es cierto que algunos han tratado el cumplimiento con cierta indiferencia, en conjunto, y sin duda con el tiempo, se ha producido un enorme cambio para mejor en los sistemas jurídicos de esos países. La cuestión, muy importante, que esto demuestra es que se puede hacer siempre que los incentivos sean lo suficientemente suculentos.

Me preocupa que, hoy en día, las propias naciones desarrolladas, bajo la presión de políticas populistas, no presten suficiente atención a la importancia del Estado de derecho y a su relevante papel para hacer de nuestros países lugares donde la gente quiera estar.

Los jueces deberían poder hacer su trabajo sin interferencias de los políticos, y especialmente sin interferencias del líder, incluso cuando hacen algo que a este último, o a la opinión pública, no le gusta. Se debe cambiar el marco legal en el que operan si se cree que ese marco está obstruyendo el buen gobierno, pero no se ha de atacar a los tribunales cuando simplemente interpretan la ley de forma que al líder no le parezca conveniente.

El escándalo mediático tampoco debería decidir. A veces leo un caso en un periódico y pienso: «No acabo de ver claro este asunto». Pero leer sobre un caso, sobre todo si el periódico trata de convencer de algo, no es lo mismo que oírlo, examinar todas las pruebas y sopesarlas para emitir un juicio razonado.

Si un sistema judicial corrupto es la traición más flagrante al Estado de derecho, uno ineficaz también lo perjudica. Vale la pena recordar en este contexto las palabras de la Carta Magna británica: «A nadie venderemos, a nadie negaremos o *retrasaremos* el acceso al

derecho o a la justicia» (la cursiva es mía). La demora en los procesos judiciales en muchos países desarrollados, por no hablar de las
naciones en vías de desarrollo, socava esos lugares y la fe de la gente
en ellos. Y el hecho es que los sistemas jurídicos de muchas naciones no se respetan. En el Reino Unido, por ejemplo, el sistema de
justicia penal se ha venido prácticamente abajo: la mayoría de los
delitos ni siquiera dan lugar a una acusación, por no hablar de una
condena, y los casos que podrían conducirse de manera adecuada
fracasan por el tiempo que se tarda en llevarlos a juicio. Creo que lo
mismo puede decirse de los sistemas de todo el mundo occidental.

No ayuda el hecho de que el sistema de justicia civil sea prohibi-
tivamente caro para las personas con ingresos medios.

Tampoco que muchos sistemas se crearon para una época diferente. Las normas se establecieron cuando lo que más preocupaba a
la gente era un error judicial o la corrupción o la prevaricación policial. Las leyes que aplican los sistemas suelen estar desfasadas, ya
que los tipos de delincuencia —por ejemplo, el fraude en línea, el
tráfico de drogas o las bandas organizadas— han cambiado de naturaleza y capacidad.

La tecnología se utiliza de forma mínima, si es que se utiliza, a
pesar de que su empleo permitiría una enorme eficiencia en los sistemas judiciales: en la preparación y celebración de juicios, en la
redacción de sentencias, en la obtención de pruebas e incluso en
la adjudicación de casos civiles. Estonia es uno de los países que
está mostrando el camino al utilizar la IA para resolver demandas
civiles de menos de siete mil euros y demostrando, en el proceso,
cómo esta nueva tecnología podría desempeñar un papel importante a la hora de ayudar a los países en vías de desarrollo a eliminar
la corrupción legal de bajo nivel.

También debemos ser cautelosos a la hora de instrumentalizar
políticamente el sistema judicial. Elijo estas palabras con cuidado.
En ningún caso estoy diciendo que los políticos deban estar por
encima de la ley. Al contrario. Si un político, especialmente un líder, comete un delito, no debe ser tratado de forma diferente a los
demás.

Pero es un hecho cada vez más frecuente de las democracias que los dirigentes sean objeto de investigaciones penales, ya sea en el ejercicio de sus funciones o después, en un ambiente altamente politizado y lleno de tensión. A veces se discuten los hechos. A veces los hechos en sí mismos no, pero sí su tipología. Y aquí es donde empiezan los problemas.

Si resulta que un dirigente tiene una cuenta en un banco suizo en la que ha desviado dinero público o ha recibido dinero de alguien que quería asegurarse un contrato con el Gobierno, por supuesto que se le debe aplicar todo el peso de la ley.

Pero no me gusta cuando veo casos en los que los hechos están abiertos a diferentes interpretaciones, en los que no queda claro si hay siquiera atisbos de ilegalidad y en los que, digamos, hay determinados intereses detrás.

Aunque solo un pequeño número de personas razonables piensen que el sistema se está utilizando con fines políticos, se socava la fe en el sistema. Peor aún, permite al auténtico delincuente justificar lo injustificable y reunir así una base de apoyo de tal manera que acabará perjudicando la democracia. Al fin y al cabo, si un líder cree que el sistema lo está atacando de una forma que considera, a fin de cuentas, mera política disfrazada de un proceso puramente legal, luchará por sobrevivir atacando la integridad del sistema.

Entonces, lo que puede utilizar el Gobierno lo acaba utilizando la oposición cuando el Gobierno cae. Como resultado, con el tiempo, algo esencial para el Estado de derecho —la fe en la objetividad de la ley— se debilita fatalmente.

Por tanto, sí, estoy convencido de que se ha de aplicar la ley a los líderes igual que a los ciudadanos, pero no hay nada de malo en sopesar con buen juicio cuándo es realmente necesario hacerlo.

Todo lo que huela a arbitrariedad (y las naciones occidentales deberían tener cuidado en este sentido) o a poner el poder político por encima del proceso legal, o incluso a socavar la objetividad en favor de la subjetividad, debería evitarse o permitirse solo en las circunstancias más extremas.

El Estado de derecho es más que un conjunto de normas administradas con justicia. Es una virtud, una cualidad que habla de la naturaleza de una nación. Es terreno sagrado. Se ha de procurar para gobernar bien; y, si se tiene la suerte de contar ya con él, lo más aconsejable es apreciarlo y no perturbarlo.

16

La plaga de la ideología

Cuando estoy en Sudamérica, a veces pienso que lo peor que Europa le hizo al continente —después de la colonización— fue exportar la ideología política europea, especialmente algunos de los tipos más extremistas de socialismo. Brasil, Argentina, México, Colombia, Venezuela, por no hablar de los países más pequeños, todos llevan las cicatrices de las mismas batallas ideológicas y casi todos siguen luchando por superarlas.

Podríamos tomar algunos de los países de Oriente Próximo que estuvieron muy influidos por el pensamiento político europeo y llegar a la misma conclusión: Nasser en Egipto o el partido Baaz en Irak o Siria.

Esto no quiere decir que las dictaduras militares que gobernaban en muchos de esos países no fueran tan malas, o incluso peores; pero eso tenía menos que ver con la ideología que con la simple toma del poder. Y el fascismo, como ideología en el poder, afortunadamente murió con el fin de la Segunda Guerra Mundial.

Pertenezco al ala progresista de la política, la que tradicionalmente se asocia —entre otras cosas— con el socialismo. Y, como código de valores, el socialismo me sigue pareciendo muy atractivo. Como sociedad, deberíamos ocuparnos primero de los más pobres. Como comunidad, debemos prestar los servicios fundamentales para el progreso humano, de modo que todas las personas, y no solo algunas, puedan beneficiarse de ellos. La desigualdad de oportunidades, y hasta cierto punto de resultados, debería ser un azote para nuestra conciencia. Haríamos bien en comprometernos tanto con los que están fuera de nuestras fronteras como con los que están dentro.

Pero el socialismo como ideología dura —la que pretende controlar la economía; mirar a las empresas con recelo, cuando no con enemistad; proteger al productor incluso a costa del consumidor; creer que, cuanto más grande sea el Estado, más justo será el país— no tiene ningún atractivo para mí. Esta versión del socialismo ha hecho daño y sigue haciéndolo. Y una de las tragedias constantes de la política de izquierdas es que algunos de sus sectores sigan adhiriéndose a esta visión ideológica del socialismo mucho después de que haya quedado claro que el abismo entre las reivindicaciones que se hacen en su nombre y la realidad que crea es inaceptablemente grande.

En los últimos tiempos, el ala conservadora de la política ha desarrollado su propio desafío ideológico.

Los conservadores, tradicionalmente, han tenido algunas cosas buenas a su favor. Aportan una perspectiva realista al proceso de gobernar. Son escépticos ante los sueños utópicos porque entienden que empiezan con ilusión y acaban con decepción. Valoran el trabajo duro y la superación personal. Mientras que algunos en la izquierda ven con desprecio el patriotismo y el amor a la patria, los conservadores los consideran, con razón, cualidades positivas.

Mientras crecía en política, los conservadores desconfiaban de la ideología. Creían que era incompatible con una política sensata. Ciertamente defendían determinados principios: libre comercio, orden social, compromiso global en defensa de los intereses y, en los últimos tiempos, igualdad de oportunidades y aspiraciones. A veces consideraban necesario tomar decisiones difíciles o impopulares para defender estos principios. Es cierto que había algo de elitista en todo ello, pero de una forma curiosamente saludable. Pensaban que gobernar bien era un fin en sí mismo y eso conllevaba cierto complejo de superioridad. Pensaban que los de izquierdas se equivocaban al hacer cosas que tan solo encajaban con su ideología, pero no con la realidad objetiva. Se podía confiar en que los conservadores gobernarían bien porque nadie más lo haría. O, al menos, así lo veían ellos.

Como resultado, en el Reino Unido, el Partido Conservador ha sido el partido de gobierno por defecto, ostentando el poder durante aproximadamente tres cuartas partes de los ciento veinte años que han pasado desde la fundación del Partido Laborista. (E incluso un tercio del tiempo que los laboristas han estado en el poder ha sido bajo el nuevo laborismo, corriente con la que el Partido Laborista tradicional ha estado algo enfrentado). En otras palabras, como el Partido Laborista a menudo no era un verdadero competidor por el poder, el Partido Conservador asumió el papel de guardián fiable, aunque no siempre simpático, de los intereses del reino.

Entonces los conservadores se intoxicaron con el elixir de la ideología. Cómo ocurrió esto y por qué es algo que se puede debatir. Pero, de repente, el patriotismo se convirtió en nacionalismo; el amor a la patria, en rechazo a las instituciones de cooperación; el deber de gobernar bien en el distintivo de las temidas élites, a las que ya no querían unirse, sino derribar.

No es un fenómeno exclusivo del Reino Unido. En todo el mundo vemos cómo los partidos tradicionales se ven asediados por nuevos partidos de corte popular o cómo los partidos mayoritarios se ven cada vez más cautivados por sus elementos marginales. Se ha producido un endurecimiento de las políticas en torno a la izquierda y la derecha.

Los dos extremos del espectro tienen mucho en común. Ambos utilizan la misma retórica incendiaria. Se complacen en el populismo, que se deleita en explotar los agravios en lugar de ocuparse de ellos. Ambos demonizan a determinados grupos por obstaculizar el futuro que desean. Para la izquierda pueden ser las empresas. Para la derecha, los inmigrantes. Les encanta la confrontación y la buscan. Ambos consideran que la elaboración de políticas basadas en pruebas, análisis y reflexiones profundas sobre problemas difíciles es un buen indicio de a qué se enfrenta un país y no algo necesario para encontrar soluciones. Mirar alrededor y preguntarse qué funciona se ve como el refugio de los impuros, los primeros signos de «traición a la causa».

Apelan esencialmente al público como víctimas de las «cloacas del Estado», el «fango», los barones de los medios de comunicación, los multimillonarios, los financieros o múltiples variantes del «enemigo interior». Son enemigos de la complejidad. Los hechos son tuyos o míos; no solo hechos.

Rechazar la ideología no es lo mismo que rechazar los ideales. Sé que algunos definirían la ideología como algo más parecido a los ideales, o al menos a un conjunto estructurado de ideales. Pero, para mí, el rasgo distintivo de una ideología es que se trata de un análisis y una solución de todo el sistema. Es intrínsecamente dogmática. Por ejemplo, yo diría que la creación del sistema público de sanidad y del Estado del bienestar fue producto de ideales: son compatibles con diferentes puntos de vista sobre la economía, el mercado, el papel del capital privado; y están motivados por valores de solidaridad humana, no por doctrina. La ideología, en cambio, es un sistema de creencias en el que el Estado —podría ser una religión o una idea— no es una respuesta, sino *la* respuesta. Es una lente a través de la cual se ven y resuelven todos los retos.

Los ideales son más bien principios: universales y no excluyentes.

Cualquiera que se dedique a la política debería tener algo de idealismo. Incluso el mero deseo de gobernar bien un país cuenta como ideal. En contra de lo que piensan muchos electores, la mayoría de la gente que se dedica a la política lo hace para intentar hacer el bien. Naturalmente, no siempre lo consiguen. Pero eso es otra cuestión. Estar motivado por principios, por valores sólidos, por un sentido de la finalidad... son grandes cualidades. Y necesarias para jugar bien a la política.

Los ideales permiten medir los logros por lo que se consigue. Por su parte, la ideología mide los logros por la obediencia a la doctrina y el dogma. La ideología ni siquiera es una filosofía política de gobierno. Por desgracia, es demasiado rígida para eso. Es la convicción de que solo una determinada manera o un determinado conjunto de políticas o de actitudes fijas tienen validez y deben prevalecer.

El atractivo de la ideología es que promete no cualquier cambio, sino un cambio radical. Y, en un momento de profunda frustración con los sistemas convencionales y sus resultados, este atractivo sale de los márgenes y entra con éxito en la política dominante.

Para el seguidor de una ideología, ser radical es primordial, aunque esté reñido con ser práctico. A las personas prácticas se las considera, en el mejor de los casos, tecnócratas y, en el peor, monótonas, incluso aburridas. Nadie ha presidido nunca una manifestación callejera con una pancarta en la que se leyera «Seamos prácticos».

Pero lo práctico y lo radical no deben ser alternativas que compitan entre sí. Deben ser complementarias. Radical en el contexto del gobierno significa cambio fundamental. Cambio sistémico. Un cambio que altere las reglas del juego. Pero, si no es una transformación práctica, no funcionará.

Los grandes problemas requieren grandes soluciones. Pero el énfasis debe ponerse tanto en la palabra «solución» como en la palabra «grandes».

Como expondré más adelante, aprovechar la revolución tecnológica del siglo XXI debería ser el objetivo de gobernar en la actualidad, un objetivo radical por naturaleza y práctico por efecto. Con el tiempo, eclipsará la batalla ideológica del siglo XX entre el Estado y el mercado, el capital y el trabajo, y al menos modificará el telón de fondo de los debates sobre globalismo o nacionalismo.

Cuando pienso en los países a los que les va bien hoy en día, considero que lo han logrado mediante un análisis sólido, una evaluación cuidadosa de las pruebas y una elaboración meticulosa de las políticas; a continuación, han introducido cambios de gran alcance basados en lo que las pruebas les dicen.

Estudiar al antiguo líder chino Deng Xiaoping es fascinante a muchos niveles. Más que nadie, fue responsable de la apertura de su país y de la creación de las condiciones para su extraordinario progreso económico. Lo hizo tras la brutal pesadilla ideológica que supuso la Revolución Cultural, en la que una versión de la ideología maoísta se apoderó del país con efectos desastrosos. El propio Deng fue detenido, exiliado y su familia perseguida, pero, de algún modo, resurgió para liderar lo que se convirtió cada vez más en un ataque frontal a la noción misma de que la ideología podía o debía distorsionar una evaluación objetiva de la realidad.

Las palabras que utilizó para persuadir al Partido Comunista Chino de que cambiara de rumbo tan drásticamente siguen resonando hoy en día.

En contra de la doctrina del partido (y, en realidad, de gran parte de la historia del país), afirmó que China tenía que aprender de los demás, en particular de Occidente, desde en el ámbito de la educación hasta en los de la ciencia y la tecnología. Describió el proceso de reformulación política como «buscar la verdad a partir de los hechos» y «progresar a partir de la realidad». Para ello, afirmó, la gente tenía que «emanciparse mentalmente».

En lugar de presumir de lo maravillosas que eran las cosas en China, hizo hincapié en la relativa pobreza y atraso del país.

Fue un mensaje extraordinario y transformador.

Y continuó con lo que denominó «integrar la teoría con la práctica», introduciendo reformas y cambios fundamentales en la economía y el sistema que situaron al país en la senda de la prosperidad y el poder.

Su vida, antes de ser líder, fue un testimonio del daño que puede causar la ideología. Su liderazgo una vez que asumió el poder fue un testimonio de lo que puede lograr un líder ilustrado, libre de las limitaciones de la ideología.

Un líder, aunque haya llegado al cargo con un apoyo de naturaleza ideológica, haría bien, cuando esté en el poder, en gobernar en función de lo que funciona, de lo que producirá un cambio que sea real, no en ajustar la política a la ideología, sino —aunque sea en silencio— descartar la ideología en favor de la respuesta. La respuesta práctica.

Estimular y agitar las emociones de la gente, por supuesto, forma parte del liderazgo político. Pero, si se quiere tener éxito, hay que ser ese radical con una sana combinación de cabeza y corazón.

PARTE IV

A la altura de un mundo cambiante: la revolución tecnológica del siglo XXI

17

La revolución tecnológica y el Estado reimaginado

En el siglo XXI estamos viviendo una revolución tecnológica que está transformando nuestra forma de trabajar, vivir, interactuar y relacionarnos con el mundo que nos rodea, y lo está haciendo de una manera tan poderosa y global como la Revolución Industrial transformó en el siglo XIX el mundo respecto a la generación anterior, si no más.

Sin embargo, hasta ahora, no ha transformado la política. Debería hacerlo. Y, en consecuencia, debería provocar una reimaginación del propio Estado.

Hace unos años, cuando empecé a hacer esta afirmación a mis colegas políticos, algunos asentían con la cabeza, pero la mayoría la achacaban a la típica hipérbole propia del mundo de la política. O pensaban que llevaba demasiado tiempo desconectado, que me estaba olvidando de cómo vivía la gente «normal», de la crisis del coste de la vida, de las presiones de la vida cotidiana..., cosas que, por supuesto, parecen estar a un mundo de distancia de los chips informáticos y los descubrimientos científicos.

«Todo suena muy tecnocrático», parecían decir. En política, esta afirmación no es un cumplido.

Siempre me ha intrigado el recelo de los políticos hacia todo lo que pueda considerarse «tecnocrático» o «técnico». La primera vez que me topé con este reproche fue cuando emprendía una reforma radical del sistema sanitario del Reino Unido y los colegas —incluso los que en general simpatizaban conmigo— decían: «Sí, pero ¿qué pasa con los valores del servicio de salud británico, su equidad, la insistencia en la gratuidad? ¿Seguro que eso [los aspectos técnicos] es lo más importante?».

Como si los «valores» y los medios técnicos para alcanzarlos se repelieran entre sí.

La técnica es el medio de aplicar los valores.

Cuanto mejor sea la técnica, más rápido será el progreso.

Por supuesto, el lenguaje en el que se expresa el propósito de la reforma debe evitar los términos tecnocráticos, pero, si la parte técnica no es la adecuada, la reforma nunca tendrá éxito.

La palabra «tecnología» es un derivado de dos palabras griegas: *techne*, que significa «habilidad» u «oficio», y *logos*, que significa «palabra» y también «pensamiento» (como en el Evangelio de San Juan: «En el principio era la palabra»). La cuestión es que la palabra «tecnología» supone que hay un propósito para el que se utiliza la habilidad.

Asimismo, la palabra «tecnócrata» significa básicamente persona con conocimientos especializados que puede utilizarlos para resolver problemas prácticos; es decir, los tecnócratas hacen que las cosas funcionen.

Esta revolución tecnológica del siglo XXI implica un cambio fundamental en los medios para llegar al fin. Lo que no quiere decir que los medios sean el fin. El fin de la actividad política y del gobierno, bien hecho, no ha cambiado. Era y es promover los intereses del pueblo y aplicar los valores que sustentan ese propósito.

Pero, en este caso, la naturaleza del cambio en los medios es tan grande que amplía la ambición del fin y la velocidad a la que se puede llegar. Es una revolución que ofrece la oportunidad de resolver problemas para los que actualmente no existen soluciones.

La tarea del líder consiste primero en aceptar la magnitud de este cambio del mundo real, luego explicarlo y, por último, tejerlo en una narrativa política que emocione y entusiasme.

La realidad a la que se enfrentan todos los países desarrollados es que los servicios que esperan los ciudadanos no pueden seguir el ritmo de la demanda. Los sistemas sanitarios están al borde del colapso; los sistemas de justicia penal son disfuncionales; los problemas de planificación ralentizan o impiden cambios esenciales en las infraestructuras, especialmente en lo relativo a la energía verde; abundan los retrasos, las averías y la burocracia.

La solución tiempo atrás era gastar más, gravar más.

Pero hoy estamos en el límite de la aceptación pública de los impuestos y el gasto como respuesta. Las expectativas no han cambiado. La presión para que el Gobierno cumpla es tan grande como siempre. Pero la capacidad de hacerlo, con el Estado en su forma actual, se ha erosionado.

La nueva respuesta consiste en aprovechar plenamente el potencial transformador de la tecnología.

En el mundo en vías de desarrollo, donde los retos son múltiples, complicados y a menudo aparentemente sin solución, y donde las finanzas son limitadas, esta revolución tecnológica se asume como un «salto», lo que puede permitir a una nación —y en un espacio de tiempo razonablemente corto— eludir las etapas normales de desarrollo y acelerar rápidamente rumbo al futuro.

También ofrece soluciones globales. No existe una respuesta políticamente realista al reto del cambio climático que no sea mediante la invención de tecnología que permita un crecimiento económico sostenible. De lo contrario, en el mundo desarrollado, los consumidores se rebelarán contra los costes de la acción; y el mundo en desarrollo antepondrá la acción de desarrollo a la acción climática, porque, al fin y al cabo, ellos no son responsables del problema y necesitan que sus países crezcan.

Así pues, la revolución tecnológica del siglo XXI no es *un* problema, sino *el* problema de nuestro tiempo. Debería dominar el debate político, no ser un interesante elemento secundario de las «cuestiones de primer orden».

La economía política del siglo XX estuvo dominada por los debates en torno al capitalismo y la primacía de los mercados frente al socialismo y el tamaño del Estado: la división tradicional entre izquierda y derecha.

Desde hace algunos años, estos debates se han atenuado en implicaciones incluso cuando se han intensificado en vehemencia. Así pues, discutimos sobre cambios marginales en los impuestos y el gasto y les atribuimos grandes diferencias ideológicas.

Junto a ellos han surgido nuevos debates «culturales» —nacionalismo, tendencias *woke*, identidad— en parte en sustitución de los que se mantenían en torno a la economía, en los que los extremos de las posiciones ocupan buena parte del discurso público, aunque la mayoría de la gente adopte una visión razonable y más matizada, moderada, en torno a ellos.

Debatir sobre cómo aplicar la tecnología para resolver los problemas sin amenazar las libertades es menos emocionante que tratar de decidir si nuestros oponentes son buenas o malas personas, pero, en última instancia, lo primero es mucho más beneficioso para nuestros intereses y nuestra felicidad. Sin embargo, requiere que los líderes políticos adopten esta agenda y desarrollen una forma de narración adecuada, que transmita suficiente emoción y entusiasmo.

La IA generativa ha cambiado, al menos hasta cierto punto, la actitud política en torno a la tecnología. Algunos líderes, por ejemplo, utilizarán ChatGPT. Aun así, para la mayoría sigue siendo una especie de juguete. Aún no piensan en cómo puede cambiar por completo su programa político, como veremos en el próximo capítulo. O se centran en sus peligros y hablan obsesivamente de regulación, una conversación que resulta natural entre la clase política.

Nada de esto es sorprendente. Durante la Revolución Industrial, en el siglo xix, la política tardaba una eternidad en ponerse al día con lo que ocurría en el mundo real. No cesaban de surgir nuevos inventos apasionantes; el desarrollo de los centros urbanos y la reducción del empleo en el campo avanzaban a buen ritmo. La economía del Reino Unido, epicentro de esta revolución, se estaba transformando.

Pero la clase política, como revela la lectura de los debates parlamentarios de la época, seguía encerrada en el mundo de la era anterior, dominado por los ricos terratenientes *tories* y *whigs*. Y gran parte del debate giraba en torno a los «males» de esta industrialización.

Tuvieron que pasar décadas antes de que esas personas se dieran cuenta de que el nuevo mundo industrial que estaban presenciando era *la* cuestión, cuando empezó a aprobarse legislación que reconocía su existencia.

El sistema de partidos políticos tardó aún más en adaptarse. Puede que el Reino Unido haya sido el lugar de origen de la Revolución Industrial, pero no fue hasta principios del siglo xx que se fundó el Partido Laborista británico. No fue hasta la década de 1920 cuando asumió el poder por primera vez. Pasó aún más tiempo hasta que el propio Estado británico asumiera los principios de la revolución y se creara el moderno Estado del bienestar.

En total, el proceso de cambio y adaptación duró cien años.

El mundo de hoy avanza mucho más rápido. Pero aun así, a la mayoría le llevará tiempo ponerse al día. Los líderes políticos tardarán en empezar a darse cuenta del enorme potencial de esta nueva narrativa y, en el Gobierno, comprenderán la capacidad que la revolución tecnológica puede aportar a la prestación de servicios y, por tanto, al éxito político.

No serán necesariamente los países en los que todos pensamos los que inicien el proceso. ¿Quién iba a pensar que el Gobierno de Estonia sería el más avanzado tecnológicamente de la Unión Europea, que Kenia lideraría el procesamiento inteligente de pagos financieros, que Senegal desplegaría una de las mejores campañas de vacunación contra el covid-19 o que Indonesia desarrollaría uno de los proveedores de servicios de transporte por aplicación más avanzados?

Un cambio clave que esta revolución iniciará es una nueva comprensión de la enorme relevancia de la educación para el logro económico. En este nuevo mundo, el sector universitario se convierte en un motor económico vital. Ningún país que aspire a triunfar en el siglo xxi puede prescindir de universidades de categoría mundial. De la enseñanza superior saldrá la innovación. Y, una vez establecida una infraestructura digital, el talento local puede inventar nuevas aplicaciones. Surge así todo un nuevo ecosistema empresarial que, si se aprovecha adecuadamente, puede cambiar tanto la economía local como la gobernanza.

Los partidos políticos formados a lo largo de las tradicionales líneas divisorias económicas de izquierda y derecha se desintegrarán —de hecho, en muchos lugares ya han empezado a hacerlo— y se reagruparán en torno a los conservadores y reticentes a la aplicación de la tecnología frente a los que la ven como un futuro que hay que abrazar.

Llegados a este punto, la gente suele decir: «¡Atención! ¡Esta revolución da mucho miedo!».

Sin embargo, si hay otra lección que aprender de la Revolución Industrial en particular, y de la historia en general, es que tales cosas, una vez inventadas por el ingenio humano, nunca acaban relegándose a causa de la ansiedad de algunos. Los luditas de principios del siglo xix, que rompían máquinas, intentaron frenar la marea del cambio. Y fracasaron.

La respuesta, por tanto, no es resistirse o negar la revolución, sino comprenderla plenamente, acceder a sus oportunidades y mitigar sus riesgos. No dejemos que el miedo o las inevitables campañas contra esta revolución nos lleven al rechazo. Que el sentido de las oportunidades dinamice el espíritu de cambio.

Nada me hace desear más volver al Gobierno que el potencial de esta revolución. Es un gran momento para gobernar.

18

¡Parad las rotativas! Algo grande y rompedor está ocurriendo

La escala única de esta revolución tecnológica tiene otro atributo. Evoluciona continuamente. Y cada vez más rápido. Así, lo que era imposible hace un mes, de repente, es posible. Lo que parecía ciencia ficción es una realidad. Ya estamos en el mundo de la IA generativa.

Lo digo como alguien que comprende la importancia de la revolución, aunque no entienda del todo la tecnología en sí. Y al decir «del todo» estoy siendo generoso conmigo mismo. Hay enormes lagunas en mi comprensión de esta tecnología.

Cuando hace algún tiempo me pidieron que pronunciara un discurso en un simposio sobre criptomonedas, hablé primero con mi hijo, que trabaja en el sector tecnológico, y le pedí que me informara sobre el tema. Intentó explicármelo todo. Incomprensión total. Me envió un libro titulado *The Idiot's Guide to Crypto* («Introducción a las criptomonedas para tontos»). Su lectura me demostró que hay un nivel de estupidez más allá del hecho de ser un poco lerdo, y que yo parecía haberlo alcanzado.

Finalmente, por la mañana, después de leer cuanto pude, lo llamé y le conté todo lo que había aprendido hasta entonces. «¿Qué les digo entonces?», le pregunté. «Diles que estás enfermo», me soltó.

Pero, aunque no entiendo con detalle cómo la nueva tecnología hace lo que hace, sé lo suficiente para saber que constituye una revolución y no tan solo un paso más. La revolución tecnológica del siglo XXI ya ha cambiado las reglas del juego de la política y lo lleva haciendo varios años. Pero los recientes avances en el campo de la inteligencia artificial merecen considerarse como parte de una revolución.

Justo cuando pensábamos que el ritmo del cambio no podía ser más frenético —con una geopolítica cada vez más compleja, con el covid y sus secuelas, la aceleración del cambio climático, las guerras en Europa y Oriente Medio—, está ocurriendo algo que está poniendo en marcha una nueva transformación tecnológica radical que afectará enormemente al mundo real, lo que incluye todos esos focos geopolíticos.

En un plazo de tiempo extraordinariamente corto, sin duda para el mundo del gobierno y la política, la IA generativa revolucionará nuestras sociedades y economías.

Siempre he creído que existen en esencia dos tipos de cerebro: el emocional, que, si está bien desarrollado, crea grandes obras de arte y cultura y puede, en política, conducir al éxito porque permite comprender el factor humano en todo lo que abarca; y el científico, el que se siente cómodo con las matemáticas, la física y la química, que puede conducir a grandes descubrimientos y a invenciones científicas revolucionarias.

Muy pronto me di cuenta de que, por desgracia, aunque deseaba formar parte del segundo grupo, formaba parte del primero. Supongo que es mejor que no ser de ninguno de los dos. Siempre me he llevado alguna decepción que otra. Se me daban bien las matemáticas, mal la química y muy mal la física, hasta el punto de que, cuando suspendí un examen de esta última asignatura, mi profesor me dijo con cierto asombro que era el peor trabajo que se había encontrado nunca.

Esa conciencia de mi fortaleza en un área y mi debilidad en otra es una de las muchas razones por las que siempre he estado en contra de seleccionar a los niños por su destreza académica general y repartirlos entre diferentes escuelas, como se hacía antiguamente en el Reino Unido. El hecho es que yo era bueno en algunas cosas y completamente inútil en otras. Se me daba bien captar sentimientos: amor, odio, respeto, pena, ansiedad, alegría. Podía ver, tocar y apreciar el mundo físico. Pero el mundo de los conceptos, de los electrones, las neuronas, las ondas de radio, la gravedad, la conductividad, la corriente eléctrica…, todo me parecía un libro cerrado al que prácticamente le tenía fobia. Me sentía incapaz y, al cabo de un tiempo, poco dispuesto a abrirlo.

Hasta hace poco, no creía que eso fuera un asunto de importancia, ni en mi caso ni en el de la inmensa mayoría de los políticos que conozco con un cerebro más «emocional» que «científico». Me parecía que bastaba con saber lo que consigue la tecnología. No sé cómo funciona un teléfono móvil, pero sé usarlo. No sé cómo funciona un avión, salvo muy vagamente, pero eso no me impide volar.

Entonces, ¿por qué, con la IA generativa, siento la absoluta necesidad de comprender al menos los fundamentos de cómo y por qué se ha producido este nuevo avance? Porque creo que, para un líder, saber aunque sea un poco cómo funciona lo llevará a comprender mejor por qué es crucial. Esto, a su vez, aportará claridad y, lo que es más importante, necesidad de aprovechar las oportunidades de esta revolución y protegerse de sus peligros. Porque ambos son, sin duda, enormes.

Así que, desde el punto de vista de una mente no científica, es lo que creo que ha ocurrido con este asunto. Huelga decir que escribo —sin tener en cuenta los riesgos de una simplificación excesiva— como un líder y no como un experto en tecnología podría expresarlo.

En la última década, una serie de avances tecnológicos han creado un bucle que se alimenta a sí mismo, un estado de revolución tecnológica permanente en el que distintas tecnologías se fusionan y se impulsan entre sí, lo que está dando lugar a una espectacular aceleración de la innovación. Estos avances tienen sus raíces en inventos que se remontan a muchas décadas atrás. Pero finalmente han llegado a un desarrollo sobresaliente que, en el caso de la inteligencia artificial generativa, tiene profundas implicaciones.

Empezamos con el ordenador, al principio simplemente una máquina capaz de hacer cálculos matemáticos a través de datos almacenados en elementos tan simples como tarjetas perforadas. Con el tiempo, esos datos pasaron a almacenarse electrónicamente. Al principio, los ordenadores eran analógicos, es decir, tomaban señales (por ejemplo, ondas sonoras) y las emulaban electrónicamente. Luego vino la digitalización, la capacidad de tomar señales o datos analógicos y codificarlos en señales digitales, con todo descompuesto en dos dígitos (0 y 1), según el sistema de lógica digital inventado por George Boole en 1847. De este modo, las señales transmitidas por la corriente eléctrica tienen un alcance mucho mayor, están libres de interferencias y permiten hacer mucho más. En otras palabras, un circuito digital implica un proceso que, manipulado o modulado, tiene mucha más potencia que su equivalente analógico.

Al principio, los ordenadores digitales eran complicadísimas máquinas electromecánicas del tamaño de una gran habitación. Pero a finales de la década de 1940 y principios de la de 1950 aparecieron los primeros circuitos puramente electrónicos. Denominados transistores, transfieren la resistencia necesaria para regular la corriente de un extremo a otro del dispositivo. Los transistores ofrecen enormes ventajas respecto a los voluminosos tubos de vacío que los precedían: son pequeños, requieren relativamente poca energía y pueden apilarse más en un espacio menor, lo que permite una transmisión más eficaz.

En 1959 apareció el primer «circuito integrado»: una serie de transistores colocados en una pequeña tira de material: el chip. El chip debía estar hecho de un material capaz de transmitir y regular la corriente. Se empezó utilizando un material semiconductor, el germanio, que pronto fue desplazado por otro más eficaz, el silicio.

¿Me sigue el lector?

No es casualidad que muchos de los que participaron en la invención del chip semiconductor trabajaran en los Laboratorios Bell, la rama de investigación de la Bell Telephone Company (llamada así por el inventor del teléfono, Alexander Graham Bell), más tarde American Telegraph & Telephone Company. Los teléfonos funcionaban tradicionalmente con cables que conectaban la fuente de alimentación al aparato. Pero los investigadores de Bell no tardaron en experimentar con el uso de campos electromagnéticos y radiofrecuencias para transferir la energía sin cables. Y los circuitos integrados o chips fueron la clave de tal experimentación.

Al principio, estos teléfonos inalámbricos solo podían utilizarse en distancias restringidas, a través de una única torre transmisora, y eran muy caros. Luego —una vez más gracias a los inventos de los laboratorios Bell— llegó primero una red de torres que conectaban de manera inalámbrica y organizada en lo que llamaron una red «celular»; y, después, un «sistema de conmutación» que permitía al usuario pasar de una célula a otra: de todo esto nace la red celular y, por supuesto, el teléfono móvil.

El primer teléfono móvil lo lanzó en 1973 Martin Cooper, que trabajaba para Motorola. Supuso la unión comercial de dos tecnologías: el transistor o chip semiconductor, que permitía al teléfono funcionar sin cables —recibir energía, amplificar la voz, conectarse a la frecuencia de forma fiable— y el teléfono celular.

Los años siguientes fueron un período de reducción de tamaños, ya que los desarrolladores se centraron en la forma de introducir cada vez más datos y potencia de procesamiento en los chips. En 1965, Gordon Moore, a la sazón director de investigación y desarrollo de Fairchild Semiconductor, predijo que el número de transistores que podían colocarse en un chip se duplicaría cada dos años. La ley de Moore, como llegó a conocerse, resultó —a diferencia de la mayoría de las predicciones políticas— ser cierta. Hoy es posible colocar miles de millones de transistores en un único chip de pequeño tamaño.

A medida que se fabricaban transistores más pequeños y potentes, se produjo otro gran avance. Al principio, los ordenadores no podían conectarse entre sí o, si lo hacían, era de forma muy restringida, es decir, de laboratorio a laboratorio.

Pero entonces un científico británico, Donald Davies, inventó el concepto de bloques de datos o «paquetes» compartidos entre ordenadores. Para ello, ideó la forma de dividir los datos en flujos discretos —paquetes— que podían transmitirse entre ordenadores remotos y luego volver a ensamblarse en su forma original. Esto permitió que los ordenadores funcionaran con un caudal de datos mucho mayor e introdujo un sistema de redes interconectadas que comparten dichos paquetes.

A finales de la década de 1980, un ingeniero británico, Tim Berners-Lee, que trabajaba en las instalaciones del CERN en Suiza, propuso una red mundial, en realidad un sistema de redes universales enlazadas entre sí (de ahí lo de *internet*, «entre redes»), accesible desde cualquier nodo de la red.

Proliferaron otros inventos: la multiplexación por división de ondas y el cable de fibra óptica aumentaron radicalmente la capacidad del sistema, permitiendo una comunicación prácticamente instantánea y, por tanto, el correo electrónico; los teléfonos móviles se conectaron a internet, lo que permitió una relación cada vez más estrecha entre el móvil y el ordenador, como puso de manifiesto el iPhone; Google inventó su motor de búsqueda, revolucionando la navegación; el chip semiconductor dio lugar a la CPU (unidad central de procesamiento), que dirige el sistema de memoria del ordenador, y después a la GPU (unidad general de procesamiento, utilizada, entre otras cosas, en los videojuegos), que permite almacenar imágenes y vídeos.

En medio de todo esto, la cantidad de datos se disparó: información, mensajes, redes sociales, imágenes. Es extraordinario pensar que el 99 % de los datos humanos registrados se han recopilado en la última década. Y es gracias a esta acumulación que el análisis mediante algoritmos —llamados así por el matemático persa del siglo IX Al Juarismi— se ha hecho tan poderoso.

Los algoritmos son instrucciones matemáticas que permiten calcular paso a paso y, por tanto, analizar. Cuantos más datos tengan a su disposición, mejor será su rendimiento. Y, a medida que crecen en potencia, pueden hacer cada vez mejores conexiones, detectar patrones, mostrarlos y registrar información. Pueden predecir lo que te puede gustar, lo que puedes comprar, lo que te interesa. Las compras en línea, Netflix y Disney, los mensajes de texto predictivos, todo funciona mediante algoritmos.

Crean una especie de inteligencia artificial rudimentaria. Y aquí comenzó la segunda revolución tecnológica moderna. Hasta hace muy poco, la IA no era más que un algoritmo convencional muy bueno. Hacías una pregunta a internet y obtenías una respuesta. El proceso era esencialmente reactivo.

Pero los datos seguían creciendo. La ley de Moore seguía en marcha. Los ordenadores y los móviles eran ya totalmente interoperables. Las cosas que podían hacer no dejaban de aumentar.

Luego llegó la computación en la nube. Antes, todo el mundo almacenaba sus datos en sus propios servidores. A medida que las grandes empresas tecnológicas crecían —Microsoft, Amazon y otras—, construían servidores tan grandes que quedaban grandes cantidades de espacio sin utilizar. Empezaron a alquilarlo, utilizando sus centros de datos como lugares donde la gente podía almacenar su información sin tener que gestionar sus propios servidores, con todas las molestias que conlleva su mantenimiento, a la vez que tenían acceso a mucha más potencia de cálculo y mejores aplicaciones. Pensaron: «Hay un negocio en los centros de datos». Y así fue.

Mejor no preguntarse por qué se llama computación «en la nube». Hay una razón, pero francamente no merece la pena explicarla. Es algo confuso. Un dirigente político con el que hablé hace un par de años me dijo, cuando le insistí en la necesidad de poner los datos de su Gobierno en la nube: «Aquí no funcionaría. El sol brilla todo el año».

Durante años, científicos y expertos en tecnología han intentado replicar de manera artificial la red neuronal del cerebro humano, la verdadera IA. No llegaron muy lejos. De hecho, tras una gran actividad y financiación a finales del siglo xx, la IA pasó bastante desapercibida.

Pero la explosión de datos y la enorme mejora de los algoritmos para analizarlos hicieron resurgir el interés. Los equivalentes en IA del siglo xxi de los investigadores de los Bell Labs del siglo xx crearon nuevos algoritmos diseñados de forma similar a las redes neuronales del cerebro humano. Utilizaron estos algoritmos en lo que se conoce como grandes modelos lingüísticos (LLM, en sus siglas en inglés), que son sistemas de *software* de gran tamaño que funcionan con una enorme potencia informática y que pueden entrenarse para captar todo el contenido (el lenguaje) de internet y, mediante IA, procesarlo, detectar patrones, establecer conexiones, responder a las preguntas que se les plantean y dar la impresión de que piensan como un ser humano.

Finalmente, al igual que un niño —que de bebé no puede hablar, pero aprende todo el tiempo los patrones de sonido que con el tiempo le permitirán hacerlo—, algo cambió. La máquina fue más allá de la IA infantil. Y en 2022 se produjo el gran avance.

¡La máquina podía hablar!

Podría proponer. Y, por tanto, no solo predecir o describir, sino generar lenguaje. O, al menos, podría hacer algo parecido a un proceso mental humano (aunque, por supuesto, también abierto a lo que se conoce como «alucinaciones»).

Lo que esto significa para nosotros ahora no es solo que los procesos puedan automatizarse con una precisión y un alcance cada vez mayores, sino que la IA puede sugerir nuevas formas de llevarlos a cabo. En cierto punto, con la ley de Moore, la reducción del tamaño de los transistores alcanza un límite físico. Pero, con la IA, se puede inventar un nuevo chip que aproveche mejor la capacidad de los transistores y así eludir las limitaciones de la ley. Así que ya tenemos el primer chip superordenador de IA.

¿Y todo esto qué logra? Hace que los LLM sean aún mejores, capaces de hacer aún más, creando a su paso aún más datos, lo que permite, una vez más, que los LLM sean aún mejores. En otras palabras, ayuda a crear un bucle de refuerzo de revolución permanente en términos de innovación. De forma análoga a la ley de Moore, esta nueva IA —que llamamos IA generativa porque tiene la capacidad de generar contenidos y pensamientos originales— aumentará exponencialmente su capacidad a un ritmo autosostenible.

Cuenta con toda la experiencia humana. Tiene capacidades similares a las del cerebro humano, pero con un intelecto cada vez mejor. Puede imitar tanto la experiencia humana como el cerebro humano.

Es cierto que, en la actualidad, se parece a una persona con un coeficiente intelectual medio de alrededor de 100, aunque una persona que también ha absorbido la experiencia de los trescientos mil años de existencia humana. Pero, a medida que el bucle de refuerzo cobre impulso, la IA pronto tendrá un coeficiente intelectual de 150, lo que supone un nivel de inteligencia muy elevado. Con el tiempo, tendrá uno de 200. Y entonces estaremos en un mundo nuevo.

Menos comentado es el impacto que la IA generativa está teniendo y tendrá en la robótica. Esto podría dar lugar a su propia revolución, ¡como si no estuviéramos lo bastante ocupados! Los coches autónomos y los drones ya son una realidad. Los robots realizan trabajos de fabricación esenciales. Incluso los hay que toman pedidos en restaurantes. Pero, a medida que los LLM crezcan en potencia y sofisticación, también lo harán la capacidad y funciones de los robots. Si la IA generativa tendrá pocos límites respecto a lo que pueda decirte o resolver por ti, los robots serán capaces de realizar tareas complicadas, y las harán tan bien o mejor que los humanos.

Imagina robots capaces de cocinar, hacer la compra, limpiar la casa, planificar tu día o tus vacaciones, cortar el césped e incluso cuidar de otras personas. Ya pueden realizar algunas de estas tareas. Pero imagina sistemas mucho más desarrollados, que no solo puedan responder a las instrucciones humanas, sino mejorarlas, hacerlas más eficaces, sugerir además de obedecer. El advenimiento del robot humanoide ya está aquí, todavía en una fase temprana, pero, con el tiempo —posiblemente poco—, esta tecnología se acelerará. Incluso hay quien está trabajando en cómo replicar la biología humana, de modo que un robot humanoide se parezca realmente a un humano de carne y hueso.

Piensa en un mundo en el que los robots puedan suplir las carencias de puestos de trabajo y de cualificaciones, transformando la productividad, incluso eliminándola como objeto de preocupación.

Antes de que nadie diga lo obvio, permíteme reconocerlo. Sí, hay riesgos en todo esto. La IA es una tecnología que puede utilizarse tanto para el mal como para el bien. Requerirá una regulación de naturaleza revolucionaria y profunda. Sin embargo, el hecho es que, al igual que la revolución tecnológica que he descrito en el capítulo anterior no se puede evitar, la IA generativa tampoco.

Con algo tan nuevo siempre se corre el riesgo de exagerar. Pero de veras creo que lo mejor es no tratarlo como otro paso en el mismo camino. Se trata de una revolución en sí misma. Lo cambiará todo. El futuro será ahora diferente.

No sabemos exactamente qué forma adoptará la IA. O qué conseguirá en el futuro. Pero sí sabemos que es un revulsivo. No sustituirá necesariamente toda actividad humana. Puede que sea más como un compañero de trabajo realmente capaz. Pero, sin duda, afectará a todas las tareas humanas, a todos los negocios. Todo lo que el cerebro humano puede hacer, la IA podrá hacerlo más rápido y mejor. Permitirá grandes avances científicos y tecnológicos en todos los campos, desde la medicina hasta la lucha contra el cambio climático. Y, cómo no, dará a los malos actores, que ya utilizan los ciberataques para causar enormes daños, acceso a armas mucho más potentes y mortíferas.

A título individual, implica que todos tenemos que volver a la escuela. Y eso incluye a los líderes.

A nivel gubernamental, conllevará no solo un cambio en la comprensión, sino una preparación para dominar y aprovechar lo que la IA puede hacer.

Si se logra, se podrá triunfar. Si se ignora o infravalora, se acabará fracasando.

19

Aplicar la tecnología: un Estado reimaginado en acción

Vale, estamos todos de acuerdo: estamos en un mundo nuevo. Hay oportunidades increíbles. También hay riesgos aterradores. Entonces, ¿cómo aprovechar al máximo las primeras y mitigar los segundos?

El líder debe empezar por aceptar una realidad. A menos que sea el presidente de Estados Unidos o China, o el líder de un país con experiencia en IA como el Reino Unido, o un organismo con peso como la UE, o «en ascenso» como la India, su capacidad para influir en el desarrollo de la tecnología informática en general, y de la IA en particular, es entre limitada e inexistente.

Por lo tanto, no tiene sentido debatir si esta revolución tecnológica del siglo XXI es buena o mala, si es necesaria una regulación y en qué medida (aunque sin duda lo es) o si es correcto que las grandes empresas tecnológicas tengan el poder que tienen. Por supuesto, se debe participar en conferencias y conversaciones internacionales para debatir los distintos puntos de vista sobre todo esto y sobre la mejor manera de gestionar el asunto. Pero hay que aceptar que, en última instancia, una sola persona no va a decidir el futuro de esta revolución tecnológica. Sin embargo, sí que puede decidir si la aprovecha o no al máximo.

El líder debe centrar su mandato en ello. Porque el hecho es que, al igual que las naciones que siguieron el ejemplo del Reino Unido y de aquellas que se industrializaron en el siglo XIX y revolucionaron sus perspectivas, los países que aprovechen plenamente las nuevas tecnologías, y en particular la IA, experimentarán una enorme transformación. Pensemos en el Japón de finales del siglo XIX, que abrazó la Revolución Industrial. Compárese con China, que no lo hizo.

El punto crucial de estas revoluciones —industrial del siglo XIX, tecnológica del siglo XXI— es que las llamamos revoluciones porque, después de que tengan lugar, nada permanece igual. En ocasiones, puede aplicarse de forma gradual, pero al final no se trata del ajuste de un sistema, sino de una alteración radical de los principios básicos que lo sustentan.

Esto es lo que el líder debe reconocer. Y adaptar su mentalidad en consecuencia.

Hay muchas cosas que afectan a una nación que están fuera del control del líder: el estado de la economía mundial, la interrupción de los suministros debido a conflictos regionales, el aumento del precio del dólar o del petróleo... Todo ello repercute directamente en las condiciones de vida de los ciudadanos de un país. Lo mejor que puede hacer un líder es mitigar el impacto, no eliminarlo.

La revolución tecnológica, por el contrario, ofrece la oportunidad de hacer cosas que tienen un impacto real en un espacio de tiempo razonablemente corto —dentro de un ciclo electoral— y que están bajo el control de un Gobierno, al menos si puede conseguir la ayuda de los colaboradores adecuados.

Imagine el lector algo totalmente sencillo y prosaico: elegir un restaurante para comer. Supongamos que pudieras reunir información completa sobre todas las comidas que has comido, tu opinión sobre cada uno de los locales, la relación calidad-precio y un conocimiento completo, no parcial, de todos los restaurantes que tienes a tu disposición en un radio definido. Seguro que obtendrías una respuesta mejor que intentando recordar toda la información, además de tener que buscar en Google. Y todo ello rápidamente.

Trasladamos ahora ese proceso a algo mucho más significativo: un cirujano que realiza una operación y recurre no solo a su propia experiencia y conocimientos, sino a los conocimientos acumulados de todos los que alguna vez han realizado la misma operación. El resultado sería mucho mejor, ¿no? Supongamos también que una máquina —un robot— pudiera realizar algunas de las partes más complicadas de la operación en lugar del cirujano. Seguro que se notaría en el resultado.

Pensemos en la investigación clínica y el desarrollo de fármacos, que suelen llevar años y costar sumas ingentes, pero que, gracias a las nuevas tecnologías, podrían ensayarse con éxito y comercializarse a una escala y velocidad infinitamente mayores, multiplicando por mil los logros. Por supuesto, la industria farmacéutica se vería alterada, pero de una forma totalmente beneficiosa.

La IA es la única respuesta realista para mejorar la productividad en el sector privado.

También posibilitará un cambio transformador en el sector público, una reforma a una escala nunca antes contemplada. Permitirá replantear no solo la organización de un servicio, sino su finalidad esencial.

En el Reino Unido, en la actualidad, la finalidad del servicio público de salud es curar a los enfermos. Pero ¿es esa función realmente la correcta? Bien pensado, el objetivo de cualquier sistema sanitario no debería ser tanto curar a los enfermos como ayudar a las personas a vivir sanas el mayor tiempo posible. Sí, eso incluye curarlas si enferman. Pero el objetivo fundamental debería ser, antes que nada, evitar que enfermen.

¿Qué hay que hacer para cumplir ese objetivo? Cosas como identificar al nacer o incluso antes la predisposición de un individuo a ciertas enfermedades y afecciones; asegurarse de que se enseña a los jóvenes a vivir de forma saludable y de que se les informa sobre la importancia de la dieta y el deporte; garantizar que los alimentos saludables estén fácilmente disponibles y los alimentos que no lo son no lo estén; secuenciar el genoma de cada persona; introducir controles periódicos de salud, realizados por el médico o, cada vez más, por el propio individuo y comunicar los datos a los médicos; facilitar el acceso de las personas a sus propios historiales médicos para que puedan compartirlos cuando sea necesario, o utilizar los datos para mejorar la adquisición y desarrollar nuevos medicamentos y tratamientos con rapidez. Y esto solo para empezar.

En la actualidad, la mayoría de los sistemas educativos están pensados para que los estudiantes aprueben los exámenes. Pero ¿es ese el objetivo correcto? No cabe duda de que los exámenes tienen su lugar: aprobarlos implica compromiso y disciplina, dos cualidades importantes. Pero, sin duda, el verdadero objetivo de la educación debería ser preparar a los estudiantes para la vida, para que puedan conseguir el trabajo que desean, puedan vivir bien y sean personas felices y bien adaptadas. Si se reconoce esto, entonces —teniendo en cuenta que todo el mundo es diferente— el actual enfoque educativo, que se basa en un mismo patrón, es el equivocado. Tenemos que aprovechar la tecnología para que los alumnos aprendan a diferentes velocidades, absorban los conocimientos que más se adapten a sus intereses y capacidades individuales y, sobre todo, a pensar de forma creativa en un mundo que cambia a toda velocidad.

Piénsese en una forma de inteligencia artificial que pueda asistir a un médico o enfermero, o ayudar a una persona a acceder instantáneamente a asesoramiento médico de la máxima calidad.

O en un tutor de IA que cualquier persona en cualquier fase de aprendizaje pueda utilizar como profesor personal sobre cualquier ámbito. Y que se pudiera hacer de forma interactiva, como si se hablara con un docente de verdad que tenga a su disposición todo el conocimiento de la humanidad.

Tomemos, por ejemplo, el sistema de justicia penal. Su objetivo no debería ser castigar a los delincuentes, sino mantenernos al resto a salvo. Por supuesto, castigar a los delincuentes forma parte de ese objetivo (y debe hacerse con eficacia y prontitud, cosa que, en general, no ocurre hoy en día), pero no debe definirlo en su totalidad. Una vez que contamos con un sistema que nos mantiene seguros, se han de establecer planes para definir delitos como el fraude en línea; para disuadir de la violencia y la delincuencia callejera; para asegurarnos de que utilizamos datos, ADN, técnicas modernas de vigilancia y programación para que la actuación policial sea eficaz; para que los tribunales funcionen y muestren a los ciudadanos que están bien protegidos y que, si esa protección falla, tengan una compensación adecuada.

Mi instituto mantiene una lista de aplicaciones prácticas de las nuevas tecnologías por parte de los Gobiernos de todo el mundo, que no deja de crecer. He aquí algunos ejemplos de países en desarrollo:

- Se están utilizando drones y sensores para cartografiar la producción agrícola, predecir el tiempo y comprobar si las existencias de cereales y fertilizantes proporcionadas por el Gobierno se utilizan adecuadamente.
- La misma tecnología se está aplicando a un análisis en profundidad de los yacimientos minerales, lo que permite a muchos países evaluar por primera vez la verdadera naturaleza y extensión de los recursos naturales que poseen.
- También se está aplicando al riego y a la mejora de las semillas, para aumentar el rendimiento y transformar el panorama agrícola; a menudo una nación africana se queda cuatro o cinco veces por detrás de lo que hacen otros países en vías de desarrollo (por no hablar de las naciones desarrolladas).
- La telemedicina está haciendo posibles las consultas y la atención médica en zonas remotas donde no es práctica una presencia médica especializada y donde la IA generativa ayudará a asistir al médico y a sugerir tratamientos.
- Sistemas de electricidad sin conexión a la red general y miniredes electrogeneradoras están llevando energía a regiones remotas o escasamente pobladas e islas y, combinados con la tecnología por satélite, también se está proporcionando conectividad a internet de manera transformadora.
- Se están desarrollando móviles y tabletas baratos para los habitantes de las zonas más pobres del mundo a los que los *smartphones* les resultan demasiado caros.

- En África se están produciendo desarrollos tecnológicos para ayudar a traducir algunas de las dos mil lenguas locales y mejorar así la comunicación.
- Las ayudas y subvenciones se pueden pagar directamente al ciudadano o al agricultor, lo que reduce el riesgo de corrupción.
- Existe en la actualidad la posibilidad de tutorías personalizadas y accesibles gracias a empresas como la Fundación CK-12 y Khan Academy, una organización sin ánimo de lucro que imparte clases en línea a millones de personas y que utiliza la tecnología para llevar enseñanza de máxima calidad a las escuelas con menos recursos.
- Se están peinando las fronteras para ayudar a erradicar el contrabando, asegurarse de que se pagan los impuestos sobre el combustible y el tabaco y eliminar a los empleados fantasma de las nóminas del sector público.
- Se está desarrollando una nueva gama de vacunas e inyectables para enfermedades transmisibles, como la tuberculosis y el VIH/sida, y no transmisibles, como las cardiopatías y el cáncer. Con la infraestructura digital adecuada y unos registros sanitarios apropiados, que ya están disponibles gratuitamente, la salud de una nación puede mejorar de manera radical.

Cabe apuntar que la mayoría de estas innovaciones se produjeron antes de que la IA generativa estuviera plenamente desarrollada. Todos ellos, y muchos más inventos e innovaciones, estarán disponibles gracias a la IA generativa y probablemente a una escala que, por ahora, apenas podemos imaginar. Lo más difícil para los líderes en relación con esta revolución global es hacerse a la idea de la gran cantidad de posibilidades. Es toda una revolución. Es un hecho. Y depende de cada líder decidir qué uso hacer de ella. En un entorno plagado de problemas y de una aparente impotencia para realizar cambios políticos a la manera convencional, la tecnología ofrece una oportunidad única de cambiar las cosas, y podrá hacerlo una manera completamente rompedora.

No todo sucederá a la vez. Pero, con el tiempo, la naturaleza del Estado —lo que hace, cómo lo hace, su relación con los ciudadanos— cambiará. Se podrán emular las mejores prácticas de todo el mundo.

Es realmente emocionante, pero no sucederá sin líderes que no se impongan la disciplina de comprender esta revolución y el valor de realizar los cambios que conlleva.

Si lo hacen, las recompensas serán grandes para la nación y el propio líder.

20

Construir la infraestructura

Un Estado reimaginado conlleva una nueva creación, no solo una renovación del Estado anterior.

Hay que pensar en ello como si en el país en cuestión se pusiera en marcha una compañía aérea. Se proporciona el aeropuerto, la logística, las carreteras de acceso y salida, los servicios a los pasajeros y las industrias relacionadas con el turismo y los negocios.

Pero nunca se le ocurriría al responsable de estas mejoras, al líder, intentar construir los aviones. Se comprarían a Boeing o Airbus, o quizá a Embraer o a otro de los fabricantes menos conocidos. Después de todo, esas empresas han invertido miles de millones, tienen una larga experiencia, cuentan con equipos de operarios altamente cualificados. En otras palabras, han alcanzado un nivel de experiencia, competencia y seguridad que ningún país que empiece de cero podrá igualar.

Lo mismo ocurre con la infraestructura digital de una nación. Los países tienen que aprovechar eficazmente la revolución tecnológica, por ejemplo, con sistemas nacionales de gestión de datos, donde todos los datos del país se almacenen de forma segura y estén disponibles para su análisis. Pero para ello necesitan asociarse con un experto en la materia, que, aunque podría ser uno de los actores más pequeños del sector, lo más probable es que sea uno de los gigantes: Amazon, Microsoft, Google u Oracle; y, en China, Alibaba o Tencent. La elección del socio debe hacerse con cuidado; y, por supuesto, los países pueden decidir —sobre todo si son grandes— tener más de uno.

Existe una preocupación justificada por el dominio del mercado por parte de las grandes empresas, como ocurre con los teléfonos inteligentes. Siempre es posible que surjan nuevos actores o nuevas tecnologías que reduzcan este dominio. Pero merece la pena detenerse un momento en su dimensión.

Apple tiene una capitalización de mercado tan grande como el PIB anual de Francia. Amazon gastará en 2024 cuatro veces más en investigación y desarrollo que todo el presupuesto de I+D del Gobierno británico. Oracle ha invertido miles de millones en la seguridad de su sistema en la nube. Microsoft ha invertido diez mil millones de dólares, una suma mayor que el presupuesto de I+D de cualquier país europeo, excepto el alemán, en ChatGPT, la empresa de IA generativa. Y eso a pesar de que no tenía ninguna garantía de que diera algún fruto. Cuando Google compró DeepMind, la empresa británica de IA y líder mundial en este campo, invirtió miles de millones de dólares en ayudarla a crecer. Ningún Gobierno británico podría haber dedicado ese nivel de inversión a la empresa, por muy vital que fuera para el futuro del país.

Ahora bien, puede que se considere como algo bueno que estas empresas puedan gastar tal cantidad de dinero. Puede que se piense que debería haber mejores formas de controlar su extraordinario poder. Pero el hecho es que son capaces de hacer inversiones que garantizan que sus productos sean muy superiores a cualquier otro que se pueda producir.

La IA generativa ha abierto una nueva dimensión a la infraestructura. Sus modelos básicos —los grandes modelos lingüísticos— también estarán probablemente dominados por otro puñado de empresas: OpenAI; Grok, de Elon Musk; Gemini, de Google; o la oferta de Meta. Aunque hay algunas empresas más pequeñas, como la francesa Mistral, en rápida expansión y con bastante financiación disponible. Pero, de nuevo, la inversión en las empresas aludidas ha sido masiva.

La capacidad informática necesaria para ejecutar estos LLM es enorme y está fuera del alcance de la mayoría de los países. Por lo tanto, habrá que asociarse con uno o varios de los proveedores para acceder a la tecnología, aunque el país tendrá que proporcionar la electricidad necesaria para alimentar el modelo.

Un país debería poder añadir sus propios datos al modelo y crear un LLM a medida, con lo que aumentarán las oportunidades de innovar y mejorar la eficiencia a partir de él.

La inversión para que una nación construya su propio LLM fundacional será enorme; algunas, como los EAU, ya lo están haciendo. El coste de adaptar un modelo existente y añadir los datos propios de un país es mucho menor. Creo que la mayoría de los países y grandes empresas, también con sus propios datos, darán este paso.

La identificación digital se convertirá en una parte esencial de esta infraestructura. Gobiernos como los de Singapur, la India, los países del Golfo, o de la Europa del Este la están utilizando para transformar la relación entre las personas y el Estado, a través de un único identificador biométrico que permite a cada ciudadano acceder directamente a los servicios de la Administración. De un plumazo, se acorta la burocracia y, en muchos países, se elimina la corrupción. La identificación digital puede permitir a los ciudadanos acceder también a los servicios del sector privado, incluso pagar directamente por ellos.

La identificación digital no solo plantea el reto de cambiar los sistemas existentes, sino también la necesidad de abordar los temores de la gente sobre la confidencialidad y la posible invasión de la privacidad. En mi opinión, estos temores suelen estar infundados. El ciudadano medio da más información a Facebook, TikTok, las compras en línea y el ocio de la que jamás necesitaría dar al Gobierno. Y el Gobierno de un sistema autocrático que quiera abusar de la privacidad de los datos buscará la manera de hacerlo de todos modos.

Sin embargo, cualquier Gobierno sensato querrá implantar sistemas que supervisen adecuadamente la digitalización, consagrará por ley la protección de los ciudadanos y ofrecerá formas de reparación en caso de infracción.

Los países querrán proteger la soberanía de los datos. Los dirigentes deben preguntarse sobre la mejor manera de hacerlo. Existe la idea errónea de que sus datos están protegidos siempre que se alojen dentro de sus fronteras. Desgraciadamente, esto no es así. En algunos países el suministro eléctrico no es suficientemente fiable, por lo que se necesitan sistemas de respaldo. Los sistemas en la nube deberían ser más seguros, sobre todo si se combinan con centros de datos en el país.

Antes de embarcarse en un plan para desarrollar la infraestructura digital, un líder haría bien en realizar un análisis adecuado de la capacidad digital ya existente, y por «adecuado» no me refiero a uno que realice el sistema.

Es posible que el sistema le diga que controla la situación, que está construyendo la infraestructura necesaria, que el ministerio concernido sabe lo que hace. Puede que lo crea sinceramente, pero con casi total seguridad no será así. Si se analiza más de cerca, se descubrirá que la infraestructura y los sistemas son inadecuados, que el ministerio está poco cualificado, que una enorme cantidad de intereses locales se interpone en el camino y que los centros de datos que se esperaban están mal gestionados en la nube o no existen.

Aquí es donde realmente interesa la adecuada elección del socio.

Cuando se asocie con una de las grandes empresas, el líder habrá de exigir, como parte del trato, que la empresa dé forma a una oferta de formación y habilidades, que idealmente habría que aprovechar para construir una cantera de personas versadas en educación digital.

El siguiente paso será hacer saber al mundo de la tecnología —esta vez no a las grandes empresas, sino a la comunidad, grande o pequeña, de la innovación tecnológica— que el país cuenta con la infraestructura digital adecuada y está abierto a que las empresas vengan con sus productos y utilicen esa infraestructura.

De esta manera se convertirá el país en un entorno propicio en el que, bajo supervisión, por supuesto, se puedan poner a prueba las innovaciones. La magnitud de las innovaciones que se producen puede ser notable, pero a menudo quienes están detrás de ellas no tienen ni idea del mundo fuera de los mercados limitados de Estados Unidos y Europa, y se ven constreñidos por la burocracia y la reglamentación de estos países. Con frecuencia tienen una mentalidad idealista que difícilmente vería con buenos ojos la oportunidad de ayudar al mundo en vías de desarrollo. Tendrían que adaptarse. Y, para ello, se necesita un entorno que fomente y facilite las soluciones tecnológicas y atraiga la innovación en todo el mundo.

Por encima de todo, se debe comprender que, cuanto mejor sea la infraestructura, más oportunidades tendrán las empresas locales de prosperar. Con el entorno normativo y la plataforma digital adecuados, pronto surgirá el talento local que proporcionará una amplia gama de aplicaciones. Los puestos de trabajo fluirán. Y será posible la transformación de los servicios.

Todo ello exigirá grandes cambios en el conjunto de competencias y en la mentalidad del propio Gobierno. Habrá que dar carpetazo a un siglo de lenta evolución en el proceso de gobierno: sus estructuras, conjuntos de habilidades, medios de gobernanza y de rendición de cuentas.

Así pues, una cosa es entender en teoría que esta revolución tecnológica del siglo XXI debería cambiarlo todo y que hay que crear la capacidad para explotar su potencial. Y otra distinta es utilizar esa capacidad para cambiar los servicios públicos y la economía, de modo que el Estado reimaginado se haga realidad.

21

Derangement, not rearrangement:[1] lo que el gobierno puede aprender de la tecnología

La palabra francesa *déranger* siempre me ha hecho gracia. En francés significa «molestar», como en «¿Le molestaría que encendiera la televisión?». En inglés tiene el significado mucho más alarmante de *deranged*, «trastornado», es decir, loco, mentalmente perturbado, de mente insana. «¿Le trastornaría si encendiera la televisión?». Espero que no.

Procede del francés *rang* y este del francés antiguo *ranc*, que significa «fila», como cuando se habla de filas de soldados u objetos en orden. De ahí tenemos la palabra *rango*. *De-rang* significa, como era de esperar, «cambiar los rangos», es decir, desordenar lo que se había dispuesto de forma ordenada.

Los sistemas de gobierno tienen sus propias disposiciones muy precisas. Funcionan de una manera arraigada en la tradición, con métodos fijos, según preceptos de largo recorrido. La política suele construirse en torno a ciertos supuestos, prácticas o principios que se han ido desarrollando a lo largo de los años y que establecen sus

---

1. Literalmente, «transformación, no reordenación» *(N. de la E.)*.

límites en cualquier ámbito; así que es necesario estar dispuesto a replanteárselos.

No reflexioné mucho sobre esto cuando estaba en el cargo y, para ser justos, también hay que decir que la revolución tecnológica no había hecho más que empezar. Como en tantas otras áreas, desde que dejé de ser primer ministro he tenido la oportunidad de ampliar mis conocimientos y analizar no solo el impacto de la innovación tecnológica, sino el modo de pensar de quienes innovan. Me ha parecido fascinante e instructivo.

Y, obviamente, me he preguntado si el mismo modo podría aplicarse al hecho de gobernar. Creo que es posible o, al menos, merece la pena entender cómo funciona ese modo y cómo podría tomar forma.

Esencialmente, mi conclusión es que los innovadores tecnológicos son ingenieros no solo porque a veces esa sea literalmente su disciplina, sino porque la palabra describe con precisión cómo abordan un problema: con ingenio.

Lo que quiero decir con esto es que analizan una cuestión completamente *de novo*. Abandonan toda idea preconcebida. Lo examinan de cabo a rabo para ver si lo que se están haciendo es lo que hay que hacer.

Se dan cuenta de que no se puede arreglar algo sin tocarlo, es decir, metiendo las manos, diseccionando, desagregando, «transtornando» el supuesto orden natural o establecido de las cosas.

A menudo, en las empresas y, desde luego, en los Gobiernos, se pide a la gente que cambie las cosas sin tocarlas. «Sí, queremos que el sistema funcione mejor; reformémoslo, pero no podemos tocar los fundamentos porque forman parte del orden establecido». ¿Resultado? Nada cambia. Porque, claro, si el propio sistema funcionara, no se plantearía la cuestión.

Una empresa se tambalea cuando el mundo que la rodea está cambiando y —probablemente— alguna innovación tecnológica deja obsoleto el modelo de negocio. La única estrategia empresarial que funciona es la que reconoce la necesidad de replantearse el modelo. Es muy doloroso, pero sin ello la empresa está condenada al fracaso.

Este es el enfoque adecuado para una empresa que se enfrenta al reto del cambio. Y lo mismo puede decirse de aquella que se inicia con el propósito de irrumpir en el mercado. Ambas requieren un examen «desde el principio» que lleve a una comprensión profunda.

Prácticamente todas las grandes empresas petroleras y gasísticas del mundo se están replanteando su futuro, intentando pasar a ser empresas energéticas. Si no lo hacen, corren el riesgo de quedarse obsoletas, no a corto plazo, sino a largo plazo, a medida que los imperativos del cambio climático y la competitividad adicional de las formas de energía limpia se impongan.

Hay una razón por la que las diez mayores empresas del mundo apenas existían hace veinticinco años: la tecnología ha perturbado los negocios tradicionales.

Tesla es en la actualidad la mayor empresa automovilística del mundo por capitalización bursátil. Pero, en realidad, no es una empresa de coches. Es también uno de los mayores fabricantes de baterías del mundo. Ha construido una de las fábricas más grandes a nivel global, los robots más nuevos y eficaces; ha rediseñado el material para fabricar coches, la forma de hacer esos materiales y la electrónica dentro del automóvil. Tiene uno de los mayores centros de datos de Estados Unidos. (Del mismo modo, BYD —la empresa china de vehículos eléctricos— empezó siendo una empresa de generación y almacenamiento de energía antes de convertirse en un gigante industrial del automóvil).

SpaceX ha fabricado los cohetes más eficaces, mejores que los construidos por la NASA, China, Rusia o cualquier otro país.

Hoy en día, en África, si queremos conectividad rural en las zonas más remotas, el satélite y no el cable será la forma de conseguirlo: es más rápido y se logra a un coste mucho menor. Starlink ha puesto más satélites en el espacio que el resto del mundo en su conjunto.

Todo esto ha ocurrido gracias al ingenio de una serie de equipos reunidos en torno a un innovador extraordinario: Elon Musk.

Lo que me parece interesante es la forma en que Musk ha rediseñado cada paso de la producción. Sí, el coche será eléctrico. Pero necesita una batería. Dado que las más adecuadas para el coche no existían, había que crearlas. Antes o después, la conducción será autónoma. Así que se necesita una electrónica hipercompleja impulsada por IA. El metal debe ser más ligero, pero más resistente a los golpes. Pues que lo fabriquen robots para que el proceso sea más eficiente y rápido. Pero resulta que no los hay. Pues se inventan. ¿Para qué desplegar una vasta red de concesionarios? Basta con dejar que el cliente pida el coche por internet y tener capacidad para enviarlo inmediatamente.

¿Por qué enviar al espacio cohetes espaciales que no se pueden reutilizar? Pues se averigua por qué es así y se cambia.

Se fabrican satélites más pequeños, baratos y fáciles de poner en órbita y luego se lanzan miles de ellos.

Tanto en sentido literal como figurado: hay en marcha un vasto proceso de reingeniería.

Los avances en IA —especialmente la generativa—, la potencia de cálculo, las energías limpias como el hidrógeno y la fusión, y los grandes pasos que se están dando en biociencia crean posibilidades de cambio y de perturbación de las formas convencionales de trabajar, inimaginables hace unos años.

Por supuesto, una cosa es comprender estos cambios. Otra muy distinta es aplicarlos con eficacia, a menos que se adopte la mentalidad propia del ingeniero.

Hace poco conocí una empresa que está reinventando la agricultura, concretamente en lo que al cultivo en espacios interiores de refiere. Es una idea de Larry Ellison, socio de mi instituto y fundador de Oracle, el gigante de los datos. La idea es cultivar alimentos cerca del punto de consumo, de mayor calidad y valor nutritivo que los actuales y con un ciclo de producción continuo, no estacional.

Por supuesto, el cultivo en invernadero tiene una larga historia y una forma tradicional de hacerse. Por eso, cuando Larry y su equipo se plantearon cómo crear la nueva empresa, empezaron con un número limitado de innovaciones útiles en semillas y cultivos, utilizando al mismo tiempo un invernadero convencional de cristal y metal.

Pero con el tiempo se dieron cuenta de que, para maximizar los beneficios del cultivo de interior, que empezó como una forma sencilla de evitar los caprichos del clima local, tenían que reinventar cada paso del proceso, desde cómo conseguir las mejores semillas —un trabajo de biociencia— hasta la mejor manera de recoger la fruta, gracias a la robótica, pasando por nuevas formas de gestionar el calor y la luz o la fabricación de un material totalmente nuevo para la construcción del invernadero. Cada etapa del proceso se replanteó y, si fue necesario, se creó un nuevo sistema de producción, al tiempo que —y esto es lo interesante— se recurría tanto a los conocimientos de ingeniería como a los de agricultura. La participación de personas ajenas a la agricultura permitió desarrollar ideas totalmente nuevas, ya que no estaban sujetas a ninguna convención y podían contemplar el problema desde una perspectiva totalmente distinta.

Ahora intentemos aplicar el mismo razonamiento al gobierno, al Estado.

Como he señalado antes, servicios como la sanidad, la educación o la justicia penal pueden transformarse para servir a un propósito más profundo: hacer que la atención sanitaria pase de la cura a la prevención de enfermedades; la educación, a un medio de mejora personal a lo largo de la vida; la justicia penal, a un medio para vivir en un entorno más seguro y no solo para castigar el delito. Pero pensemos en el propio Estado y en cómo la IA podría transformarlo. La gobernanza es un proceso y la IA debería ser capaz de automatizar grandes partes de ella.

Se necesitaría mucha menos gente ocupando los puestos tradicionales de «proceso» de los servicios públicos. Y diferentes tipos de personas, a menudo expertos en la materia que puedan aplicar la tecnología con eficacia, junto a los guardianes más tradicionales del interés público: los funcionarios. Pero estos funcionarios se verían liberados de gran parte del tedio de la burocracia gubernamental y, por tanto, estarían más capacitados para asesorar y prevenir problemas con muchas más posibilidades de acertar.

El Estado sería más estratégico: establecería marcos de regulación, pero su aplicación sería mucho menor.

Los sistemas de control serían mucho más precisos y sencillos, porque los datos demostrarían mucho mejor lo que funciona y lo que no.

El Estado ejercería mucho menos control y mucho más poder: podría facilitar el ejercicio de la elección individual. No sería menos poderoso cuando necesitara detener todo aquello que fuera contraproducente, pero tendría mucho menos poder para interferir innecesariamente, porque la burocracia sería mucho menor.

Para ello, hay que reconocer que la reingeniería del Estado requiere un enfoque diferente de la gobernanza; no solo una reforma, sino una reimaginación.

Embarcarse en una remodelación tan seria y profunda del Estado es una enorme misión política. Requiere un estudio y un análisis minuciosos, un plan coherente, la voluntad de seguir adelante y aceptar que habrá errores y pasos en falso por el camino, así como una explicación de por qué debe hacerse y cuáles son sus beneficios. Al final, sin embargo, debería garantizar mejores resultados a menor coste y, por lo tanto, permitir reducir los impuestos o aumentar el gasto en cosas que actualmente están infradotadas.

Todo lo demás es secundario. De lo contrario, nos veremos inmersos en un debate infructuoso y en última instancia desalentador sobre cómo extraer más del mismo sistema con unos pocos retoques y en una lucha política —en consonancia con la del siglo xx— sobre los márgenes de la regulación impositiva y el gasto, que no hacen nada por alterar los fundamentos de cómo se grava o se gasta.

Por lo tanto, si queremos transformación y no reordenación, tenemos que pensar como innovadores y no como guardianes del sistema.

PARTE V

Política exterior

22

Asuntos internacionales: la importancia de ser coherente

Sucede algo curioso cuando se llega al Gobierno. Antes de llegar, la política exterior rara vez ocupa un lugar destacado en la mente de un líder. Puede que sí, si se produce algún gran acontecimiento que lo impregne todo y que tenga implicaciones políticas internas. Pero, por lo demás, son los temas cotidianos los que predominan: nivel de vida, sanidad, educación, delincuencia, inmigración, etc.

Sin embargo, una vez en el Gobierno —y razonablemente rápido—, la política exterior empieza a cobrar importancia.

Y aquí, como en todo lo demás, la estrategia es clave. Especialmente clave. La política exterior requiere definición. No se debe dar tumbos a través de una serie de maniobras inconexas. Hay que pensar a fondo dónde encaja el país en cuestión en el panorama geopolítico bajo ese liderazgo concreto y por qué.

A menos que el país sea una gran potencia, tendrá una influencia limitada a la hora de controlar su estatus dentro del orden mundial. Pero es necesario saber cuál es su lugar. Con esto quiero decir que el líder necesita tener claro cuál es su posición, con quién y cómo desea que se le considere internacionalmente. Sus aliados (y a veces sus enemigos) necesitan saber cuál es su posición.

¿Cómo equilibra un país —en un mundo cambiante y ahora con múltiples polos— los diferentes atractivos, vulnerabilidades y necesidades de las relaciones con Occidente y Oriente? ¿Cómo forma o mantiene las alianzas adecuadas para proteger sus intereses?

Las relaciones internacionales implican decisiones difíciles, aunque de forma distinta a como sucede en política interior. La mayor parte del tiempo la política exterior es relativamente fácil, las aguas son tranquilas, la navegación, calmada; capitanear el barco del Estado puede ser incluso agradable, sin las borrascas desestabilizadoras del tiempo político en casa.

Pero, cuando llega un gran suceso a la escena mundial, un auténtico tsunami geopolítico, o incluso una simple tormenta, más vale que el capitán suba a cubierta y tome el timón. En ese momento, la brújula que el líder ha decidido seguir cuidadosamente, si es que lo ha hecho, se convierte en algo esencial. Y, si no lo ha hecho, el daño puede ser considerable.

Ser amigo de todos y enemigo de nadie es un principio que a la mayoría de los países les gustaría seguir. Pero no es posible. Surge una crisis y hay bandos diferentes. Por ejemplo, Rusia y Ucrania. Dos bandos, con sus respectivos aliados. Las naciones que han tratado de evitar elegir un bando han acabado por no complacer a ninguno de los dos, a menos que, como han hecho los Estados del Golfo, hayan sido capaces de ofrecer algo —en su caso, de índole económica— para que ambas partes tengan interés en mantener fuertes relaciones con ellos.

Salvo que el país se encuentre en una posición única, el riesgo de intentar complacer a todo el mundo es que, al igual que en la política nacional, no se acabe complaciendo a nadie.

Como primer ministro británico tuve un marco muy concreto en política exterior: aliado cercano de Estados Unidos, socio fuerte de Europa, y, en el nuevo Departamento de Desarrollo Internacional, un activo de primera calidad para llegar al mundo en vías de desarrollo. Cada una de estas posiciones estaba clara y las relaciones que se perseguían se complementaban y potenciaban mutuamente.

Así que, hasta cierto punto, había definición y funcionaba.

Mantener las relaciones, sin embargo, podía perjudicarnos políticamente.

Después del 11-S, decidí que estaríamos hombro con hombro con Estados Unidos. Es fácil decirlo. Pero después, durante las campañas de Afganistán e Irak, el Reino Unido tuvo que decidir si quería ser un verdadero aliado, asumiendo un compromiso real, o si se limitaría a animar desde la barrera. Elegimos lo primero. Habrá muchos que piensen que esa elección fue equivocada. Pero yo creía que era crucial para el país a largo plazo seguir siendo el aliado más cercano de Estados Unidos, porque serviría a nuestros más profundos intereses.

A efectos de estas líneas no se trata de debatir qué opción fue la correcta, sino de subrayar que se trató de una opción y que estas decisiones de política exterior pueden ser realmente difíciles. Solo los expertos en política exterior, desde sus despachos, creen en la filosofía política de «disfrutar de lo bueno y no sufrir las consecuencias de lo malo».

Las relaciones con Europa tampoco han sido nunca fáciles para mí. El Reino Unido, como sabemos, es euroescéptica en esencia. Desde que Margaret Thatcher llevó su bolso a una reunión del Consejo Europeo para exigir un acuerdo más justo sobre las finanzas europeas para el país, un caso excepcional en el que el Reino Unido estaba tratando de corregir una injusticia con razón, dar un golpe en la mesa se convirtió para una gran parte de la opinión británica en la manera habitual de conducir los negocios europeos.

Me atacarían después de cada reunión del Consejo Europeo por no tratar con mis colegas líderes de «anteponer los intereses del Reino Unido». Por supuesto, a la hora de promover los intereses británicos, necesitaría la confianza y el apoyo de esos líderes, por lo que habría sido una forma poco inteligente de actuar. Pero, si hubiera seguido la inercia política, todo habría sido mucho más fácil.

Incluso en el ámbito del desarrollo, la insistencia de mi Gobierno en aumentar el presupuesto de ayuda y convertirnos en un actor principal, algo que también consideraba esencial para los intereses del país a largo plazo, fue políticamente muy controvertido. Si lo hubiéramos sometido a referéndum, con seguridad lo habríamos perdido.

Dónde se sitúa un país, con quién, cuáles son los principios rectores y qué precio se está dispuesto a pagar por defenderlos son parte integrante del pensamiento estratégico en política exterior que debe asumir un líder.

Existen grandes relaciones de poder que muy a menudo exigen que los países busquen medidas —que puedan tomar— para protegerlas y dar a las grandes potencias una razón para tratar con los socios con menos peso.

En el mundo multipolar actual, esto es más difícil y mucho más complicado.

Luego están las relaciones con los vecinos más cercanos, que a menudo pueden ser tensas. Hay que suavizarlas, llegar a un *modus vivendi* sobre cuestiones candentes o potencialmente explosivas y establecer un medio de comunicación confidencial.

La inestabilidad del país vecino puede cruzar fácilmente la frontera hacia el tuyo. Entonces, ¿cómo actuar para evitarlo sin interferir en casa del vecino?

Y luego, cada vez más, a medida que el mundo se divide en regiones que desean ejercer influencia, al menos en parte, para mitigar la política de las grandes potencias, han surgido una serie de relaciones que son relevantes a nivel regional.

Todas estas facetas de los escenarios internacionales deben integrarse en una política coherente y comprometida.

Ucrania ha provocado, con razón, una recalibración de la estrategia de defensa de muchos países. Finlandia y Suecia han ingresado en la OTAN. Alemania ha aumentado significativamente su gasto en defensa a pesar de las presiones fiscales. La alianza transatlántica ha vuelto a cobrar vida.

La ansiedad inmediata por el comportamiento actual de Rusia hacia Ucrania ha provocado una preocupación más profunda por el comportamiento futuro de China, especialmente dadas las tensiones sobre el estatus de Taiwán. Esto, a su vez, debe conducir a una nueva estrategia por parte de Occidente para que se prepare ante toda posible contingencia en lo que respecta a China.

En 2022 y 2023, Occidente parecía decidido. Se reforzó la OTAN; el G7 anunció un programa de seiscientos mil millones de dólares de compromiso con el mundo en vías de desarrollo para competir con la iniciativa china conocida como «La franja y la ruta»; Estados Unidos intensificó su poder de atracción en África y el Sudeste Asiático.

Pero faltó impulso y el interés disminuyó. Se produjo el conflicto de Gaza. El enfoque estratégico se difuminó. En el momento de escribir estas líneas, el destino de Ucrania pende de un hilo.

Sin embargo, el hecho es que, si el destino de Occidente era un asunto de importancia a principios de 2022, importa más que nunca dos años después. No solo los aliados occidentales, sino también los enemigos occidentales, estarán atentos para ver si el compromiso mostrado al principio llega hasta el final. Si no es así, pagaremos un precio mucho más alto con un compromiso mucho mayor más adelante.

Por desgracia, en política y geopolítica, las crisis no se suceden una detrás de otra. Llegan con su propio calendario y pueden coincidir entre ellas.

Actualmente tenemos conflictos en Europa del Este y en Oriente Medio. También nos enfrentamos a situaciones complejas en África, donde hay una crisis en Sudán y otra en el Sahel, ese conjunto de naciones del norte de África donde la población está asolada por problemas de pobreza, explosión demográfica, instituciones deficientes, extremismo y mal gobierno. No hay ningún experto que no crea que Europa se enfrentará en el futuro a una afluencia de inmigración y yihadismo procedente del Sahel. Pero no existe la voluntad estratégica de actuar para evitar el colapso y poner en pie la región.

Además de las crisis, es necesario un enfoque consistente y coherente acerca del poder de atracción. Por poner un ejemplo, queremos apoyar a los países en vías de desarrollo en la lucha contra el cambio climático. Pero también tenemos que apoyar su progreso, lo que inevitablemente implica que esos países tengan mejores conexiones de transporte, incluyendo aeropuertos y líneas aéreas, creen la infraestructura necesaria y, por lo tanto, consuman más energía.

En la práctica, estas dos prioridades significan que debemos ayudarles, pero haciéndolo de la forma más sostenible posible. Subrayemos la palabra «posible». Si les negamos la inversión para, por ejemplo, desarrollar proyectos de gas natural, quemarán carbón barato o gasóleo. Al mismo tiempo, perderán los beneficios que les daría el gas. La consecuencia será que no se desarrollarán. Y eso es algo que no debería ocurrir. La realidad es que el gas es un combustible de transición esencial. La UE lo reconoce ahora. Pero se ha estado permitiendo un déficit de inversión en este sentido durante demasiado tiempo, cuando dos políticas funcionaban no en consonancia, sino en contradicción, alienando así a aliados clave cruciales para una estrategia occidental más amplia.

La cuestión es que la política debe concebirse estratégicamente y con cuidado, pero luego debe aplicarse con coherencia de propósito y ejecución.

El gran riesgo surge cuando la política exterior se lleva a cabo de forma incongruente, cuando se reacciona a los acontecimientos o a los problemas *ad hoc*, cuando se descuida lo importante que son la claridad y la coherencia.

23

En política exterior, las relaciones personales se basan en la confianza

En la oposición, puedes elegir por conveniencia y, dentro de lo razonable, salirte con la tuya con un lenguaje y unas posturas poco firmes en lo relativo a la política exterior. Pero, en el Gobierno, cada relación que se daña por acciones o declaraciones incoherentes puede suponer un precio real que pagan el país y el líder.

Del mismo modo, crear confianza entre los líderes puede reportar grandes beneficios. Una vez en el Gobierno, los líderes se darán cuenta de que la confianza es la moneda de cambio de las relaciones internacionales. Si la moneda se abarata, puede perjudicar los intereses de una nación, a veces gravemente; si recupera valor, puede hacerla progresar. Esto puede ocurrir tanto a pequeña como a gran escala.

Mi buena relación con el primer ministro italiano, Berlusconi, a pesar de nuestras diferencias políticas y de que mis asesores estaban preocupados por ello, resultó crucial para que Londres ganara la disputada candidatura a los Juegos Olímpicos de 2012, cuando el apoyo italiano pasó de Francia al Reino Unido.

Mi ministro del Interior, David Blunkett, mantenía una buena relación con su homólogo francés —en aquel momento Nicolas Sarkozy—, aunque uno era laborista y el otro conservador. Eso solucionó la crisis de los refugiados en el puerto de Calais, al menos por un tiempo.

Cualquiera que haya sido primer ministro o presidente podría dar ejemplos similares de amistades políticas —incluso por encima de las divisiones ideológicas— que han resultado vitales para hacer avanzar los intereses nacionales.

A veces las relaciones en política exterior ya existen y la tarea consiste en alimentarlas. Otras veces, hay que construirlas. Y aquí es importante decidir cómo no debe llevarse a cabo la política exterior.

El Gobierno no es una ONG. El líder no es un activista. No se dirige un grupo de presión que le dice su verdad al poder. El líder representa al poder. Y el deber de un Gobierno es proteger y mejorar los intereses de su país. Sí, también los valores de su país. Pero eso es fácil de decir y a menudo difícil de hacer.

Cuando estaba en la oposición, permití tontamente que mi partido afirmara que en el Gobierno perseguiríamos una «política exterior ética». ¿Acaso alguien querría seguir una política exterior que no lo fuera?

Pero la razón por la que era una tontería es que implicaba una norma de moralidad que es completamente incoherente con la conducta de los asuntos de un país en el mundo real.

Ni que decir tiene que, una vez en el Gobierno, me di cuenta de que esa norma no podía mantenerse. El alejamiento de ella se tomó como un motivo de vergüenza. Pero el error no fue el cambio de postura, sino haber formulado una política que no tenía ninguna posibilidad de sobrevivir al contacto con la política adulta.

Hay países importantes con los que un líder tendrá que tratar, lugares donde se hagan cosas con las que la opinión pública de su propio país no esté de acuerdo. Suelen referirse a cuestiones de derechos humanos y, con mayor frecuencia —aunque no siempre—, son los países occidentales los que se enfrentan a este dilema.

Hay que tener una postura clara desde el principio.

Si a un país le interesa comprometerse y mantener relaciones amistosas con otro país —y estos intereses pueden ser económicos, pero también pueden tener que ver con la seguridad o con la capacidad de ese otro país para influir en cuestiones que afectan al primero—, su trabajo consiste en comprometerse y hacer que el compromiso funcione.

En casa criticarán al líder, pero eso forma parte del trabajo y nunca puede ser motivo para dejar de cumplir con el deber.

Si hay áreas de desacuerdo con ese otro país, hay que ponerlas sobre la mesa. No hay nada de malo en ello. Y puede que acabe saliendo algo bueno. Pero debe hacerse de forma que no ponga en peligro la relación.

Ahora bien, naturalmente, puede haber países que hagan algo tan atroz o perjudicial para los valores del líder que dañe los intereses de este. Así que el cálculo de esos intereses cambia. La invasión rusa de Ucrania es un buen ejemplo.

Con todo, la cuestión es la siguiente: la política exterior es un asunto que pasa por mantener la cabeza fría, no por mostrar un corazón voluble, en el que hay que construir y mantener relaciones de confianza aunque políticamente sea difícil hacerlo.

Por ejemplo, no hay duda de todo aquello con lo que no estamos de acuerdo en el caso de Arabia Saudí. Pero tampoco cabe duda de que los nuevos dirigentes están llevando a cabo el programa de reforma y modernización más ambicioso que jamás haya visto el país, con una revolución social prácticamente total.

Este cambio afectará de manera fundamental a la región y, en cierta medida, al mundo, de forma positiva para la seguridad y la economía mundial.

Fue incómodo que la administración Biden tuviera que dar marcha atrás en su postura inicial de hostilidad hacia los nuevos dirigentes saudíes y entablar un diálogo con ellos. Nunca debería haber tomado esa postura inicial, no porque criticar los abusos contra los derechos humanos o condenar el terrible asesinato de Jamal Khashoggi fuera un error, sino porque esa crítica no debería haber anulado todo lo que estaba en el otro lado de la balanza y que era positivo, digno de apoyo y enormemente favorable a los intereses estadounidenses.

Así pues, el presidente Biden hizo bien en cambiar de rumbo.

Al hacerlo, no estaba anteponiendo los intereses a los valores, sino aceptando que, para defender esos valores y esos intereses, tenía que adoptar un enfoque equilibrado —duro, sin duda— a la hora de dirigir la política exterior.

No haberlo hecho habría alienado a un aliado empujándolo más hacia China, algo que sería directamente contrario a los intereses y valores de Estados Unidos. Una ONG no está obligada a ocuparse de esos matices que implican lo que es ético. El líder de una nación sí lo está.

Por lo tanto, es importante reflexionar sobre las implicaciones de cada posición importante que se adopta como líder.

También es necesario no olvidar nunca que el líder con el que se trata también es humano. Y, en cierto modo, la relación que se establece con él se parece mucho a una amistad.

El otro líder debe saber que, si se le da la palabra, se cumplirá; que, si ambos llegan a un acuerdo, ambas partes se aferrarán a él; o que asuntos delicados y, por tanto, confidenciales no deberían acabar apareciendo en los medios de comunicación.

Cuando hace medio siglo o más, Henry Kissinger, como asesor de seguridad nacional, y Richard Nixon, como presidente de Estados Unidos, emprendieron la inmensamente delicada apertura a China tras años de completo aislamiento diplomático mutuo, tuvieron que actuar con sutileza, perspicacia, sabiduría y comprensión. Pero también tuvieron que generar confianza. Y esta se mantuvo. Cada uno intentó ayudar al otro. Se crearon relaciones personales, sobre todo entre Kissinger y Zhou Enlai.

En momentos cruciales, cada uno tenía que dar su palabra y cada uno tenía que cumplirla. Y al final surgió la confianza y se pudo llegar a acuerdos.

Esa confianza era la condición previa para el avance. Sin ella, el paso adelante necesario no se habría producido nunca o se habría producido mucho más tarde. Y creo que el deshielo de las relaciones entre China y Estados Unidos también fue importante para que los dirigentes chinos ampliaran su perspectiva y vieran las ventajas de una nación y un mercado capitalistas.

De nación a nación, de líder a líder, la afiliación política, la política interna del otro país: todo eso realmente no importa. Lo que sí importa es que se puedan mantener conversaciones francas sobre asuntos que son importantes para uno u otro, o para ambos.

La razón por la que mantener buenas relaciones es complicado es que se puede estar tratando un asunto en el que ambas políticas estén en contradicción. De hecho, a menudo lo están. La opinión pública de una de las partes empuja en una dirección; la de la otra parte, en la contraria.

Un líder debe ser lo bastante inteligente para reconocerlo y lo bastante fuerte para tenerlo en cuenta. Hay que entenderlo siempre: la otra parte tiene su política. Si no se respeta o se descarta porque no coincide, se comete un grave error. Ahí es donde se pierde la confianza, en cuyo caso hay que transitar un camino muy largo. Los líderes detestan ver a otros líderes haciendo declaraciones grandilocuentes, aunque ellos mismos las hagan. De vez en cuando no queda otra, pero solo por necesidad y reconociendo el valor que tiene el precio que se acaba pagando.

La confianza es la moneda de cambio de la diplomacia internacional. Mi consejo es construirla y utilizarla sabiamente.

24

Navegar entre Estados Unidos y China (y no olvidar a la India)

La mayor parte de este libro explora principios generales de gobierno. Pero hay un cambio específico en la geopolítica del siglo XXI que merece una atención especial: la relación entre Estados Unidos y China. Estados Unidos es el principal socio en materia de seguridad de muchos países, es la economía más fuerte del mundo, tiene el idioma con mayor relevancia en todo el planeta y en gran parte de la cultura popular mundial y cuenta con una vasta experiencia en asuntos globales. China es el mayor socio comercial de casi todos los países, después de Estados Unidos. Prácticamente cualquier líder hoy en día tiene este tema muy presente en su día a día, el de cómo manejarse entre estos dos gigantes.

Durante años, sobre todo cuando yo estaba en el cargo, hubo grandes esperanzas, aunque en retrospectiva ingenuas, de un final feliz para el ascenso de China: «Al final, no te preocupes, lo harán como nosotros».

No estamos en el final, por supuesto, y eso no debe olvidarse; pero ahora mismo, y en un futuro previsible, China no es como nosotros y no muestra indicios de que llegue a serlo. En todo caso, los indicios apuntan más bien en la dirección contraria.

Estados Unidos, después de vacilar un poco, como es su costumbre, es plenamente consciente de la amenaza que representa China. De hecho, es probablemente la única cuestión que une la escena política de ambas naciones, por lo demás fracturada. Estados Unidos, por tanto, está tomando medidas mes a mes que transmiten en su conjunto el mismo mensaje básico: Estados Unidos y China están enzarzadas en una competición de grandes potencias y más vale que gane la primera.

Hubo un tiempo en que Estados Unidos decía a los países —aliados y neutrales—: «Mirad, os entendemos, estáis haciendo negocios con China; está bien, de acuerdo, seguid adelante; pero tened cuidado, mantenednos informados; y ahora hablemos de otra cosa». Hoy en día, Estados Unidos no quiere hablar de otra cosa, quiere abordar este asunto, y en términos claros, incluso ligeramente amenazadores.

Así pues, nos encontramos ante una situación en la que los lazos económicos con China son reales y, para muchas naciones, por lo visto, insustituibles; y la presión estadounidense para no entablar relaciones con China es tan real como aparentemente irreductible.

China ha abandonado su enfoque discreto de la diplomacia en favor de un mantra más parecido a «Atrévete a ganar» que, no sin razón, ha sacudido con fuerza a Estados Unidos, no solo para que despierte, sino más bien como un revulsivo político.

El comercio entre Estados Unidos y China sigue siendo inmenso: cientos de miles de millones de dólares. Pero ahora está sujeto a vientos en contra impulsados por las políticas. En ámbitos sensibles desde el punto de vista de la seguridad o incluso de la competitividad industrial, Estados Unidos está aplicando duros aranceles y, en particular, está estrangulando o intentando estrangular el acceso de China a chips informáticos avanzados, vitales para la IA más puntera.

La actual revolución tecnológica está creando todo un nuevo campo de competición en el que hay mucho en juego y en el que ninguna de las partes cree que pueda permitirse perder. Además, la situación de conflicto mundial, en particular la guerra en Ucrania, ha creado una floreciente alianza entre China y Rusia, a veces con el apoyo de Irán y Corea del Norte, lo que ha dado lugar a un rechazo a la posición estadounidense —véase occidental— en prácticamente cualquier punto álgido de la geopolítica; una situación que llega a paralizar el Consejo de Seguridad de las Naciones Unidas, que tampoco es que hubiera empezado su andadura en muy buena forma.

Ahora bien, todo lo anterior requiere algunas matizaciones, o al menos cierta cautela a la hora de pensar que la naturaleza de la relación entre Estados Unidos y China está destinada a seguir siendo hostil o incluso a desembocar en un conflicto militar.

Estados Unidos, por su parte, reservará cierto espacio para la cooperación, aunque compitiendo y enfrentándose en ocasiones. Lo hará por necesidad. Hoy en día no existe ningún reto global importante, desde la lucha contra las pandemias hasta el cambio climático o la estabilidad económica mundial, que no requiera la participación activa de China para resolverse.

Así pues, el resto del mundo observa este complejo baile geopolítico e intenta calcular su propio camino por la pista sin chocar demasiado fuerte con ninguna de las dos estrellas de baile.

Este proceso, que ya era difícil hace un par de años, es probable que ahora lo sea aún más. Por ello, los líderes necesitan una estrategia para manejarlo, reconociendo que su propia influencia sobre la cuestión es —salvo en el caso de un puñado de naciones—, por desgracia, insignificante.

Lo primero es lo primero: tratar el tema como si requiriera su propio plan especial. Pensar detenidamente en el terreno sobre el que acampar, es decir, los parámetros y principios que rigen la relación de cualquier nación con ambas potencias. Quizá una sea una relación de necesidad, o bien de preferencia. Normalmente, China encajará en la primera categoría, Estados Unidos en la segunda. O tal vez se prefiera la equidistancia, aunque se debe tener en cuenta los peligros de acabar ofendiendo a ambas partes. La cuestión es que, para estos fines, se necesita una estrategia, no ir dando bandazos de una posición a otra.

Hay que entender cómo se posicionarán otros actores geopolíticos, porque eso puede afectar a la posición que se tome.

Por ejemplo, por mucho que se diga lo contrario, Europa acabará en el lado de los estadounidenses. A veces a estos últimos no les gustará, y puede que jueguen a no darse por aludidos, pero no hay que dejarse engañar. La invasión de Ucrania por parte de Putin y la cercanía entre los líderes rusos y chinos ha eliminado cualquier ambigüedad. Europa se alineará con Estados Unidos, al igual que otros aliados tradicionales estadounidenses, como Australia y Japón. Así que esto debe tenerse en cuenta en el cálculo estratégico.

A pesar del riesgo a corto plazo del aislacionismo, con el tiempo Estados Unidos empezará a ser mucho más activo en todo el mundo. En África ya lo estamos viendo. En Oriente Próximo, la opinión generalizada es que Estados Unidos ha abandonado el área y ha permitido el avance de China. Sin embargo, el país norteamericano volverá a implicarse y, si el precio de un renovado dominio del poder en esa región es una garantía de seguridad para las naciones más preocupadas por Irán, dará esa garantía, quizá no exactamente en la forma del artículo 5 de la OTAN (por el que un ataque contra uno se considera un ataque contra todos), pero sí en forma de asistencia financiera. En Asia, comprenderá el error que cometió al dejar de lado las negociaciones comerciales y las revitalizará.

Esto no significa que China vaya a retroceder o quedarse quieta. Por el contrario, avanzará a grandes pasos, aprovechando los lazos económicos y posiblemente empezando a exportar soluciones tecnológicas, ya que su voluntad de utilizar los datos —lo que hace de una forma inaceptable a ojos de Occidente— le da ventaja. Los chinos no presionarán tan abiertamente como los estadounidenses; su enfoque será más sutil. Será una versión de «cero restricciones; libertad dentro de tus fronteras», sin largos sermones sobre derechos humanos, con un rechazo ostensible hacia la arrogancia estadounidense y en contraste con la burocracia occidental —que pone constantemente la zancadilla a la eficacia—, con la promesa, siempre presente, de rapidez de acción. Sin embargo, un líder debe entender que las restricciones pueden ser de muchos tipos, y no todas bajo la etiqueta de «derechos humanos».

Con el tiempo, China empezará a sentir el peso de participar en el juego geopolítico al más alto nivel. Puede acabar siendo un actor en la cúspide, pero cabe recordar que será antes o después el foco de todas las miradas. El poder es una responsabilidad y China pronto descubrirá lo que eso significa.

En medio de esta tensión entre grandes potencias, las alianzas regionales y continentales —la Unión Europea, la ASEAN, la Unión Africana, las agrupaciones por el desarrollo de América Latina— cobrarán cada vez más importancia. Lo que las naciones luchan por hacer solas pueden conseguirlo mejor juntas: mediante estrategias sostenidas o forjadas en común, a través de posiciones unidas que colectivamente tengan el peso suficiente para hacer que ambos gigantes se detengan o anden con cuidado, convirtiendo la competición entre ambos también en una ventaja para obtener mejores acuerdos, garantías más creíbles y promesas realizables.

Hay que recordar que la ventaja de la competencia entre grandes potencias para los demás es que, hasta cierto punto, aquellas también buscan persuadir, atraer e incitar a las naciones a ponerse de su lado. Esto puede suponer una oportunidad. Pero solo hasta cierto punto. Se debe jugar esa mano con cuidado. Porque tampoco es tan decisiva.

Por último, hay que tener en cuenta que Estados Unidos y China no son los únicos actores importantes. La India les sigue a la zaga. Tiene la mayor población del mundo, una tecnología nada desdeñable, una población joven llena de energía y una cultura rebosante de color y creatividad. Cuando dos superpotencias se convierten en tres, surgen muchas oportunidades para que los países participen en una diplomacia inteligente.

El aspecto demográfico de todo esto es interesante. Lo es en términos generales, porque la población mundial va a empezar a disminuir, dando lugar a todo lo contrario del reto que el mundo pensaba que tenía: una población excesiva. Y es interesante en términos de cada país porque, si se mantiene la tendencia actual, el cambio demográfico no será uniforme. La población de China se reducirá drásticamente a unos ochocientos millones en las próximas décadas. La población de la India se disparará hasta los mil quinientos millones, lo que la convertirá, con diferencia, en la mayor del mundo. Esto tendrá importantes consecuencias para las grandes potencias.

Así pues, un líder que tenga una visión a largo plazo de los intereses de su país debería considerar la construcción de una buena relación con la India como una parte indispensable de la política exterior.

Pero, de forma más inmediata, no debemos asumir que la política estadounidense o china permanecerá inamovible.

La política estadounidense, por muy fragmentada e impredecible que sea actualmente, puede volver a asentarse. Los dirigentes chinos, que parecen todopoderosos, podrían acabar viendo los límites de su poder. Un experimento de control central leninista, que yo diría que nunca ha demostrado ser sostenible en ningún sitio, puede que no convierta a China, con su población diversa y su próspera clase media, en una excepción, sino en una nueva norma.

La importancia de la rivalidad entre estas dos superpotencias y cómo afecta a otros países implica que un líder no puede permitirse el lujo de simplemente tropezar con una posición al respecto, sino que debe definirla con reflexión y cuidado.

25

La política exterior se está convirtiendo en política interior

El desafío de posicionarse entre Estados Unidos y China subraya hasta qué punto la política exterior está afectando a la política interior.

Hasta cierto punto, una siempre ha tenido la capacidad de afectar a la otra. Incluso en tiempos de calma geopolítica, este aspecto es importante. Hay líderes con los que encontrarse. Cuestiones internacionales que, aunque no tengan un gran impacto interno inmediato, pueden llegar a tenerlo si se ignoran. Conflictos con otras naciones que hasta ahora han pasado desapercibidos y que hay que resolver. Son cosas que no aparecen en los titulares, pero que pueden afectar la buena marcha de los asuntos públicos.

El líder se da cuenta de que la imagen que se tiene de su país en el exterior es importante en el interior, porque repercute en la política. Antes de llegar al Gobierno, a nadie le importa lo que ese líder potencial pueda pensar y, por lo general, sus conocimientos son muy limitados. Una vez en el Gobierno, de repente hay toda una lista de nuevos socios y relaciones que gestionar, construir y cuidar.

Sin embargo, en los últimos tiempos, la dirección de la política exterior ha pasado de ser de segundo o incluso tercer orden en la política nacional a tener el potencial de convertirse en un asunto de primer orden.

Hubo un tiempo en que los ministros de Asuntos Exteriores se situaban por encima de la mezquindad de la política cotidiana. Pasaban mucho tiempo en el extranjero, asistiendo a reuniones en las que se intercambiaban posturas sobre temas con educación y elegancia, y volvían de vez en cuando para informar a un Parlamento demasiado dispuesto a ser condescendiente mientras el ministro compartía historias de lugares y personas con nombres impronunciables sobre los que los diputados tenían que fingir interés.

De acuerdo, en algún momento se podía tener un interés particular en un país o asunto concreto, pero en general eso rara vez concernía al ámbito del líder. Las cuestiones globales tampoco solían incumbir al electorado, a menos que fueran tan importantes que afectaran a la política nacional o tuvieran que ver con diferencias con algún país vecino.

La política exterior, en otras palabras, importaba mucho menos que la interior.

Esto está cambiando.

La rivalidad entre Estados Unidos y China es uno de los factores que están contribuyendo a ello.

La guerra de Ucrania es otro, por su escala y su impacto en las cadenas de suministro de grano y fertilizantes; y, por razones menos obvias, porque ha trastornado nuestros supuestos sobre los conflictos modernos.

Hace unos años era impensable una guerra a gran escala entre dos ejércitos rivales, con cientos de miles de bajas, justo en la frontera de la Unión Europea. Ahora es una realidad. Y el agresor es un miembro permanente del Consejo de Seguridad de las Naciones Unidas.

En la agresión ha contado con el apoyo de China, que se ha vuelto mucho más asertiva o agresiva, según se mire.

Y, a través del conflicto, ha surgido una nueva alianza, entre Rusia e Irán; y luego, de forma aún más extraña, entre Rusia y Corea del Norte.

Así, de forma perceptible e inequívoca, se ha formado un club de cuatro miembros: China, Rusia, Irán y Corea del Norte.

Es un club sin una larga lista de espera. Sin embargo, incluye dos potencias nucleares y dos aspirantes a serlo, la segunda economía mundial y el país más extenso del mundo, una república islámica y la dictadura más aislada e impredecible del mundo.

No es un club de iguales. Y no es uno en el que los chinos quieran quedarse por largo tiempo. China es mucho más poderosa, sofisticada y previsora que los demás miembros y, aunque proclame que la alianza con Rusia es «plena», en realidad dejará muy claros los límites, aunque sea en privado.

Sin embargo, la posición actual de China conduce a una paradoja en la política occidental.

Como hemos visto, China y Estados Unidos están ahora en abierta confrontación y competencia.

El país norteamericano ve en el asiático su mayor amenaza. Y, a fuerza de tamaño y peso, lo es. Pero Estados Unidos también cree —al igual que el resto de nosotros, aunque sea una creencia tácita— que China es el único de los miembros del citado club del que cabe esperar que tenga un gran interés por la estabilidad y sienta una gran aversión por la imprevisibilidad.

Por lo tanto, en cierta medida y paradójicamente, confiamos en China para frenar la tendencia a la inestabilidad y la imprevisibilidad que puedan mostrar los demás países con los que actualmente está alineada.

Fue China la que retiró de la mesa el uso de armas nucleares tácticas por parte de Rusia al principio del conflicto de Ucrania. Es China la que apoya los esfuerzos para evitar una escalada de la guerra de Gaza. Y la única capaz de domar la ferocidad del déspota norcoreano.

Al menos, esperamos que todo esto siga así.

Pero la conmoción por lo que ha hecho Rusia, la formación de este extraordinario club, el giro de China hacia un liderazgo leninista de mano dura, combinado con su determinación de recuperar el control sobre Taiwán, todo ello significa que para los países occidentales hoy en día la creencia y la esperanza son guías arriesgadas en lo político.

Podemos esperar que China no se nos eche encima. Podemos creer que no lo hará, pero ya no podemos formular una política sensata sobre esta base.

Por lo tanto, en Occidente se volverá a una lección familiar de la historia: para lograr la paz, hay que prepararse para la guerra.

El conflicto de Gaza ha sido muy diferente en su origen y naturaleza. Sin embargo, también tiene repercusiones que no solo son mundiales, sino que afectan a la política interior de las naciones.

Aparte del impacto inmediato y trágico de la lucha entre los propios israelíes y palestinos, ha alimentado la división y el resentimiento en un sentido más amplio. La división se ha producido dentro de Occidente, ya que las poblaciones musulmanas se han aliado con elementos políticos tradicionales (normalmente de izquierdas) para atacar la postura (predominantemente) proisraelí de los Gobiernos occidentales. Ha dado lugar a una división entre Occidente y la comunidad musulmana mundial. Se trata de un resentimiento ante lo que se percibe o se afirma habitualmente como «doble rasero» de la política de Occidente. La propia opinión pública occidental está dividida, no solo sobre el conflicto, sino también sobre el lugar que ocupan las comunidades musulmanas en la sociedad occidental.

También hay que tener en cuenta que, mientras que muchos en Occidente consideran que el mundo árabe y Oriente Medio en general son antiisraelíes y están unidos en su apoyo a la causa palestina, la realidad tiene más matices. Existe un enorme apoyo a la creación de un Estado palestino, pero bajo la superficie también hay una profunda ambivalencia sobre el papel de los Hermanos Musulmanes (Hamás forma parte de ese movimiento) en esa causa. Y existe una profunda desconfianza y temor hacia la República Islámica de Irán.

Y, a medida que se hace evidente que —como en el caso de Gaza— los Hermanos Musulmanes —suníes— y la República Islámica de Irán —chií— están preparados para trabajar juntos, esta ambivalencia aumenta.

En toda la región se distingue cada vez más —y a menudo se subestima— entre islam e islamismo, entre la religión y su distorsión para convertirla en ideología política.

Esta distinción también está entrando en la política interna de los países occidentales. Hasta ahora, se ha logrado convencer a Occidente de que la islamofobia es lo mismo que la animadversión hacia la integración de las comunidades musulmanas en la sociedad occidental.

Pero el conflicto de Gaza ha aumentado el malestar entre las poblaciones de acogida de los países occidentales sobre el grado de influencia del pensamiento islamista en sus comunidades musulmanas. Malestar que se irá agravando.

Los partidos políticos, especialmente los de izquierdas, temerán el impacto electoral de los manifestantes propalestinos si no adoptan una postura lo suficientemente firme a favor de la causa palestina; el resto de la población desconfiará de la existencia de esas protestas de grupos islamistas; y esto empujará la política hacia la derecha, a menos que los partidos del ala progresista encuentren el equilibrio político adecuado.

Por otra parte, cada vez son más las voces que se alzan en el mundo musulmán contra el intento de politizar su religión y podrían encontrar una causa común con quienes, en los países occidentales, están preocupados por la influencia del islamismo. Ambos creerán que una solución justa y razonable al conflicto palestino-israelí redunda en interés mutuo.

Así pues, la complejidad política de este asunto no es nada desdeñable, y no cabe duda de que puede afectar directamente a la política interna de un país.

La cuestión es que, ya se trate de la tensión entre Estados Unidos y China, de la guerra en Ucrania o del conflicto en Gaza, todo ello está alimentando la agenda interna de las naciones, independientemente de su implicación directa.

Esta fusión de lo exterior y lo interior aumentará a medida que el mundo pase, como se acaba de describir, de dos superpotencias a tres —Estados Unidos, China e India— a mediados de este siglo.

Por primera vez en la historia moderna, las naciones occidentales no dominarán la política mundial. Nos guste o no, viviremos en un mundo multipolar. Occidente puede temerlo; el «club» se alegrará de ello; algunas naciones «neutrales» pueden acogerlo con satisfacción y otras no. Pero, en todo caso, tiene profundas implicaciones para los líderes implicados en la política exterior.

El mundo puede acabar teniendo múltiples polos, pero, para Occidente en general y Estados Unidos en particular, las cosas no se detendrán ahí. Dado que uno de los polos es un club abiertamente hostil a Occidente, también será necesario debatir la mejor manera de combatirlo.

Este debate y las diferentes posturas que adopten los partidos y los líderes influirán en profundidad en el resultado de la política interior.

Y, como consecuencia de esta rivalidad, otros países se verán obligados a adoptar su propia estrategia al respecto. Al hacerlo, querrán evaluar cuáles serán los cambios políticos que pueden esperar de los países occidentales.

Yo diría que los países «neutrales» serán testigos de lo siguiente:

- Las naciones occidentales reforzarán sus capacidades de defensa y la política vinculada con estas se convertirá en una parte mucho más significativa de la política interior.
- Se profundizará en la capacidad de defensa moderna, dados los avances tecnológicos —especialmente en torno a los drones— y se hará hincapié en la capacidad defensiva y ofensiva cibernéticas.
- Las naciones occidentales creerán que será una obligación desplegar una superioridad tecnológica sobre China y harán lo necesario para conseguirla.
- Todos tratarán de poner a la India de su lado. La política del país asiático será «India primero». Pero el resto del mundo se preguntará cada vez más qué les supondrá eso y querrá respuestas.
- En algún momento, Occidente empezará a corregir los inmensos defectos burocráticos que obstaculizan su apoyo al mundo en vías de desarrollo y empezará a utilizar las ventajas que pueda obtener, sobre todo, del sector privado.

- El sistema internacional —ONU, OMC, Banco Mundial, FMI— se verá sometido a intensas tensiones debido a la rivalidad geopolítica.
- El comercio se convertirá en un arma con consecuencias potencialmente perjudiciales para la economía mundial.
- En las cuestiones que requieran una cooperación mundial —clima, salud, etc.— habrá una tensión entre aceptar que es necesario emprender acciones a escala mundial y la ansiedad de que dichas acciones impliquen que los actores pierdan, a título individual, su ventaja competitiva.
- Occidente empezará a adoptar un enfoque mucho más pragmático en cuestiones de política exterior.
- Se reconocerá que la distinción entre islam e islamismo es un punto fundamental para la política y los aliados.

En consecuencia, la política exterior se convertirá en un asunto mucho más complicado; requerirá una comprensión estratégica, un análisis profundo y un conocimiento de la situación a mayor escala y con un mayor nivel de sofisticación de lo que la mayoría de los países han necesitado hasta ahora.

Los ministros de Asuntos Exteriores ya no volarán a gran altura, observando desde arriba el accidentado terreno político, sino que lo observarán de cerca, con los líderes políticos de su país sentados bien cerca y, a menudo, al mando.

26

Cómo negociar

Por poco no titulo este capítulo «Cómo dirigir una reunión», porque una habilidad que merece la pena aprender es cómo hacer que una reunión sea productiva, cómo gestionarla y guiarla para llegar al resultado deseado.

Sin embargo, las reuniones que importan son aquellas en las que se tiene un objetivo concreto. Y eso implica una negociación. O, como mínimo, un recorrido; la necesidad no solo de tener un objetivo, sino también una estrategia para alcanzarlo.

El liderazgo es como un proceso constante de negociación. Empieza por saber lo que se quiere. El objetivo estratégico debe estar absolutamente claro para el líder, pero no necesariamente —y a veces es mejor que no— para aquellos con los que negocia.

Parece obvio, pero a menudo me encuentro con líderes que llegan a una reunión importante con una vaga idea de lo que quieren conseguir. El resultado suele ser improductivo.

Sin embargo, tienen que saberlo con precisión. De ese modo, se pueden salir de la senda, la reunión puede ir por caminos inextricables o callejones sin salida, las formalidades pueden obnubilar lo esencial, el objetivo acabar envuelto en irrelevancias, pero siempre acabarán encontrando un camino de vuelta... si tienen suficientemente claro adónde quieren ir.

Por supuesto, las negociaciones pueden ser de todo tipo y forma. A veces se trata de una simple demanda y la respuesta es un sí o un no. En esos casos, a menos que esté seguro de obtener una respuesta positiva, el líder tiene que plantearse qué es lo que la otra parte puede querer o considerar algo que se podría ofrecer a cambio del favor que se pide.

Imagine el lector la situación. ¿Acaso los participantes en la reunión tienen una relación lo suficientemente estrecha como para estar dispuestos a ceder solo porque uno lo pide? Luego pregúntese si alguna vez ha logrado algo de esta manera y, si no es así, por qué no. Pregúntese también si estaría dispuesto a ceder, y qué podría llevarle a ello.

Supongamos que durante la reunión una de las partes llega a la conclusión de que la respuesta va a ser negativa. Por la razón que sea, no le van a dar lo que quiere. ¿Cómo se termina esa reunión sin que quienes no han dado su brazo a torcer sientan que han defraudado a la otra parte? Lo más probable es que esa no sea la última negociación con ellos, o puede que el tiempo y las circunstancias puedan llevar a una negociación similar de forma más favorable.

En tales casos, hay que encontrar la manera de poner fin a la reunión con elegancia, de forma que se preserve o incluso se cree buena voluntad, sugiriendo posiblemente un período de reflexión adicional, o mantener el asunto en estudio, o simplemente mostrando comprensión por los motivos de la negativa.

Otra lección que aprendí en política es que una buena reunión es aquella en la que se habla menos que la otra parte.

El líder debe hacer que los otros hablen primero. Que se abran. Lo más importante en cualquier reunión es saber cuándo hay que callarse. Hay que permitir hablar y, por tanto, revelarse. Esto puede ser crucial a la hora de ajustar las tácticas en el transcurso de la reunión. Puede que se piense que la clave del éxito era X, pero resulta que en realidad era Y.

Aprendí muchas de estas lecciones dirigiendo el proceso de paz de Irlanda del Norte. Tuvimos la suerte de poder dedicarle tiempo.

Las partes —una vez superados el preliminar de las posiciones históricas— estaban dispuestas a escuchar las preocupaciones de la otra. Con el tiempo, las posiciones fijas y aparentemente inamovibles cedieron ante el reconocimiento de que existían verdaderos intereses mutuos, lo que significaba que el compromiso no se consideraba una traición. Tuve un gran socio en el primer ministro irlandés. Y fuimos pacientes, escuchando a todo el mundo durante un largo período. Además, todas las reuniones y negociaciones tenían un objetivo claro, lo que ayudó a eliminar los innumerables obstáculos para llegar a un acuerdo final.

Durante las dos últimas décadas, he participado en negociaciones sobre el proceso de paz en Oriente Medio, en torno al conflicto palestino-israelí. Durante la mayor parte de ese tiempo, francamente, ha habido poco proceso y solo una paz esporádica. Y el contraste con Irlanda del Norte es instructivo.

En las negociaciones de Oriente Medio han participado las dos partes implicadas, pero también otros actores de la región, Estados Unidos, Europa y prácticamente todos los países que tienen una opinión sobre la cuestión, es decir, la mayor parte del mundo.

Hay muchas razones por las que este proceso de paz es difícil. Pero una de ellas es que casi todas las directrices expuestas anteriormente nunca se han aplicado.

Cada parte está convencida de que solo ella entiende realmente a la otra y en absoluto es así. Así que, en lugar de ponerse en el lugar del otro, tratan de convencer esgrimiendo únicamente sus propios argumentos.

Los encuentros tienden a centrarse en asuntos demasiado amplios para garantizar que la reunión tenga un objetivo preciso, o son demasiado nimios para que merezca la pena un compromiso al más alto nivel de las partes o de la comunidad internacional.

Los estadounidenses dirigen las negociaciones de forma irregular, a veces muy comprometidos, otras mostrándose algo distantes, pero, para ser justos, no es razonable esperar que lo hagan de otro modo, dadas las diferentes demandas y amplitud política de su Administración.

Los países con cierta influencia utilizan la cuestión —a veces llegando a abusar— para sacar provecho dentro de su propio escenario político, lo que a menudo significa que las negociaciones en las que participan comienzan con un espíritu viciado.

El grado de confianza entre las propias partes es casi inexistente. Por lo tanto, nunca creen que la negociación merecerá la pena.

Y, sobre todo, las negociaciones nunca han llegado realmente al fondo de la cuestión, porque eso implicaría un nivel profundo de reflexión y compromiso no solo de las partes directamente implicadas, sino de la comunidad internacional, lo que, dada la rotación en el liderazgo a nivel global, es poco probable que suceda.

Lo crea o no el lector, sigo pensando que este proceso de paz puede finalmente tener éxito, porque hay nuevas fuerzas en la región que dedicarán tiempo y energía, y porque el conflicto de Gaza ha hecho ver a las partes la imposibilidad de gestionar el problema si no es resolviéndolo.

Las lecciones que se desprendan de ello sobre cómo negociar serán esenciales. Pero este es un tema que queda fuera del alcance de este libro y que merece ser tratado aparte por derecho propio.

En las negociaciones, en ocasiones, lo adecuado es amenazar, mostrarse con agresividad. Pero de aquí se desprende otra gran lección. Se puede amenazar. Pero malinterpretar la psicología de la persona a la que se amenaza o hacer una amenaza vacía puede tener nefastas consecuencias.

Un ejemplo de cómo hacerlo bien sería la forma en que el presidente Kennedy gestionó la crisis de los misiles de Cuba. Hizo una amenaza. Era creíble. Pero también tuvo el ingenio y la habilidad de crear una relación con Jruschov que le permitió negociar un acuerdo que evitó la guerra.

Por otro lado, un ejemplo de cómo hacerlo mal —afortunadamente en una negociación con muchas menos consecuencias— tuvo lugar cuando, siendo yo un joven y prometedor portavoz de la oposición encargado de los asuntos del Tesoro, formé parte de una delegación enviada a Washington, D. C., para tratar una cuestión fiscal con la Administración estadounidense. Nos reunimos con el secretario del Tesoro, el formidable James Baker. Extralimitándome mucho, amenacé con que, si no se cumplía nuestra exigencia, el Parlamento británico tomaría represalias contra Estados Unidos. En ese momento, Baker expuso con brutal claridad las represalias que tomaría su Administración. Huelga decir que yo había sacado una pistola de juguete y él un bazuca. Me retiré con la cara roja.

Las palabras dulces son mejores que las amargas. Nunca se debe perder la calma. Es degradante y no funciona.

Cuando la otra parte diga cosas sin mucho sentido, merece la pena pensar si merece la pena señalarlas o si hay otras más importantes sobre las que debatir. Si los otros tienen una queja, independientemente de que se crea justificada, hay que escucharla. Dejar que se desahoguen.

Por lo tanto, la recomendación es atraer al otro. Si se sabe que va a ser una negociación complicada, hay que empezar muy por encima del listón para poder ofrecer una concesión en el momento oportuno y poder cerrar el trato.

Conviene pensar en el formato de las reuniones. El sistema —por razones totalmente comprensibles— tiende a evitar el cara a cara entre líderes, quienes quieren que quede constancia. Quieren saber qué se ha acordado y por qué.

Pero las relaciones de fuerza entre líderes rara vez se crean sentándolos frente a frente con grupos de funcionarios a cada lado. El otro líder puede estar ansioso por hablar libremente; puede que en este punto no quiera que se haga un registro literal de lo que se diga. Quiere abrir su corazón, explicar sus dificultades, explorar las ganas de ponerlo fácil o difícil.

En ocasiones, estos encuentros incluyen solo a los asesores más cercanos. Lo importante es pensar qué sistema será mejor. Las negociaciones no son como un proceso legal. Son tan subjetivas como objetivas. Es una cuestión de sensaciones, ánimos, relación, de elegir el momento adecuado para llegar al final.

Aprender a cerrar el trato, saber cuándo ha llegado el momento adecuado, es de vital importancia, como comprobé durante las tortuosas negociaciones con Irlanda del Norte para el Acuerdo de Viernes Santo, el documento fundacional de la paz, sellado en 1998. Haberlo hecho correctamente entonces fue, de manera literal, la diferencia entre el éxito y el fracaso.

Los acuerdos en los que para que unos ganen otros deban perder rara vez son productivos. En Irlanda del Norte conseguimos por fin salir de ese atolladero, lo que fue crucial para avanzar. Contrasta con Oriente Medio, donde las cosas siguen inmersas en una dinámica en la que se habla poco de concesiones.

En última instancia, huelga decir que las mejores negociaciones son siempre las que dejan a la otra parte con una sensación de logro. El mejor resultado se consigue cuando ambas partes quedan contentas. Todo lo que parezca una gran victoria a costa del otro será una victoria pírrica que dejará un mal sabor de boca por el que se acabará pagando en el futuro.

Y, aunque se tenga una muy buena sensación, aunque uno se crea que ha superado a la otra parte, que le ha tomado el pelo, que ha sido listo y los otros no, nunca se ha de demostrar. Ni el líder ni los demás responsables. Solo se debe estar satisfecho con el resultado.

La negociación no es una ciencia. Es un arte.

PARTE VI

La comunicación en un nuevo entorno mediático

27

Comunicación estratégica: la diferencia entre una narrativa y un comunicado de prensa

En muchos ámbitos de la vida, comunicar significa simplemente informar, decir lo que se hace, transmitir conocimientos. Pero en política es una ciencia y un arte que puede marcar la diferencia entre el éxito y el fracaso.

Es fundamental distinguir entre comunicación táctica y comunicación estratégica. La primera la forman las notas de prensa, los anuncios del día a día del Gobierno, el «qué». La segunda es la historia que se cuenta sobre el «por qué». La comunicación táctica no tiene por qué preocupar. Cualquiera con un enfoque razonablemente profesional puede darle forma. Y tiene su lugar.

Sin embargo, donde reside la verdadera habilidad política es en el dominio de lo estratégico.

Los líderes gubernamentales necesitan una narrativa que explique por qué están en el Gobierno y por qué merecen estarlo; algo que exprese no solo lo que hacen, sino también los valores, sentimientos y motivos que les mueven a hacerlo.

Esta narrativa es importante en cualquier momento, pero lo es especialmente para el promotor del cambio. Establece por qué se desafía el *statu quo*, por qué se le pide a la gente que acepte cosas difíciles, cosas que harán que aparezcan tanto adversarios como amigos. Cuenta una historia, no se limita a recopilar hechos o, más a menudo, afirmaciones.

Suelo comparar gobernar con guiar a la gente en un viaje. No se empieza simplemente dando el primer paso. Se empieza describiendo un destino: la casa en la colina, podríamos llamarla. Y se le dice a la gente: «Ahí es adonde nos dirigimos porque en esa casa hay muchas cosas buenas, cosas que mejorarán y enriquecerán nuestra vida, que harán que el viaje merezca la pena».

Es de vital importancia describir el destino porque el viaje no va a ser fácil: habrá obstáculos y peligros, trampas y desvíos que tomar que sacudirán la fe de la gente y les harán preguntarse por qué decidieron embarcarse en él.

Piense el lector en Moisés y en el éxodo de Egipto. Se podría pensar que, puesto que estaba sacando a su pueblo de la esclavitud y la opresión, le estarían siempre agradecidos. Pero no fue así. Se estuvieron quejando amargamente la mayor parte del tiempo. Disentían. Se rebelaron. Con frecuencia afirmaban que habrían estado mejor si él los hubiera dejado donde estaban. Vivieron el episodio de las aguas de Meribá (cuando Moisés golpeó una roca para que brotara agua tras la disputa del pueblo sobre su liderazgo) de manera tan vívida como la separación del Mar Rojo.

Moisés tuvo que soportar la actitud del pueblo. Pero también la contrarrestó explicándoles continuamente que los conducía a una tierra de «leche y miel», donde todas sus necesidades estarían mejor satisfechas. Por supuesto, contó con la ayuda de Dios, que envió maná del cielo. Desgraciadamente, eso no es algo en lo que pueda confiar un líder hoy en día.

Lo que todo esto significa para el líder actual es que, cada vez que su Gobierno anuncia algo importante, debe anunciar el «por qué» y no solo el «qué». «La comunicación estratégica es como un tendedero que recorre todo el Gobierno», como solía decir mi colega Peter Mandelson. Cada medida política o iniciativa individual debe estar unida al tendedero como una prenda de ropa.

Esa cuerda es la narrativa. Y debe estar cuidadosamente estructurada. Si es débil o inadecuada, si se deshilacha con facilidad o está mal unida a polos firmes de convicción y comprensión, muy pronto los ciudadanos creerán que el Gobierno no avanza hacia un destino, sino que simplemente camina en círculos.

La importancia de la narrativa puede ilustrarse bien considerando los países que se incorporaron a la Unión Europea tras la caída del Muro de Berlín. Todos ellos eran antiguos Estados comunistas. Todos ellos carecían, por tanto, de sectores privados o eran ineficaces, tenían sectores públicos hipertrofiados y poca o ninguna experiencia de gobierno en una cultura democrática.

Polonia y Ucrania eran en aquel momento dos países comparables en líneas generales, con aproximadamente las mismas perspectivas propias de su mundo poscomunista. Pero, si avanzamos hasta 2021 —antes de la guerra de Ucrania—, el contraste es mucho más marcado. Tras tres décadas desde 1989, Polonia se ha convertido en un país próspero y enérgico. Muchos de sus habitantes, que durante las dos primeras décadas tras la desintegración de la Unión Soviética se habían trasladado a otras partes de Europa en busca de trabajo y prosperidad, empezaron a regresar a un país en el que ahora hay claras oportunidades de salir adelante.

Ucrania, por el contrario, se ha visto acosada por constantes problemas de política y gobernanza y se ha quedado muy rezagada con respecto a su vecino.

La diferencia de riqueza de los dos países puede medirse por los ingresos medios: en 2021, los ingresos en Polonia eran aproximadamente el doble que los de Ucrania. Sin duda, Polonia ha experimentado retos indiscutibles en su democracia. Estoy seguro de que algunos polacos discreparían del panorama halagüeño que pinto. Pero, desde cualquier punto de vista objetivo, las últimas décadas han sido buenas para Polonia y decepcionantes para Ucrania.

Polonia tuvo éxito, en gran parte, porque la perspectiva y luego la realidad de la adhesión a la Unión Europea dieron a sus dirigentes políticos una «casa en la colina» visible y atractiva. La perspectiva era la misma para muchos otros Estados de Europa del Este. La gente podía ver que el viaje, con todos sus retos, merecía la pena.

Todos los países tuvieron que demostrar que cumplían los requisitos para ser miembros aplicando programas de reforma. Esto supuso grandes cambios en el *statu quo*, a menudo dolorosos, pero los líderes supieron convencer a la población de que los beneficios superaban a los inconvenientes.

Hoy, países como Albania, que hacen cola para entrar en la UE, utilizan la misma narrativa para impulsar la reforma necesaria para la adhesión. Después de la guerra, Ucrania —si consigue despejar un camino claro hacia la adhesión a la Unión Europea—, con el liderazgo adecuado, avanzará mucho más rápido hacia los cambios que se le escaparon mientras Polonia avanzaba.

Todos los países necesitan una narrativa. A veces no es tan sencilla como la de Polonia. Pero el principio es el mismo.

Cuando me presenté por primera vez a las elecciones en 1997, teníamos un eslogan: *New Labour, New Britain* («Nuevo laborismo, nuevo Reino Unido»). Era directo, sin complicaciones y hacía llegar el mensaje que queríamos transmitir. Tras cuatro derrotas electorales consecutivas, mi partido había aprendido la lección y había cambiado. El país, que se acercaba a un nuevo siglo con una clase dirigente en el poder vieja y rancia, también necesitaba renovarse. Habíamos modernizado nuestro partido y modernizaríamos el país.

No a todo el mundo le gustaba el eslogan. Algunos lo odiaban. Pero nadie lo malinterpretó.

Hoy en día, en todo Oriente Medio, los países que más progresan son los que tienen líderes que envían un mensaje claro a su propio pueblo sobre una visión positiva para el futuro de su país, aunque no sea una democracia. Las naciones que están impulsando la modernización en la región lo están consiguiendo en parte porque la comunicación de sus dirigentes con su propio pueblo es clara: estamos en un viaje de cambio porque nuestra juventud no puede dejarse frenar encerrándose en sí misma, sino que necesita estar conectada con el mundo, y nuestra economía debe diversificarse porque la dependencia de los combustibles fósiles ya no es sensata ni aceptable. Nuestro enemigo es el extremismo; nuestro aliado, la tolerancia.

Su narrativa es la de una modernización exenta de prejuicios. Sitúa las creencias religiosas en un contexto individual y social, no político, y rechaza el uso de la religión como ideología política. Adopta la tecnología como vía para la diversificación económica, pero también para la conectividad. Es fácil de entender y de transmitir.

Hoy en día, en algunos países africanos, los líderes están lanzando una nueva narrativa que, con el tiempo, será muy eficaz: «Dejemos de debatir sobre el pasado colonial, dejemos a un lado la dependencia de la generosidad y la ayuda occidentales y, en su lugar, valgámonos por nosotros mismos, añadiendo valor a los productos básicos, que tenemos en abundancia, superando los sistemas heredados de Occidente mediante el uso de la tecnología y eliminando la corrupción, que nos frena». Es una narrativa de independencia, de autosuficiencia, de asumir la responsabilidad del propio futuro y no dejarlo en manos de la generosidad de otros, que nunca es suficiente ni fiable. Y tendrá eco, sobre todo a través de los teléfonos inteligentes de los jóvenes.

El reto de la democracia occidental en la actualidad es suplir la falta de una narrativa clara. Queremos volver a altos niveles de crecimiento y de aumento del nivel de vida, pero no está claro cómo. Sabemos que la geopolítica del mundo está cambiando y que las potencias occidentales ya no tendrán el mando exclusivo, pero no estamos seguros de en qué posición nos deja eso.

Tenemos que recuperar el sentido de misión, que, en mi opinión, se centrará en aprovechar la revolución tecnológica del siglo xxi y en reavivar la confianza en la democracia, demostrando que puede dar resultados no solo en este primer mundo, sino también para en el que está en vías de desarrollo.

A los efectos que se abordan en estas líneas, se trata simplemente de subrayar que la ausencia de narrativa crea una situación en la que la reforma necesaria es más difícil y el liderazgo parece ir a la deriva, sin saber cuál es el destino o el camino para llegar a él.

Cuando trabajo con Gobiernos de todo el mundo, una de las primeras cosas que hace mi instituto es ayudarles a elaborar su discurso. Esto requiere una cuidadosa reflexión.

La narrativa debe ser lo suficientemente fuerte como para perdurar y ser sólida. Quienes apoyan al líder deben creer en ella y compartirla. Debe poder expresarse en un lenguaje sencillo, no mediante un lenguaje político rebuscado. No puede ser imprecisa ni confusa. La sencillez es una virtud. Puede haber todo tipo de complejidades detrás de ella, pero, apuntalándola de la manera adecuada, la narrativa en sí tiene que ser fácil de entender.

Una vez creada, no basta con que el líder cargue con el peso de comunicar esa narrativa por sí solo. Debe conseguir que todos los miembros del Gobierno lo hagan. Cada ministro, cada persona que hable en nombre del Gobierno, debe entenderla y ayudar a difundirla.

Si un ministro tiene que hacer un anuncio, el líder ha de asegurarse de que, cuando lo comparta, explique: «Esto es lo que estamos haciendo y esto, por qué lo estamos haciendo. Este es el problema y esta es la solución».

Si ocurre así, no desaparece toda oposición a la reforma o al cambio, pero sí obliga a que se tenga que responder a la narrativa y no solo al anuncio. Si se argumenta «por qué», quienes se opongan se verán obligados a explicar «por qué no».

La claridad narrativa es aún más importante en la era de las redes sociales. Pero, al final, las redes sociales no decidirán si se gana o se pierde. Lo hará el cumplimiento de lo anunciado. Sobre todo, si va unido a una historia sólida no solo sobre lo que el líder ha hecho o hará en el Gobierno, sino por qué lo ha hecho o por qué lo hará.

28

Cómo afrontar las críticas en pleno siglo XXI

¿Cuántos políticos «normales» te vienen a la cabeza? No, en serio. ¿Cuántos de ellos parecen personas bien adaptadas, con los pies en la tierra, se comportan y actúan como aquellos con los que uno quiere pasar el tiempo, a los que acudirías en busca de consejo personal, a los que confiaría tus secretos más íntimos?

Seguro que no muchos y, cada vez más, no muchos en posiciones de liderazgo. Por supuesto, los políticos siempre han sido objeto de críticas. Basta leer algunas de las cosas que se dijeron de Abraham Lincoln durante su campaña presidencial o de Churchill durante su largo distanciamiento de la clase dirigente británica en la década de 1930. Uno puede divertirse leyendo la literatura de la época del ensayista inglés de principios del siglo XVIII Joseph Addison: injuriosa, difamatoria, abusiva e irrazonable.

Pero, en nuestra época, la crítica ha alcanzado un nuevo nivel. La prevalencia y el alcance de los medios de comunicación —convencionales y digitales, incluidas las redes sociales— la han convertido en un arma de guerra psicológica, un garrote, una fuente de persecución brutal y despiadada. La crítica ya no es la simple emisión de un juicio desfavorable o el análisis implacable de un error, presunto o real. Se ha convertido en una especie de competición por acaparar la atención, donde lanzadores reflexivos que se toman el tiempo de asegurarse de que sus dardos están cuidadosamente dispuestos para que su vuelo sea preciso se ven superados por los que lanzan proyectiles de desaprobación toscos, desagradables y a toda prisa; estos últimos vuelan más alto y más rápido, y dan a todo lo que encuentran a su paso, y tienen más probabilidades de llamar la atención de los curiosos.

Es cierto que una de las ventajas de la pluralidad de los medios de comunicación actuales es que algunos de ellos encarnan nuevas formas de compromiso inteligente. Los pódcast, por ejemplo, han demostrado en general ser un medio razonable para gente razonable. Sin embargo, se han visto desbordados por el estruendo de quienes gritan más alto.

El riesgo para la política es considerable. A la gente «normal» no le gusta dar ni recibir golpes que alteren la paz mental, que provoquen profundas inseguridades, que arruinen la capacidad del individuo para pensar con claridad o, al menos, con coherencia. La crítica les afecta. ¿Cómo no va a ser así? Si eres una persona normal y la gente te resulta desagradable, lo sientes. Te duele. Te corroe. Te distrae y disuade. Si crees que te están castigando injustamente —lo que en política sucede a menudo—, te llega y desanima. A menos que estés dotado de un coraje extraordinario, te lo piensas dos veces antes de dar un paso al frente.

Con demasiada frecuencia, por tanto, la arena política estos días se ve invadida tanto por insensibles crónicos como por populistas. Ambos grupos tienen un carácter inusual que obtiene una extraña forma de sustento del abuso, que lo codicia. Saben que esta refuerza en sus propios partidarios la necesaria sensación de estar sitiados, lo que luego impulsa a los populistas y los protege contra acusaciones justificadas e injustificadas.

Para quienes no responden a esta forma de ser, pero sí están lo suficientemente ilusionados y motivados como para hacer del liderazgo político su meta, la única solución es desarrollar un caparazón mental, una coraza dentro de la cual se trate de alcanzar un estado meditativo de indiferencia. Eso no significa ignorar las críticas que llegan —no se puede— o negar su existencia, sino ser capaz de verlas con el distanciamiento necesario.

Una vez le pregunté al ex primer ministro de Singapur Lee Kuan Yew cómo afrontaba el estrés. Esperaba que, como líder duro y sensato que era, me diera una respuesta sin más, del tipo «Simplemente lo sobrellevo». En cambio, me dijo que, al hacerse mayor, empezó a seguir un programa de meditación que le había resultado enormemente útil. Al hablar con otros líderes, descubrí que la práctica de la meditación era muy común entre ellos.

Yo mismo llegué a ella tarde e incluso ahora no estoy seguro de que, según la definición estricta del término, lo que haga sea meditar. Pero sí de alguna manera. Para mí, es solo un momento de tranquilidad, un momento para dejar ir todos los pensamientos negativos, un momento de apreciación de la pequeñez e insignificancia humanas en el gran esquema de las cosas, no de la propia vida ni de la de los seres cercanos y queridos.

Es durante estos momentos cuando recuerdo las palabras de la Oración de la Serenidad de Niebuhr: «Dios, concédeme la serenidad para aceptar las cosas que no puedo cambiar, el coraje para cambiar las cosas que sí puedo y la sabiduría para distinguirlas». Algunas versiones atribuidas a su alumna Winnifred Wygal anteponen el coraje a la serenidad, y ese es probablemente el orden correcto. Pero en todo caso es importante tener en cuenta lo que no se puede cambiar. Y, hoy en día, eso es el peso y la acritud de la crítica.

O, al menos, no es uno el que lo puede cambiar.

Siempre es difícil decidir hasta qué punto hay que oponerse a ella directamente. Por un lado, se quiere corregir algo que es falso o injusto. Por otro, es cierto que se atrae la atención sobre la crítica atacándola y que refutar lleva su tiempo. Es posible tener razón y estar equivocado al mismo tiempo.

He llegado a la conclusión de que al final es mejor tratar la crítica como si se compartiera una casa, de la que no se es dueño ni se puede escapar, con un psicópata al que no se puede echar. Siempre se tiene en mente su presencia. En ocasiones —esperemos que las menos posibles— habrá que dejar lo que se está haciendo y concentrarse en lo que él está haciendo. Pero, una vez que se acepta que no se irá y que no se puede escapar, se encuentra la manera de seguir con los propios asuntos, sabiendo que puede formar de alguna manera parte de la vida de uno, pero que no va a definirla.

Muchos dirán: «¡Qué demonios! No elijo estar en esta casa, en absoluto. Que otro viva con el psicópata». Por desgracia, la casa y su inoportuno ocupante vienen con la existencia. Y lo que se quiere hacer, lo que significa mucho para la persona, lo que da sentido a su vida, solo puede hacerlo desde esa casa, con ese compañero.

Así que se acepta lo inevitable. Se construyen una serie de defensas mentales. Uno se ha de proponer no irrumpir en su habitación y averiguar qué está haciendo o diciendo.

Así que mi consejo para el líder es que, si se encuentra con algo desagradable o cruel que se ha escrito sobre él, en ningún caso lo lea. Si es un titular horrible, que lo ignore. Si es un artículo horrible, que ni lo mire. Y, si al final uno es tan imprudente como para leerlo, ¡que ni se le ocurra echar un vistazo a los comentarios del final!

Nada de esto significa que no se deban escuchar las críticas sensatas y serias. Debería hacerse. Se puede aprender de ellas. Pero no de las cosas que se vomitan, que están escritas para que la gente haga clic, por personas que se deleitan en su maldad, que se complacen en la esperanza de infligir dolor. Y, si se deja que le afecte a uno, se habrá perdido la batalla y ellos —quienesquiera que sean en un momento dado— habrán ganado.

Hay que recibir las críticas no como un golpe que derriba, sino como uno que podría derribar pero al final no lo consigue. Se debe considerar el rechazo y el desafío como una victoria. Porque lo es.

También hay que entender una cosa que les suelo decir constantemente a los líderes con los que trabajo y me digo a mí mismo a menudo: «Las críticas importan menos de lo que se cree. Definen menos de lo que se teme. Y, a pesar de su vehemencia, duran menos de lo que se piensa». No hay que olvidar tampoco que el tipo de persona que dice o escribe cosas hirientes, o que hace afirmaciones exageradas o dedica energía a expresar odio, tiene más un problema consigo misma que con su objetivo.

Al final, sea como sea, el líder tiene que racionalizarlo porque, de lo contrario, perderá fuerza. Empezará a obsesionarse con las críticas que reciba, a preocuparse por ellas aunque sepa que no debería y se despreciará a sí mismo por dejar que le afecten. No hay nada bueno en dejarse atrapar por ellas.

Sé que no es fácil. Pasé de ser enormemente popular a ser —según todos mis críticos y algunos de mis amigos— muy impopular. No era una gran trayectoria. Pero sabía que cada momento que pasara pensando o preocupándome por ello sería un momento perdido.

Estoy tentado de recurrir al tópico sobre «el precio de la fama». Como muchos tópicos, es en gran medida cierto (por eso es un tópico). Hoy en día ese precio es más alto que nunca para cualquiera que esté en el ojo público, desde políticos a artistas. Incluso aquellos cuya única ambición y propósito en la vida es convertirse en una celebridad descubren con demasiada frecuencia que el brillo inicial de la fama se convierte en un fulgor que acaba cegando.

Así que, si las críticas angustian, se debe valorar la capacidad propia para afrontarlas. Y, si se cree que no se va a poder, mejor no meterse en un oficio en el que es inevitable.

Del mismo modo, hay que reconocer que, si lo que se hace en la vida le importa a uno de verdad y es algo que apasiona, no hay que dejar que las críticas o la ansiedad que suscitan impidan perseguir lo que realmente importa.

Se debe comprender también que la forma de criticar y las críticas cambian, las perspectivas van variando y que lo que parece el fin del mundo, con el tiempo, otras circunstancias e incluso por el devenir de la vida, puede acabar viéndose de una manera muy diferente.

Así pues, el líder tiene que afrontar este reto. Lo debe considerar como un complejo problema que está obligado a resolver. Se ha de hacer con objetividad, tratando de comprenderlo.

De lo contrario, el psicópata lo encontrará vagando sin rumbo por la casa, inquieto, percibirá debilidad y lo destruirá.

29

Escándalo

Todos los Gobiernos sufren escándalos de un tipo u otro. En una dictadura, por lo general pueden ocultarse. En una democracia, a medida que ganan fuerza, pueden consumir enormes cantidades de energía, distraer y distorsionar la agenda del Gobierno y dejar al líder frustrado y agotado.

Es importante hacer una distinción. Pueden surgir escándalos auténticos: aquellos que destapan irregularidades en el corazón de los dirigentes, que ponen en peligro al líder y a todo el Gobierno y que pueden —y a menudo deben— provocar su desaparición de la arena política. Pero, por cada uno de ellos, hay cincuenta inventados —en el fondo triviales— o groseramente exagerados. No se pueden ignorar, ya que repercuten en la opinión pública y en el valor del líder; hay que gestionarlos, pero el líder no puede permitirse obsesionarse con ellos.

Cuando era primer ministro perdí la cuenta de los escándalos que entraban en esta segunda categoría. Algunos tenían cierta verdad en su base. Otros surgieron de malentendidos que llegaron a presentarse como delitos. Y otros se inventaron literalmente de la nada. Todos ellos consumieron en su momento una atención y un interés que podrían haberse dirigido de forma más productiva a otra parte.

Y aquí es donde quiero llegar. Una vez que dejé el cargo, esos escándalos, que habían sido tan importantes cuando yo estaba en el poder, se desvanecieron; y lo que quedó de mi mandato como líder fueron los logros o fracasos reales. En otras palabras, el sentido de la perspectiva que tanto había faltado durante el tiempo en que predominaron los escándalos volvió curiosamente una vez que me hube marchado. Considero importante compartir esta experiencia porque debería animar a los líderes que se enfrentan a un escándalo a no caer en la trampa de obsesionarse tanto con él como para pasarle factura a su gestión.

Cuando uno se encuentra en el ojo del huracán —sobre todo cuando, como en el Reino Unido, los medios de comunicación se ponen en modo ataque—, cree que el mundo se derrumba a su alrededor. El nivel de obsesión se acentúa aún más si se considera que el escándalo es más inventado que real, porque entonces entra en juego un sentimiento de injusticia.

Pero hay que tener en cuenta que, si lo que se tiene delante no entra en la categoría de escándalo en toda regla, auténtico y potencialmente tan dañino como para acabar con la carrera profesional, importa mucho menos de lo que se cree. Por supuesto, pasará factura. No se puede fingir que no. Pero hay que recordarse a uno mismo que, al igual que el escándalo en sí es exagerado, puede que se estén exagerando sus posibles consecuencias, sobre todo porque al público le preocupa menos, se concentra menos y se interesa menos por lo que pasa en la política de lo que se puede llegar a creer.

Dicho de otro modo: si, desde un punto de vista objetivo, el escándalo no pone en peligro la vida profesional, es poco probable que acabe matando.

Dicho esto, hay que gestionar los escándalos cuando surgen. Los hay de todo tipo. A menudo implican a ministros que hacen algo mal, o algo estúpido, o ambas cosas a la vez, desde el punto de vista financiero, sexual o moral. A veces los causan declaraciones engañosas, sin mala intención, pero que luego se presentan como mentiras. A veces surgen por tratar un tema delicado con poco tacto. Pueden ser como una pequeña nube en el horizonte que, sin previo aviso, se convierte en un manto oscuro que no deja atisbar el cielo azul.

Independientemente de cómo empiecen y del curso que tomen, sacudirán temporalmente la actividad normal del Gobierno y crearán una sensación de crisis. Por lo tanto, exigen la atención del líder. Durante mis mandatos aprendí varias lecciones sobre la gestión de los escándalos, generalmente cometiendo errores.

La primera y más importante de ellas fue la importancia fundamental de establecer los hechos antes de pasar a la acción. ¿Parece obvio? Pues no. Aparece una historia. Quizá uno no aprecia plenamente su gravedad. Se trata de conocer los hechos y uno se entera demasiado tarde de que se ha equivocado. Ahora toca una plena e indigna retirada mientras, naturalmente, todo el mundo asume que el líder lo sabía desde el principio. Por lo tanto, antes de pronunciar una palabra, es esencial que alguien de confianza le facilite los hechos. Puede que sean hechos que prefiere que no hubieran sucedido. Pero es mejor enfrentarse a una incómoda verdad que partir de una cómoda falsedad.

La segunda lección que aprendí fue que, una vez aclarado lo que realmente estaba ocurriendo, tenía que decidir el terreno en el que iba a acampar. Se trata de una importante lección general que afecta a toda una serie de retos de gobierno y casi merece un capítulo aparte. Lo que implica en este contexto es que se tiene que elaborar una versión de los hechos —explicación, refutación, justificación, lo que sea— de forma clara y precisa y a la que el líder pueda aferrarse. Ese será el terreno sobre el que se acampará.

Con demasiada frecuencia, los líderes, presas del pánico, eligen el terreno más fácil o que en apariencia es más ventajoso. No es nada recomendable. Un escándalo que puede gestionarse se convierte en un nuevo escándalo, evocando el viejo dicho de que el encubrimiento es peor que el hecho encubierto.

Un ejemplo reciente en el Reino Unido es el escándalo conocido como Partygate. Se denunció que, en contra de las normas vigentes para limitar el contacto social durante el confinamiento por el covid, los miembros del Gobierno de Downing Street celebraban fiestas en las que se mezclaban libremente. Un escándalo así habría sido grave en cualquier circunstancia. Olía a hipocresía. A desprecio de la élite gobernante por los gobernados. A una especie de ley del embudo. Ciertamente, se trataba de una violación de la ley. Y había implicada una larga lista de cargos. La forma en que se manejó, sin embargo, hizo que el escándalo se convirtiera en una crisis que amenazaba con derribar al primer ministro, Boris Johnson.

Johnson no logró establecer un terreno estable sobre el que acampar. En su lugar, fue directo y negó rotundamente que se hubieran celebrado tales fiestas. El resultado: un segundo escándalo aún peor, ya que la violación de las normas vino acompañada de mentiras.

Celebrar fiestas y encuentros en Downing Street fue sin duda un extraordinario error de juicio. Las normas de la época prohibían juntarse y mezclarse. Era un requisito de salud pública para proteger a la gente, para limitar la cantidad de relaciones sociales y así la propagación del covid.

Lo que hacía toda esa gente en Downing Street era ilegal. Sin embargo, se mezclaban porque estaban luchando contra el virus y necesitaban seguir trabajando. No importaba si bebían café o alcohol, si estaban en el jardín, en la sala del Gabinete o en su despacho. Estaban en mutua compañía por necesidad. Sí, no seguían las mismas reglas que el resto de la gente, pero era inevitable. Las normas para la población sobre las fiestas estaban ahí para evitar los contactos. No tenía que ver con la actividad en sí, sino con el hecho de reunirse. Así que, por supuesto, el cumplimiento de las normas relativas a las fiestas para el público en general no tendría el mismo efecto práctico en lo relativo a la propagación de la enfermedad que para aquellos que trabajaban juntos.

Si el primer ministro hubiera admitido las fiestas, el hecho de que infringían las normas del covid, el error de juicio que supuso permitirlas y hubiera explicado el contexto, sin duda habría habido un escándalo. Pero habría sido, aunque importante, manejable, en lugar de convertirse en una amenaza para el puesto.

Si es esencial establecer el mejor terreno posible para acampar, es aconsejable —cuando el escándalo es complejo o los hechos no están claros— ganar tiempo. Hay que asegurarse de que todo se investiga de la manera adecuada a nivel interno antes de defenderlo o tratarlo de cara a la galería.

Sin embargo, al ganar tiempo, hay que tener cuidado de no optar siempre por una investigación formal. Las investigaciones públicas tienen su lugar, sobre todo cuando se refieren a temas importantes no sujetos a debate político. El informe Saville de 2010 sobre el fusilamiento en 1972 de veintiséis manifestantes desarmados por parte de soldados británicos en la ciudad de Derry el Domingo Sangriento, que en esencia formaba parte del proceso de paz de Irlanda del Norte, es un buen ejemplo.

Pero, cuando se trata de una investigación sobre un tema político candente que suscita una controversia política real, y especialmente cuando se trata de una investigación formal en toda regla, hay que actuar con mucha cautela. De lo contrario, al anuncio de la investigación le seguirán meses o, más probablemente, años de dolor, sin aportar gran cosa a la comprensión del tema investigado.

El problema de una investigación es que puede tomar su propio impulso y la persona que la lleva a cabo, aunque sea de carácter fuerte, acabar viéndose sometida a una intensa presión para encontrar culpables. Los medios de comunicación no tienen ningún interés en que se declare la inocencia. Quieren que se declare culpable a alguien. Y, si perciben que la persona encargada de la investigación vacila, tienen formas de hacer que tome partido.

Por último, como he aprendido con el tiempo, nunca se debe olvidar que el escándalo es el problema del líder, pero no su trabajo. Esto es, su obligación es gobernar y la gente tiene que ver que es en eso en lo que se centra y que —independientemente de las polémicas que lo acechen— sigue centrándose en lo que le importa a la gente. El presidente Clinton lo hizo de forma brillante mientras atravesaba su juicio político. A cualquier otro le habría consumido el escándalo, pero él seguía con su trabajo. Sin duda, gran parte de su mente estaba ocupada en ello, pero no se lo dejaba ver al público.

Quisiera destacar un último punto. El líder debería prestar atención cuando esté en la oposición y no hacer una montaña de un grano de arena. Porque puede acabar volviéndosele, como un bumerán, y lo que empezó siendo un daño beneficioso podría acabar siendo un caramelo envenenado.

Siempre hay escándalos. No se piense ni por un momento que no los habrá, por muy limpio que se crea el líder. Hay demasiadas cosas en el Gobierno, demasiados actores implicados, demasiado escrutinio por parte de demasiados ojos críticos como para evitarlos.

Pero siempre se pueden mantener las cosas en su sitio.

30

La política en la era de las redes sociales

Vivimos en una nueva era de los medios de comunicación, tanto convencionales como digitales, lo que incluye las redes sociales. Y, para ser justos, tiene su lado positivo. Las redes sociales dan a la gente la oportunidad de comunicarse de manera directa. Pueden ser tanto un remedio como una vía de propagación contra material venenoso. De hecho, ofrecen una voz a comunidades que pueden vivir en sistemas políticos que no permiten la libertad de expresión. La gente las utiliza. Lo hacen porque les gusta. Y a algunos les ha abierto nuevas posibilidades y vías de experiencia y aventura perfectamente legítimas. Eso es evidente.

Sin embargo, también es obvio que tienen su lado negativo y, sin duda, han alterado por completo la forma en que se lleva a cabo el debate político de una manera que puede ser profundamente desestabilizadora e incómoda para los políticos. Facilitan el enfado. A menudo son injustas. Los mensajes están mal orientados o mal dirigidos. Son inexactos. Distorsionadores de la realidad. Tan dignos de ignorarse como imposibles de ignorar.

Las redes sociales han dado paso a la era de los bocazas. Y, aunque siempre se ha dicho que los que más gritan no son necesariamente los que más merecen ser escuchados, cuando se trata de política en las redes sociales, gritar fuerte parece ser el comportamiento preferido de muchos.

Tenía la ingenua opinión de que las redes sociales podrían ayudar a que los medios convencionales fueran más objetivos, al ser una alternativa para quienes buscan vías más serias. Vaya. Sin duda me equivoqué.

Ha ocurrido justo lo contrario. Las redes sociales son en sí mismas altamente partidistas, contienen información y opiniones sobre esa información mezcladas, por lo general de forma deliberadamente provocativa. Al mismo tiempo, en parte a través de las redes sociales, la tecnología ha creado una amplia diversificación de los medios de comunicación, pero también un entorno mucho más competitivo para los medios tradicionales.

El efecto sobre los medios de comunicación convencionales ha sido hacerlos competir, en clics, en indignación, en lo que capta las emociones, en lugar de la razón. Al mismo tiempo, se han fragmentado y su supervivencia comercial es de alguna manera dependiente de la captación de seguidores, a los que se mantiene mejor jugando con sus opiniones y agitándolas. La consecuencia es que asistimos a una política de agravios que está sustituyendo una manera más racional de considerar las decisiones difíciles.

Tanto las redes sociales como los medios de comunicación convencionales se combinan para crear cámaras de eco de opinión, donde, en lugar de permitir que la gente conozca otros puntos de vista, se refuerza la opinión que ya tenían.

En las redes sociales es habitual que fluyan ríos de tinta —electrónica— al hilo de declaraciones políticas o de otro tipo, aunque se basen en un hecho que, en origen, resulta ser falso.

La fuerza de una opinión suele ser inversamente proporcional a los conocimientos de la persona que la sostiene.

Se suele decir a favor de las redes sociales que «el pueblo tiene voz propia». Desgraciadamente, eso significa «toda» la gente, incluidos quienes no están en sus cabales. La gente con la que nunca querrías cruzarte, ahora te la encuentras de cara.

Ver lo que se escribe en la pantalla tiene un efecto curioso. Las personas que lo hacen tienen una sensación de poder, y las personas que lo leen o que son objeto de esas palabras —a menudo odiosas— sienten ese poder con independencia de la validez o exactitud de lo escrito.

Las teorías de la conspiración son un elemento importante en todo esto. Pero, en cierto modo, aunque resulten molestas, son fáciles de descartar. Quienes apoyan las teorías de la conspiración son un grupo de nicho y, sobre todo, una amenaza para sí mismos, aunque es alarmante observar cómo cualquier teoría, por disparatada que sea, puede acumular decenas y cientos de miles de seguidores. Que el 1 % de la población británica esté mal de la cabeza puede parecer poco. Pero son 650 000 personas. Lo que no parece tan poco.

Sin embargo, mucho peores y más preocupantes son las campañas sobre temas lideradas por personas que no inventan cosas, sino que las muestran de manera tendenciosa. Se toma un conflicto internacional y se presenta la versión de una de las partes, normalmente muy sesgada y distorsionada. Si este debate lo sigue un número suficiente de personas, crea ira en torno al tema, dificulta que se aborde de manera seria y caldea los ánimos en lugar de informar.

O se arremete contra las declaraciones que han hecho determinadas personas, tergiversando lo que han dicho, ignorando el contexto en el que lo han dicho u ofreciendo solo la declaración de una de las partes, lo que produce desequilibrio.

También está, por supuesto, el uso directo de las redes sociales por parte de Gobiernos extranjeros que interfieren en la política interna de un país. Es un hecho muy visible en las democracias occidentales, donde al menos se puede denunciar y, por tanto, su impacto es algo limitado, aunque en algún momento, y no muy lejano, será necesario examinar cómo la regulación podría prevenir o disuadir esta práctica. Pero es enormemente grave en lugares como el Sahel, en África, donde las campañas de desinformación han contribuido a destruir Gobiernos democráticos y a engendrar hostilidad en las poblaciones locales, sobre todo con respecto a Francia, en su calidad de antigua potencia colonial.

Y, para colmo, las redes sociales son un lugar donde la crítica despiadada y el veneno son la salsa que adereza cualquier opinión que se comparte. Los políticos electos están sujetos a niveles de desagrado, grosería y violencia verbal que son tan vergonzosos como, por desgracia, bastante comunes.

Por tanto, cada vez en el debate político serio es más difícil el intercambio de puntos de vista, la voluntad de debatir sin demonizar o la búsqueda de la respuesta correcta y no simplemente la fácil.

Es un mundo duro en el que intentar defender ideas, políticas y planes.

Y, sin embargo, esas características del discurso público son importantes para un líder que intenta comunicarse con la gente a la que sirve.

Sin duda tiene su lado positivo. Pero muy probablemente llegará un momento en que se reconozca que sus efectos son tan importantes para el debate político y la democracia que necesitarán una regulación mucho más enérgica que la actual.

En cualquier caso, hoy por hoy es un hecho de la vida política que tiene que saber manejar cualquier líder de la era moderna.

Hay gente mucho más experta que yo para aconsejar sobre cómo hacerlo. Mi preocupación es más bien asegurarme de que los líderes reconocen el poder de las redes sociales y medios de comunicación digitales y su efecto, sin dejarse llevar pensando que alteran las reglas básicas de la política, porque no es así.

Hay que recordar dos cosas al respecto. En primer lugar, el público lee, crea, pero en parte también sabe que es cierto todo lo que acabo de indicar líneas atrás. Por lo tanto, la gente ataca a través de las redes a los políticos, pero, al mismo tiempo, quiere que estos sean lo suficientemente fuertes como para resistir esos ataques y considerar ese medio con el respeto que se merece, que a menudo no es mucho.

Nunca se ha de subestimar el grado en que la gente ansía el liderazgo. Volvamos a Moisés. Los israelitas odiaban y al mismo tiempo ansiaban su liderazgo. Si recuerda el lector, llegaron a la tierra prometida (sí, lo sé, él no llegó). En el mundo de las redes sociales, la fuerza como líder político, siempre importante, se multiplica aún más. Lo peor que la gente puede pensar del líder es que es objeto de acoso presente o futuro. Incluso algunos de los que se muestran de acuerdo con las críticas que se hacen al líder no desean verlo doblegado. Quiero decir que, cuanto más feroz es la embestida, mayor es la recompensa de recomponerse y seguir adelante.

Si el líder evita la ola de cada corriente de opinión pasajera de Twitter, por la que puede que disfrute de una popularidad momentánea, al final será ignorado en calidad de líder. La gente quiere tener la sensación no de que alguien es indiferente a lo que dicen las redes sociales de él —pueden estar revelando una verdad importante—, sino de que el líder está dispuesto a ser la roca sobre la que rompe la ola, no a dejarse arrastrar por ella.

El segundo punto que hay que tener en cuenta es que, aunque las redes sociales intensifican y complican el negocio de la comunicación, en realidad no alteran sus fundamentos. En todo caso, los hace aún más importantes. La narrativa debe ser aún más sólida. El sentido del propósito debe estar aún más presente. La capacidad de abrirse paso entre la basura y sacar lo que de verdad importa es aún más crítica.

La respuesta tiene que pasar por ser cada vez más inteligente y capaz. No hay que eludir las redes sociales, sino utilizarlas. Es lo que es. Una molestia. Irritante en extremo. Un hecho irritante. Pero solo el líder puede decidir hasta qué punto es una distracción.

PARTE VII

Tú eres el líder

31

Evita la paranoia, aunque vayan a por ti

Has llegado. Eres el líder. Has ganado. Lo que significa que otros no lo han conseguido. El liderazgo engendra un fuerte resentimiento. Los rivales quieren tu puesto. La gente que te conoció cuando no eras nadie puede alegrarse si les caes bien, pero sin duda sentirán celos si no. Y, como hemos visto, puesto que el líder está sometido a una continua sucesión de decisiones, cualquiera de las que tome creará por sí misma un potencial casi ilimitado de resentimiento, discordia o incluso simple oposición a la antigua usanza.

Así que, desde el momento en que llegas a la cima, hay grupos de personas que intentan bajarte de ahí. Es natural. Y aceptar que es natural es una parte importante de mantener un correcto temperamento cuando se trata de hacer el trabajo. Incluso puede ser razonable que te echen, aunque aceptarlo es, obviamente, difícil para cualquier líder. Llega un momento en que lo correcto es que te vayas. Has estado ahí demasiado tiempo, has perdido el rumbo en términos de agenda, has perdido por alguna razón el apoyo del público, te has convertido en un lastre aunque en otro tiempo fueras un salvador.

Por lo tanto, prácticamente desde el principio, en cierto sentido van a por ti. A veces equivocadamente, a veces con razón. Y lo más probable es que no hayas llegado a ser líder sin algún tipo de lucha. Como es lógico, quieres quedarte allí o al menos elegir el momento de tu marcha. Probablemente no eres el tipo de persona que se va sin hacer ruido. No es una cualidad que hayas exhibido al llegar arriba y es poco probable que la inhibas al bajar.

Quieres sobrevivir por la habitual mezcla de principios y valores personales. Y por eso tienes que lidiar con los contendientes, los impostores y los infractores.

Todo lo anterior conduce a un alto potencial de paranoia. Y eso es decididamente negativo. Malo para el gobierno, malo para la toma de decisiones y, en última instancia, malo para ti. Se infiltra y te deja sin concentración ni energía.

Adopta muchas formas. Aparecen cosas en los medios de comunicación. Alguien ha filtrado algo. Puede ser falso, una distorsión o simplemente algo sin importancia. ¿Quién lo ha hecho? ¿Quién ha informado? ¿Por qué? Veo líderes que se pasan horas intentando resolverlo. El personal a su servicio está igualmente bajo sospecha. ¿Ha sido uno de nosotros? ¿Quién ha hablado con quién? ¿A qué periodistas se ha visto con qué funcionario?

Todas esas especulaciones son casi siempre inútiles. No sabes qué ha pasado. Puedes sospechar erróneamente. También puede ser perjudicial: el mero hecho de indagar crea una atmósfera de sospecha. Por eso es importante elegir bien a los colaboradores, a las personas de confianza. Es la única forma segura de evitar desagradables sorpresas. Además, especular supone una distracción: cada momento que se pierde preocupándose por quién está detrás de una historia es un momento que no se dedica a los retos de la vida real.

Las redes sociales, por supuesto, han llevado todo esto a un nuevo nivel. Aquí, las teorías de la conspiración se desbocan. Y el líder se convierte en su objetivo. A veces se dice que algunas de las conspiraciones son contra él; otras, que las inicia él mismo. Es un mundo verdaderamente loco. Pero no se puede dejar que todo eso te desvíe o te lleve a la paranoia sobre por qué está ocurriendo o cómo evitarlo. No digo que no tengas que responder a las cosas que se dicen y que son falsas, pero tienes que hacerlo rápidamente y luego seguir adelante. No hay que obsesionarse con por qué está pasando, qué o quién hay realmente detrás.

No dejes que tus preocupaciones y ansiedades malogren importantes relaciones de trabajo. Debes mantenerlas aunque creas que algunas de las personas con las que trabajas en realidad desean tu puesto. Actuar en contra de los intereses del Gobierno o socavar deliberadamente al líder está mal; la ambición por el puesto más alto no. Se debe aprender a distinguir. O, al menos, a reconocer que hay una diferencia.

Tuve esta conversación con frecuencia cuando era primer ministro porque —como es bien sabido— Gordon Brown, que era mi ministro de Hacienda y, por tanto, una pieza vital en el engranaje del Gobierno, aspiraba a sucederme, y más pronto que tarde. A mi gente, comprensiblemente, esto no le gustaba. Yo solía decir: «Tiene derecho a querer el puesto».

En mis años posteriores a Downing Street, he pasado mucho tiempo en Oriente Medio y en el mundo árabe, donde noticias salvajes se propagan como un incendio forestal sometido a fuertes vientos. He visto a líderes obsesionarse con ello. Nunca es útil.

En general, la política es mucho más caótica que las conspiraciones, pero estas son tan apasionantes que casi siempre se acaban imponiendo. Yo mismo leo constantemente sobre conspiraciones en las que se supone que estoy implicado para derrocar determinados regímenes, como si yo tuviera los medios, por no hablar de las ganas. Hay oscuras teorías sobre intenciones y motivaciones. De hecho, he sido tan a menudo objeto de teorías conspirativas que me he acostumbrado a vivir con ellas.

Cuando era primer ministro, tuve que lidiar con innumerables teorías conspirativas surgidas a raíz de la trágica muerte de la princesa Diana. Todavía hay quien cree que fue parte de un nefasto complot del servicio secreto británico. Todo son tonterías, por supuesto; todo impulsado por la paranoica creencia de que tiene que haber una razón profundamente oculta para un suceso tan terrible e inesperado.

Las teorías conspirativas sobre la muerte de la princesa Diana también ponen de manifiesto la creencia que tienen algunas personas en la existencia del *Deep State*, lo que genera todo un abanico extenso de paranoias propias. Como muchas de las peores, hay algo de verdad en ello. En la mayoría de los países, existen instituciones que, con el tiempo, dan forma a opiniones, actitudes y posturas que se arraigan hasta cierto punto y permanecen constantes a pesar de los cambios de gobierno. Las instituciones actúan de acuerdo con esos principios arraigados a menos que se las reoriente; y, ocasionalmente, si se crea una opinión muy firme sobre algo, se resistirán a cambiar de dirección. Así que, superficialmente, el Gobierno tiene una política, pero en el fondo el sistema tiene otra.

En las democracias, el *Deep State* está muy limitado. En los países no democráticos, mucho menos. En ambos casos, los líderes deberían evitar suposiciones exageradas sobre el poder que tienen estas *fuerzas ocultas* para frustrar o instigar.

En las democracias mejor establecidas, según mi experiencia, la mayoría de los funcionarios son reacios a frustrar deliberadamente el trabajo de un Gobierno elegido o a hacer cualquier cosa en la que los medios de comunicación, que adoran las conspiraciones, puedan encontrar la ocasión de hincar el diente. Su mayor preocupación —y esto es cierto incluso, y a veces especialmente, en el caso de los que trabajan en instituciones como los servicios de inteligencia— es verse envueltos en algún tejemaneje político y que luego los citen ante investigaciones, comités y comisiones, y los critiquen.

Habrá ocasiones en las que «el sistema» ocultará o cerrará filas en torno a una dificultad o un escándalo. Pero eso suele obedecer a un deseo erróneo de autopreservación y no a una mano malévola oculta que intenta destruir el Gobierno legítimo.

Algunas naciones —Pakistán, por ejemplo— tienen un Estado profundo que puede plantear verdaderos problemas a un líder elegido democráticamente; y los países en vías de desarrollo en general tienen un reto mayor que los desarrollados. Pero incluso en estos casos, no todo es producto de la política del Estado profundo y, cuando lo es y resulta contrario a la política del Gobierno elegido democráticamente, puede afrontarse y cambiarse. En cuanto a los países que no son democracias, lo más probable es que sea el líder quien controle al Estado y no el Estado al líder.

Si la paranoia inducida por el miedo a una conspiración es corrosiva, también lo es la influencia de quienes rodean al líder y ejercen su influencia sobre él. Puede tratarse de miembros del personal, colegas del Gobierno, amigos o, simplemente, personas que desean compartir algún conocimiento especial. Pueden ser personas a las que les encanta compartir chismes disfrazados de noticias o que están deseosas de contarle cosas al líder que este «realmente debería saber». Algunos quieren proteger de verdad, otros buscan demostrar su utilidad o esperan obtener una ventaja. Todos ellos deben evitarse. Siembran la semilla de la duda y, por tanto, de la paranoia.

¿Cuántas veces hay que insistir en que los dirigentes son humanos? Todos escuchamos cotilleos. Todos ponemos la oreja cuando alguien nos cuenta algo que nos preocupa, especialmente si es algo que juega con nuestros miedos y da rienda suelta a nuestras inseguridades. ¿Cuántas veces hay que repetir que la capacidad de resistirse a esas tendencias forma parte integrante del liderazgo?

Cuidado con este tipo de personas. Son letales.

Dicho todo esto, cabe hacer una última observación o cualquier líder que lea esto pensará que mi consejo es demasiado ingenuo (y la ingenuidad no es sensata en política). A veces es evidente que realmente hay un complot y que van a por ti.

Si es así, hay que actuar; se debe resolver, sin piedad si es necesario.

El resto del tiempo conviene no imaginar, no hay que perder un valioso tiempo de gobierno buscando lo que no existe y, como siempre, el líder debe afrontar todo esto con fría distancia.

32

El mundo interior

Emocionalmente, el liderazgo es un manojo de contradicciones. Es solitario. Es voluntario. Ser líder es un trabajo duro hasta la extenuación. Se ha luchado mucho para conseguir el puesto: se tiene poder; se tiene responsabilidad. Es posible que el líder se sienta exultante por lo primero y que le intimide lo segundo. Puede que quiera que todo el mundo sea su amigo. Pero sabe que se va a ganar muchos enemigos. Es famoso, pero también se gana mala fama. Es una celebridad y la gente quiere hacerse fotos y *selfies* con él, pero, a diferencia de otras celebridades, también tiene poder de decisión sobre la vida de esas personas.

El líder es querido y odiado en proporciones variables, lo que refleja en cierto modo lo que siente. Le gusta el poder y, por tanto, la capacidad de cambiar las cosas. Pero le molesta que a veces se malinterpreten sus motivos y le frustra la incapacidad de complacer a la gente cuando intenta hacer lo mejor por ella.

Siente emoción y, en los días buenos, plenitud. Pero también estrés; los días de frustración y decepción son frecuentes. Y todo el tiempo se pone el foco no solo sobre su trabajo, sino sobre su vida, su carácter, su familia, sus amigos. Hay personas que no le perdonan los errores y que se deleitan más con su fracasos que con sus éxitos. Son quienes se despreocupan de las consecuencias que puede sufrir el líder como persona, porque en ese papel se deja en cierto sentido de ser humano; se es un poder, inalcanzable para la gente corriente y, por lo tanto, debido al derecho que le da ese poder, no tiene derecho a la empatía.

Pero, como siempre me decía mi mujer cuando me quejaba —normalmente por alguna puya o ataque de los medios de comunicación—: «Nadie te obliga a hacerlo; si no te gusta, puedes irte y, si no lo haces, es porque se supone que te gusta más de lo que lo odias».

Cuando uno reflexiona sobre la impresionante naturaleza de la responsabilidad, se estremece un poco, o al menos yo me estremecía. Pesa enormemente y, francamente, si no lo siente así, ese líder no debería estar allí.

La presión y el estrés son reales. Para sobrevivir hay que crear un mecanismo de supervivencia. Parte de ello proviene de un temperamento adecuado, una cualidad muy importante para ejercer el liderazgo: la capacidad de sobreponerse, de mantener la calma cuando la situación pone los nervios de punta a cualquiera, de tener ese pequeño toque zen, esa cualidad de poder exudar confianza, sean cuales sean los temblores que a uno le sacudan por dentro. Ese temperamento es vital porque, si el líder empieza a parecer presa del pánico, el equipo y el sistema se derrumban y se hacen añicos la disciplina y la eficacia.

Tuve una suerte increíble con mi equipo más cercano: era excepcionalmente talentoso y valiente. En momentos de crisis, se ponían en pie cuando otros se cruzaban de brazos, marchaban hacia la batalla campal y sentían un placer casi perverso al hacerlo. Pero, incluso con ese equipo, que me conocía bien y daba todo de sí mismo, yo sabía que como líder tenía que poner mi mejor cara, escondiera lo que escondiera tras ella.

Un temperamento resistente es un don natural. Y solo algunos lo tienen.

Pero el mundo interior de uno ha de sostenerlo, reabastecerlo e incluso hacerlo crecer. Fue Denis Healey, ministro de Hacienda laborista en la década de 1970, o quizá su indomable compañera Edna, quien describió el secreto de su éxito en política como tener un «mundo interior». Con ello se refería a contar con una dimensión en la vida que no tuviera que ver con la política, sino con la cultura, el arte, una afición, una pasión que no tuviera nada que ver con la ambición política; un lugar, mental o físico, de descanso, relajación, ocio o placer. Para Denis era la poesía, la música y, en épocas posteriores, la agricultura.

Cuando era primer ministro, tocaba la guitarra, aunque solo fuera unos instantes, prácticamente todos los días. Leía, siempre dos libros al tiempo, uno de historia y otro de suspense. Veía películas, sobre todo clásicas. Intentaba aprender sobre algo de lo que no supiera mucho: arte, pintura, cerámica o ciencia; una de las cosas que más lamento en la vida es no haber estudiado ciencias en la escuela y, desde entonces, he sentido como una desventaja la falta de conocimientos científicos básicos.

Los amigos son importantes. Amigos de verdad. Preferiblemente los que se tienen de antes de ser alguien conocido: amigos del colegio, de la universidad, de cuando los hijos eran pequeños. Por supuesto, incluso con ellos, nunca escapas del debate político y no pueden evitar interesarse por lo que haces. Pero sientes confianza en su compañía. Sabes que puedes relajarte, estás fuera de todo riesgo. Hay confianza. Con los amigos políticos, por muy íntimos que sean, no es que no se confíe en ellos, sino que se mezclan en otros círculos políticos y mediáticos y siempre pueden acabar dejando escapar algo tuyo con esas terceras personas. Por tanto, el riesgo de indiscreción está ahí, aunque no sea intencionado.

Los «amigos» con los que hay que tener mucho cuidado son los que haces después de haber llegado al poder. Una de las lecciones más importantes que aprendí como líder es que no debes engañarte a ti mismo cuando aparentemente estás rodeado de gente respetuosa, incluso deferente, que te dice lo extraordinario que eres, que parece apoyarte en todos tus movimientos, que te profesa su lealtad ante tu genio infravalorado, que parece abrazarte cuando en realidad lo que está abrazando es tu poder.

No hay que ser tan precavido como para pasar por alto a los que seguirán ahí años después, pues he tenido unos cuantos. Pero hay que ser lo bastante realista para saber que la mayoría están ahí por interés propio. Esta razón en sí misma debería hacer desconfiar.

Esto puede ocurrir con gente de fuera de la política y del sistema; y puede ocurrir con gente de dentro. He perdido la cuenta del número de ministros que, después de dejar el cargo, dieron a entender no solo lo pésimo líder, sino también mala persona, que yo era, cuando se habían mostrado abiertamente maravillados de mi brillantez e integridad. Hubo funcionarios que yo creía sinceramente que me admiraban y me querían, pero que, al final, cuando dejé el poder, pensaban que yo era un cabeza hueca sin principios.

Uno podría volverse un poco cínico sobre la naturaleza humana debido a estas experiencias si no fuera por otros, gente decente, que decían lo que querían y sentían, y estaban a mi lado incluso cuando las cosas iban mal. Así pues, los amigos son una parte importante del mundo interior, pero hay que elegirlos con cuidado y ser conscientes de que, cuanto más recientes sean, más cuidado hay que tener.

Y, luego, naturalmente, está la familia. Tener hijos adolescentes conmigo en Downing Street fue una bendición. Por supuesto, los adolescentes suelen ser una pesadilla. Tuvimos nuestra buena dosis (pero, buenas noticias para los padres de adolescentes: ¡van a mejor!), con consecuencias a veces bastante notorias. Y, al final de un día difícil y perturbador, lo último que necesitas es un enfrentamiento con un adolescente de dieciséis años. Sin embargo, el enfrentamiento tiene cierto efecto absorbente que te hace olvidar curiosamente el estrés del «mal día en la oficina».

La familia es el corazón del mundo interior y hay que dedicarle tiempo y, sobre todo, dejar algo de energía emocional para lo que le importa. Puedo hablar de lo crucial que es esto porque, muy a mi pesar, muchas veces no lo hice. Pero nunca me arrepentí del tiempo o la energía que dediqué, aunque solo fuera sentándome a ver unos dibujos animados con mi hijo Leo, un niño por entonces de cinco años. Y así fue, sobre todo gracias a Cherie y a nuestra ayudante, Jackie, como los niños salieron adelante. Nunca hay que poner en riesgo a la familia; nunca merece la pena.

Este mundo interior de aficiones, intereses, amigos y familia ayuda a sobrellevarlo. Alivia parte del estrés. Mantiene los pies en el suelo.

Pero hay una última razón por la que es importante este mundo interior, y es bastante egoísta: convierte en mejor líder, no solo porque se está menos agotado, sino porque, gracias a ello, se piensa con más claridad. Hace que uno se sienta una persona normal en un entorno que es sumamente anormal. Se ven aspectos y detalles que de otro modo, inmerso en el negocio de gobernar, no se verían. Permite sentir y tocar, y todos esos elementos invisibles e intangibles se suman para formar un instinto bien arraigado.

Todo líder se ha de asegurar de que en su agenda hay hueco para el mundo interior. Se debe dejar alguna tarde al mes para cenar con gente a la que realmente apetezca ver, en la que relajarse y, dentro de unos límites, soltarse la melena; el líder debe procurar que algunos fines de semana sean como los de otras personas, para estar con la familia aunque se esté algo distraído. Se puede hacer.

Si la persona que lleva la agenda no puede ofrecer esos momentos, es hora de buscar a otra que sí pueda.

Y si, en los años de ascenso a la cima, no se ha conseguido crear un mundo interior, hay que hacerlo. Permitirá gobernar mejor.

33

Arrogancia y némesis

La palabra «arrogancia» tiene una mala connotación. Su origen se remonta a la mitología griega y se vincula con los humanos que se creen mejores que los dioses o con los dioses que muestran un orgullo excesivo o abusan de su poder. Su arrogancia los lleva a la perdición. Y «némesis» alude al castigo divino por ese comportamiento pecaminoso que provoca la caída.

Como dice la Biblia: «La soberbia precede a la caída». Por lo general, la palabra «orgullo» puede tener dos significados: el orgullo que es arrogancia y el que es un deleite por un logro o trabajo bien hecho. Los franceses, más precisos, tienen dos palabras: *orgueil*, el orgullo pecaminoso, y *fierté*, el buen orgullo.

A veces me siento con líderes que van viento en popa en las encuestas, el sol político brilla, gozan de aprobación y, como es natural, rebosan confianza y un aire de invulnerabilidad general.

Me dan ganas de agarrarlos por los hombros y gritarles: «¡Cuidado! ¡La némesis os persigue!».

No lo hago, por supuesto. Solo digo: «Bueno, eso está muy bien, pero puede que no dure, nunca se sabe».

Porque, normalmente, suele ser así. Me encuentro con ellos algún tiempo después. Llevan el ceño fruncido, la tez más pálida y la voz, estentórea antes, es un poco más trémula.

La némesis ha llegado en forma de crisis, de acontecimiento, de vuelco imprevisto de una u otra forma; y, de repente, el sol ya no brilla.

Analizándolo en retrospectiva, la caída debería haberse previsto. Pero la arrogancia lo impidió.

Aunque lo cierto es que no siempre. El presidente Jokowi, de Indonesia, por ejemplo, era más popular al final de su mandato que al principio. Pero te aseguro que es la excepción.

Cuando las cosas van realmente bien, es el momento de preocuparse por lo que podría ir realmente mal.

La arrogancia, en su forma más atroz, combina la prepotencia con la malevolencia.

Pero la arrogancia también puede deberse tanto a la ignorancia como al vicio. En este caso, el pecado radica en lo que se describe en el capítulo siguiente: creer que se sabe más de lo que se sabe; creer que se tiene el poder de influir en una situación que, en realidad, no se puede, o al menos no de la manera que se desea; tener una convicción excesiva en que se pueden superar las adversidades, por mucho que estén en contra; una fe en que, por pura fuerza de convicción, va a hacer triunfar ante una realidad inamovible.

A veces la arrogancia surge de la falta de preparación para lo inesperado. Las cosas parecen ir tan bien que no se perciben los primeros temblores que preceden a la agitación. No se ven porque no se mira.

Con el tiempo y mis propios errores, he aprendido que hay que tener un sano respeto por lo que puede salir mal y una igualmente sana falta de respeto por la infalibilidad propia o ajena. Este sentimiento de anticipación constante no debe llevar a la parálisis, sino a la circunspección. Porque el hecho es que, en el momento en que la arrogancia se apodera de uno —incluso en su forma más benigna—, la némesis se apresta para la lucha.

Podría dar numerosos ejemplos de mi propia época en el Gobierno. Daré dos.

En el año 2000, con una fuerte ventaja en las encuestas, una oposición débil y unas estadísticas económicas favorables, no me di cuenta de que se avecinaba una crisis derivada del aumento del coste del combustible provocado por la subida del precio del petróleo. Una protesta, en apariencia sin más, que bloqueaba el suministro de combustible de un pequeño número de depósitos de los que dependía el suministro de carburante del país se convirtió rápidamente en un bloqueo nacional a gran escala. En pocos días, el país se paralizó. Fue terrible.

Al mismo tiempo, y sin ninguna relación, como la inflación era baja (algo bueno) y las pensiones estaban vinculadas a la inflación (en principio, una medida política sensata), anunciamos una subida de las pensiones muy pequeña. Como resultado, los pensionistas se disgustaron mucho.

Ambas cuestiones confluyeron en un estallido de desafección hacia el Gobierno. La escena política se volvió muy tensa. Perdimos diez puntos en las encuestas. La oposición se puso por delante por única vez en la legislatura. Y lo que unos días antes parecía un escenario inundado por un plácido sol se vio envuelto en una tormenta muy desagradable.

No había visto las conexiones que debía haber visto y, por tanto, no había tomado medidas preventivas. Aprendí una buena lección.

Mucho más graves fueron las consecuencias de los atentados terroristas del 11-S. Dejando de lado a estos efectos los aciertos o errores de eliminar a los talibanes en Afganistán y a Saddam Hussein en Irak, el error de cálculo fundamental fue creer que, sustituyendo esos regímenes de dictadura brutal por una democracia —un objetivo perfectamente loable en principio—, podríamos instaurar en esos países instituciones de gobierno adecuadas y evitar la presencia del sectarismo religioso y de actores externos con interés en socavar el progreso.

No se trataba de un caso de arrogancia en el sentido de desdén por los demás o de creencia en la prepotente capacidad del liderazgo occidental para efectuar esos cambios. Fue una valoración errónea de que el mundo tal y como debería ser podía forjarse a partir del mundo tal y como es, y de que la democracia podía trasplantarse a un cuerpo político sin presiones que acabaran rechazándolo.

La creencia en la superioridad inherente de un sistema democrático nos dio una visión exagerada de cómo y dónde podía arraigar.

El ascenso y caída de la exlíder de Myanmar, Aung San Suu Kyi, ofrece otro ejemplo.

Yo la admiraba y la sigo admirando. Es una mujer valiente y el mundo, que la reconoció correctamente como mártir cuando fue encarcelada durante años por la junta militar que gobernaba el país, se ha precipitado al condenarla por no oponerse a la opresión de la minoría rohinyá en su país cuando, como demuestra su destitución y nuevo encarcelamiento, su margen de maniobra era mucho menor de lo que el mundo fuera de su país podía entender.

En los primeros días en que se convirtió en líder del país, mantuvimos varias conversaciones. Le intenté describir el reto de gobernar, lo difícil que era hacer cambios, cómo creía que necesitaba reclutar a las personas adecuadas para que la ayudaran y cómo debía tener cuidado con todos los escollos que seguramente encontraría. Básicamente, intenté convencerla de que ser el ídolo del pueblo era totalmente distinto a gobernarlo.

Era educada, pero se resistía a seguir mis argumentos. «El pueblo me quiere —decía—. Pero tendré que gestionar el ejército». Yo le respondía que el amor de la gente no eliminaba la necesidad de cumplir y que parte de la gestión de los militares consistía en crear suficientes cambios prácticos, sobre todo en la economía y los servicios públicos, para limitar su capacidad de injerencia.

Utilicé el ejemplo de Nelson Mandela. Él también era un icono, pero, a pesar de su estatus mundial, sabía que la transformación política que había logrado debía ir seguida de un cambio sobre el terreno en la vida cotidiana de la gente. En otras palabras, tuvo la humildad de reconocer los límites de lo que había logrado. El hecho de que sus sucesores no hayan hecho realidad sus esperanzas en Sudáfrica no es un reflejo de sus cualidades personales ni de su capacidad de percepción. Reflejan la magnitud de la tarea a la que sabía que se enfrentaba.

No conseguí persuadir a Aung San Suu Kyi. Probablemente la habrían depuesto igualmente; quizá cualquier cambio habría hecho temer aún más a los militares la pérdida permanente del poder. Nunca lo sabremos.

Pero creo que, si se hubiera centrado más en cumplir y hubiera confiado menos en su indudable carisma y en el amor que la gente le profesaba, si hubiera sido capaz de transmitir al país la sensación de que el cambio político podía más que nunca llevar a mejoras prácticas, habría tenido más posibilidades de derribar a las fuerzas de la junta y conseguir apoyo internacional.

La arrogancia puede surgir a veces no por un exceso de confianza, sino por una falta interior, aunque no reconocida, de ella. «Podemos hacerlo nosotros mismos» es una afirmación que escucho a menudo en boca de algunos presidentes. Son ellos los que fracasan. Afortunadamente, hoy en día hay muchos que se muestran completamente abiertos a la ayuda exterior y, cuando se les ofrece, están más que encantados de aceptarla. Estos son los que triunfan.

Recuerdo una conversación con un presidente que se enfrentaba a un problema importante de terrorismo islamista en su país y tenía dificultades. Le sugerí que pidiera ayuda a los estadounidenses o a los británicos. «No hace falta —respondió—. Ya nos ocuparemos nosotros». Le expliqué que, en todo el mundo, había países con una enorme experiencia en el seguimiento, la vigilancia, la desarticulación y, finalmente, la derrota de estos grupos, todos ellos con un *modus operandi* similar. «No necesitamos que nadie nos diga cómo resolver nuestros problemas», dijo desafiante.

Su problema con el terrorismo empeoró. Demasiado tarde se dio cuenta de que necesitaba ayuda externa y empezó a buscarla. Hoy, la lucha contra el terrorismo sigue siendo en su país una batalla constante. Con la ayuda que ahora ha conseguido, puede que al final la gane. Pero los años perdidos han hecho mella en la suerte de su nación.

Una vez que un líder se da cuenta de que la arrogancia es un peligro omnipresente y de que, si se consiente, la némesis le anda a la zaga, sus sensores de riesgo mejorarán. Se mantienen los ojos bien abiertos. Se escuchan los consejos y se sopesan. La creencia en la propia invencibilidad se sustituye por la creencia en la propia vulnerabilidad, lo que permite una mayor confianza al saber que la toma de decisiones será más pertinente.

Creo que esto se puede aplicar a la vida en general. Desde que dejé mi cargo, he observado a muchos líderes empresariales. Algunos han ascendido y se han mantenido ahí. Son los que se preparan para cualquier eventualidad, los que intentan ver a la vuelta de cada esquina, sabiendo que detrás puede estar acechando algo desagradable. Son los líderes que piensan —cambiando por otra analogía griega— que Ícaro es una buena lección sobre lo que hay que evitar.

En cuanto a los otros... Bueno, son aquellos sobre los que se lee en la prensa, los que ven derretirse sus alas y se precipitan a tierra.

34

Uno nunca sabe tanto
ni es tan listo como cree

El problema de vencer, sobre todo en el mundo de la política, donde «el ganador se lo lleva todo», es que uno se cree más listo de lo que es o, incluso, más que cualquiera. He ganado, *ergo* soy brillante. O, al menos, mejor que nadie.

Desde que dejé el cargo, he conocido a una gran parte de la comunidad empresarial, incluido, por motivos de recaudación de fondos, un número significativo de multimillonarios. Suelen ser personas que han tenido una gran idea, han hecho un negocio que ha ido muy bien o han inventado algo ingenioso. Se han hecho ricos.

Bien por ellos.

Sin embargo, he observado que en algunos ese éxito les ha dado una sensación de confianza en sí mismos que les hace pensar que no solo son buenos en aquello que les ha hecho ricos, sino más listos que nadie en otras muchas cosas.

En el mundo político hay gente así. Se gana una gran victoria o se consigue ascender de algún modo a la cima de lo que el primer ministro conservador del siglo XIX Benjamin Disraeli llamaba «el palo encebado». Uno concluye que es un genio. Lo logró. Salió adelante. Venció al resto.

Pero se olvida que no se trata solo de habilidad, sino también de las circunstancias, de que la puerta adecuada se abra a tiempo, de la escasa calidad del rival y, por supuesto, de la suerte. Sí, hay que sentirse orgulloso de la victoria. Pero no dejarse engañar y creer que se es más listo o se tienen más conocimientos de los que realmente se tienen.

Como escribí páginas atrás, la política es la única profesión del mundo que coloca a alguien en una posición de extraordinario poder y responsabilidad sin exigirle ninguna experiencia previa ni demostración de capacidad.

Naturalmente, hay un proceso de selección. Alguien habrá demostrado cierto historial en el mundo de la política que lo convierte en aspirante; sus colegas habrán opinado. No se le saca literalmente de entre la multitud. Pero es posible —y probable— que no haya tenido experiencia real de gobierno.

De lo que sí ha tenido experiencia es de ganar. El líder habrá tenido que hacer juicios, tomar decisiones, dar la batalla. No es fácil hacerlo, así que su éxito le habrá dado una confianza en su propia capacidad que tal vez esté justificada. Pero lo importante es reconocer —desde el principio— las limitaciones de las pruebas de esa capacidad. Llegar al poder no significa saber gobernar. Haber tomado las decisiones correctas para llegar a la cima no significa que uno sea infalible a la hora de tomar decisiones cuando se enfrente al reto infinitamente más difícil de gobernar un país.

Un cierto grado de humildad no es la actitud natural de la mayoría de los políticos. Si no la tienen, pronto la aprenderán, o se hundirán.

Hay una enorme cantidad de cosas de las que el líder sabe poco.

Inmerso en alcanzar el cargo, no se habrá centrado de la misma manera en todas las dimensiones de la realidad a las que se enfrentará como líder en el Gobierno.

Así que se debe empezar con una simple apreciación de la necesidad de aprender, una actitud que haga que uno se abra a la sabiduría de los demás, una apertura a formas de pensar sobre los problemas que no son como pensaba mientras hacía campaña para ganar.

Me ha sorprendido, conmocionado y más de una vez horroriza-do, lo mucho que he aprendido desde que dejé el cargo.

«Ahora veo la vida desde los dos lados», como cantaba Joni Mitchell. Conozco infinitamente mejor el mundo, a pesar de haber sido primer ministro de un país importante durante diez años, y he podido estudiar sin el estrés y la lucha de dirigir un Gobierno.

He intentado construir y desarrollar empresas y organizaciones, no simplemente pensar en ayudar a conducirlas. Es mucho más difícil de lo que pensaba.

He conocido a gente de todas las clases sociales, culturas y credos, mucho más allá de las costas de mi infancia.

He leído artículos no solo para informarme, sino para reflexionar.

Y he aquí algo realmente extraordinario: he seguido madurando. Dejé el cargo a los cincuenta y cuatro años. Edad suficiente, podría pensarse. Pero no, el proceso no se detiene.

Cuando hablo de este tema con otros exlíderes, asienten inmediatamente.

¿Qué debería sugerir esto?

Debería hacer entender que un líder puede creerse un genio porque ha conseguido ganar poder, pero tarde o temprano descubrirá que no es así. Debe intentar ser consciente de esto lo antes posible.

Cuanto más sé, más me doy cuenta de lo poco que sé. Por eso importan tanto los preparativos para aventurarse en la política y el tiempo que se pasa en ella, en la oposición o tratando de ascender. Porque llega un momento en que se comprenden las limitaciones de los conocimientos que se tienen; cuando se entiende lo que Roy Jenkins, el gran ministro del Interior y canciller de los Gobiernos laboristas de las décadas de 1960 y 1970, quiso decir cuando, en respuesta a mi pregunta de qué estaba cavilando cuando lo vi pensativo justo antes de participar en una emisión de radio, dijo que estaba «contemplando las vastas extensiones de mi propia ignorancia». Y Roy no era un hombre ignorante.

El líder es quien toma las decisiones. Ese es su trabajo. Pero eso no significa que sea la persona más indicada para hacerlo. Puede haber alguien mucho mejor cualificado. Solo que no es el líder.

En otras palabras, no se debe confundir el hecho de tomar las decisiones con la suposición de que nadie lo haría mejor. Hay una diferencia entre ser inteligente y ser poderoso. Por lo general, un líder será tratado con más respeto del que merece por aquellos que existen gracias a él. Los buenos —unos pocos— dirán lo que piensan cuando crean que está diciendo tonterías. Los otros, que son la mayoría, no. El líder debe dejar que intenten engañarlo, pero no engañarse a sí mismo.

35

Es mejor ser respetado que querido, temido o «de confianza»

El título de este capítulo va a dar que hablar. ¿Seguro que es bueno ser querido como líder? Sí, lo es, y la mayoría de las veces ocurre cuando el líder es una figura icónica que representa una idea, pero no le ocurrirá a un líder que se tenga que enfrentar a un cambio difícil. Ser querido por la gente es algo maravilloso, pero no es el objetivo de gobernar. Hacer cambios que mejoren su vida material, económica y socialmente: ese es el objetivo; y precisamente porque implica alterar el *statu quo* y socavar intereses en el camino, es poco probable que vaya acompañado de amor.

¿Y no es bueno ser temido? A veces es bueno, cuando un líder que intenta hacer lo correcto se ve enfrentado a quienes intentan detenerlo y quieren disuadirlo.

Los grandes líderes utilizan el miedo con moderación, pero lo utilizan. Los grandes poderes también. La mayoría de las veces esto tiene profundas consecuencias. Pero he aprendido una lección interesante sobre el poder estadounidense. Es cierto que los países lo resienten; creo que a menudo se ejerce de forma hipócrita, incoherente o interesada. Con frecuencia los aliados se sienten ignorados o se les consulta en la forma, pero no en el fondo.

Pero, durante mucho tiempo en política, he llegado a la conclusión de que lo que más preocupa a los aliados es la ausencia del apoyo estadounidense y que lo que más envalentona a sus enemigos es la sensación de que Estados Unidos se aleja del terreno de juego. Y, aunque no me gustan muchas de las formas en que China hace uso de su poder, quiero que sus aliados —que ahora incluyen a Rusia e Irán—, le teman lo suficiente como para ejercer la moderación cuando el país asiático lo desee.

Y así llegamos a la cuestión de la confianza. ¿Es ante toda circunstancia bueno que confíen en uno? La confianza es un elemento tan esencial en el liderazgo que abarca la capacidad de convencer a la gente, de guiarla a través de cambios difíciles, de preservar la unidad frente al desafío.

En realidad, todo depende de lo que se entienda por «confianza». En política, es un concepto difícil de entender, por lo que hay que definir lo que realmente queremos decir.

En cierto modo, nadie «confía» en los políticos. En el diccionario de sinónimos que uso hay 139 sinónimos de confianza y muchos de ellos tienen que ver con la certeza, la certidumbre, la expectativa, la esperanza y, por supuesto, la verdad.

Pero en política no hay nada seguro. La esperanza y la expectativa siempre van mucho más allá de lo que realmente se puede conseguir. ¿Y la verdad? «¿Qué es la verdad?» se supone que le preguntó Poncio Pilato a Jesús; y en política también sería una buena pregunta.

Los hechos son ciertos, a pesar de la indulgencia contemporánea —y esperemos que temporal— de que los sentimientos son tan importantes como los hechos y de que estos últimos pueden verse sujetos a modificación por los primeros.

Pero en política la gente confunde a menudo las opiniones con los hechos y las considera «verdaderas». «La inmigración está arruinando el país», dice el político X. «Por fin alguien se atreve a decir la verdad», puede pensar una parte importante de la población. Y llegan a la conclusión de que se puede confiar en ese político, en contraposición a todos los arribistas de pacotilla que dicen que todo el asunto tiene más matices y que la inmigración debidamente controlada es algo bueno, que señalan el papel que ha desempeñado en la supremacía económica estadounidense o en el sector tecnológico británico, o que argumentan que las enfermeras y los médicos extranjeros son vitales para el Servicio Nacional de Salud, o que sin trabajadores inmigrantes los sectores hotelero y hostelero de prácticamente cualquier país desarrollado se hundirían.

Por supuesto, estos últimos argumentos no se prestan a eslóganes o frases hechas. La propia presencia de matices hace que no se confíe en ellos, porque parecen insatisfactorios, tendenciosos, vacilantes o inseguros.

En política, se suele aclamar a los populistas como aquellos en los que se puede confiar, los que «le dicen la verdad al poder», los que desafían a «las élites», los que «dicen las cosas tal cual son», los que no temen romper con el pensamiento convencional.

Pero, en realidad, lo que están haciendo es decirte lo que quieres oír, lo que quieres creer, lo que eleva tus expectativas no a base de esfuerzo, sino de palabrería.

Siempre digo que cuando más hay que confiar en un político es cuando te está diciendo lo que menos quieres que te digan. Si lo piensas, es obvio. Cualquier tonto puede averiguar lo que quieres oír; solo tiene que ofrecerte una versión de tus propios pensamientos. Es el líder que realmente quiere hacer lo mejor para ti quien te dirá que lo que quieres no es posible o no es lo que necesitas.

Hasta el momento me he mantenido alejado del tema Brexit y a continuación dejo de lado las ventajas e inconvenientes de la decisión.

Se puede argumentar que, a largo plazo, a los británicos les conviene haberse ido; que podemos tomar una nueva dirección; que el dolor a corto plazo merece la pena a largo plazo.

Lo que no se puede negar con seriedad es que, cuando rompamos los acuerdos comerciales con los socios con los que hacemos la mitad de nuestras operaciones, no sufriremos al menos alguna pérdida comercial inmediata. Sería extraño que fuera de otro modo.

O que, cuando abandonemos la unión política con el resto del continente, no perderemos influencia política, al menos con esos países.

Sin embargo, eso es exactamente lo que afirmaban los partidarios del Brexit.

Y apuesto a que esos defensores —Boris Johnson, Nigel Farage y otros— habrán gozado de mayores niveles de confianza cuando se celebró el referéndum del Brexit en 2016 que David Cameron, George Osborne y otros proeuropeos, a pesar de que los argumentos que estos últimos esgrimían —a saber, que el Brexit causaría daños económicos y pérdida de peso político en Europa— eran manifiestamente correctos, tal como se ha demostrado.

La cuestión era que mucha gente quería creer lo que decían los impulsores del Brexit y, por tanto, confiaba más en ellos.

Cualquier líder político que tome decisiones difíciles se encontrará rápidamente con problemas de confianza.

¿Un Gobierno que gasta dinero? Altos niveles de confianza. ¿Un Gobierno que recorta gastos? Basta sondear el nivel de confianza en ese momento y se verá que es muy bajo. Pero aseguro que ningún político recorta el gasto público por deseo de hacerlo, sino porque, con razón o sin ella, piensa que es necesario para la salud del país a largo plazo.

La «confianza» no es un concepto fiable en política a menos que se aplique con estricto cuidado.

En cualquier caso, el día a día de la política no invita a ella. A veces se es evasivo, a veces se cambia de opinión, a veces se oculta algo; a veces las promesas resultan no ser falsas, sino irrealizables, por razones buenas o malas; a veces simplemente hay que gestionar a los colegas o las circunstancias. Y por todo esto se puede parecer poco fiable.

Por supuesto, a veces el líder es deshonesto o corrupto.

Pero esto es harina de otro costal.

No conozco a muchos políticos verdaderamente deshonestos. Sin embargo, conozco a muchos que se consideran así.

Tomemos como ejemplo la política francesa. Francia es un país difícil de gobernar. Vota a presidentes que prometen cambiar las cosas. Esos presidentes empiezan a hacer cambios. La nación se rebela. Sus índices de confianza caen en picado. Es totalmente ilógico: sus índices de confianza deberían subir.

O pensemos en las valientes voces que en toda la región africana del Sahel denuncian, con razón, el mito absoluto (a menudo impulsado por campañas en las redes sociales creadas por los rusos) de que lo que frena a esos países es una forma moderna de colonialismo francés. El mito es muy popular, los que se oponen a él son impopulares. Los primeros gozan de gran confianza; los segundos, no.

Durante la crisis del covid, perdí la cuenta del número de personas que me decían que no confiaban en los políticos que imponían confinamientos o intentaban distribuir a toda prisa vacunas supuestamente poco seguras.

Si hay argumentos más que legítimos sobre los beneficios de los confinamientos e incluso sobre la vacunación, ¿por qué un líder político abogaría por ellos a menos que realmente creyera que son necesarios?

Puede que aquellos dirigentes tuvieran razón —así lo creo yo— o puede que se equivocaran. Pero no cabe duda de que creían en la política que seguían. Dirigir este debate sobre la base de la confianza carece de toda lógica.

La cuestión es la siguiente: si uno se propone ser un político «de confianza», con el tiempo se dará cuenta de que es un estatus difícil de mantener.

La confianza se encuentra mejor como consecuencia del respeto; y el respeto es algo que un líder puede y debe alcanzar.

La confianza, en este sentido, no consiste en discutir sobre quién es más honesto o quién dice más verdades, sino en saber si se puede confiar en el líder a través de sus acciones sobre la nación, confiar en que tome decisiones en lo que realmente cree que es de interés nacional.

En el fondo, la gente sabe que la política puede ser un asunto difícil, incluso sucio; y en el fondo lo aceptan. Francamente, no querrían a un ingenuo honesto al frente de sus asuntos.

Quieren a alguien que cumpla lo prometido; alguien que tenga la ambición y la competencia para gobernar; alguien a quien respeten como líder, no necesariamente a título personal.

No les gusta que les hablen de la dura verdad y de distintas opciones. Pero seguirán a los líderes.

Y, en última instancia, aunque el líder esté haciendo cosas impopulares, aunque el volumen de quejas parezca ahogar las explicaciones sobre la pertinencia de las medidas, aún se puede recuperar el respeto. Se trata de un valioso activo político.

Y eso genera un tipo de confianza diferente, pero, en mi opinión, más profunda; no porque guste el líder o gusten sus políticas, sino porque se sabe que está preparado para servir a la gente con un servicio que solo el verdadero liderazgo puede proporcionar.

Volvamos brevemente al amor y al miedo. Conozco líderes que, con el tiempo, llegan a ser amados porque el efecto de sus políticas; por duras que sean de administrar, se han acabado reconociendo como beneficiosas. Pero normalmente se trata de líderes en tiempos de guerra que gobiernan durante tanto tiempo que aún están para cosechar los beneficios que han sembrado.

Pero, en el caso de los que lideran en una democracia en tiempos de paz, con límites de mandato —ya sean constitucionales o prácticos—, me cuesta mucho dar con un ejemplo. Claro, puede que los amen sus seguidores, su base de fans, pero el país en conjunto..., no lo creo.

Y en cuanto al miedo, salvo en el sentido estricto al que aludí al principio de este capítulo, ni siquiera las dictaduras pueden gobernar solo a través del miedo. Durante un tiempo, por supuesto; quizá Corea del Norte sea una excepción, pero, en general, al final el pueblo se rebela.

El miedo no genera respeto. El liderazgo sí. Así que mi consejo para los líderes es que no intenten que los quieran y que eviten que los teman, salvo cuando sea estrictamente necesario; han de buscar el respeto. No es tan excelso como el amor ni tan satisfactorio para los demonios internos como el miedo, pero es lo único en lo que realmente merece la pena «confiar» en política.

36

Ambición: si se calcula demasiado, se calcula mal

La ambición no tiene nada de malo y ningún político llegará lejos sin ella. Cuando me convertí en diputado por primera vez, tenía la idea de que me bastaría con seguir siendo diputado de circunscripción, haciendo todo lo posible por mis electores. Tan emocionado estaba de estar en la madre de los Parlamentos. Eso me duró unos diez minutos. En cuanto vi lo que era el poder y lo que podía hacer, lo quise.

Lo quise por una mezcla habitual de motivos: cambiar el mundo, poner en práctica determinados principios, ser respetado y reconocido como una persona con poder y sentirlo, saber que podía moldear el mundo que me rodeaba y el mundo de los demás. Y, para cualquier otro político exitoso, los motivos son más o menos los mismos, aunque no necesariamente en el orden que acabo de mencionar.

Los políticos que se jactan de su honradez, integridad o apego a la verdad y a la bondad, a diferencia de esos «otros políticos», hacen que los avezados entre nosotros nos echemos a temblar, precisamente porque sabemos que la política y los políticos no pueden ser así, tanto por buenas como por malas razones. No se me malinterprete. Todas esas virtudes son importantes. Pero lo cierto es que hay demasiadas cosas en el mundo de la política que implican tejemanejes, intrigas y cierta crueldad para permitir que se rija única y exclusivamente por esas virtudes.

Inevitablemente, cuando eres un aspirante a político te ves arrastrado a crear alianzas, a veces bastante facciosas. Tienes que juzgar qué peleas escoger, cuándo hablar y cuándo callar. Tienes que medir constantemente el espacio entre la necesidad táctica y el objetivo estratégico. Es un laberinto y algunos políticos se pierden en él. Su ambición les eclipsa los principios que tienen; oscilan entre un camino y otro, sin encontrar nunca las buenas referencias, y así suelen acabar en ninguna parte.

No todos. Algunos muy inteligentes o con una enorme habilidad política son capaces de sortear el laberinto, a pesar de carecer de un plan de acción coherente. Y tampoco hay que descartar el papel de la suerte.

Pero tales políticos son la excepción. Yo quiero analizar la regla.

Empecemos por el principio. Antes de ser líder. Imagina que te interesa la política y quieres hacer de ella tu carrera. Está claro que la ambición va a estar presente desde el principio, pero tu primera consideración debe ser que la política es mejor tratarla como una vocación, no como una carrera. En otras palabras: si no sientes el intenso deseo de hacerlo, mejor no lo hagas. Hay demasiada miseria y riesgo en el juego como para dedicarse a ella, a menos que realmente quieras jugar. Y con pasión.

Luego hay que prepararse. Y la preparación inicial debe basarse en el entendimiento de que la política no puede hacerse bien a menos que se conozca el mundo que hay más allá de ella. Cuando aconsejo a los jóvenes que persiguen un compromiso a tiempo completo con la política, empiezo por decirles: «No vayas directamente de la universidad para convertirte de investigador en diputado y luego abrirte camino en el escalafón. Si sigues este *modus operandi*, puede que llegues a ser muy competente en los negocios de la política, pero tu capacidad práctica para el país se verá seriamente limitada».

Es mucho mejor conocer el mundo real antes de entrar en el mundo de la política. Se debe experimentar cómo vive, trabaja y piensa la gente normal. Ver cómo se gestionan las empresas, las escuelas, hospitales y otros servicios públicos; cómo la gente tiene que tomar decisiones en puestos de liderazgo, día tras día; qué es lo que realmente importa y qué es lo que solo importa en apariencia. Si es posible, hay que conocer otras partes del mundo, familiarizarse con otras culturas e idiomas. Nunca será tiempo perdido si se dedica a aprender.

Los conocimientos que se adquieran pueden o no ser de utilidad práctica más adelante, pero la inmersión en algo diferente, desarrollar sensibilidad hacia las preocupaciones de la inmensa mayoría que no dedica su tiempo a obsesionarse con la política, formará el carácter político del aspirante a líder de tal manera que lo convertirá en un mejor servidor y en un maestro mejor informado.

Los pocos años —solo siete— que pasé como abogado en un ámbito completamente ajeno a la política me resultaron enormemente beneficiosos cuando me convertí en diputado. Trabajé con gente a la que no le importaba —y nunca me preguntó cuál era— mi ideología política. Me di cuenta de que la mayoría de la gente no pasa el tiempo pensando en política, obsesionada con este o aquel tema de las noticias, preguntándose quién está arriba y quién está abajo. Más bien están centrados en su negocio, su trabajo o las perspectivas de su familia.

Me dio un profundo sentido de lo que es «normal». Y de la diferencia que hay entre eso y la política.

Así que, si se anhela una vida dentro de la política, se ha de empezar por reunir todos los conocimientos que se pueda sobre el mundo fuera de ella. Así será mucho más probable que la ambición se haga realidad.

Después, si se quiere navegar por el laberinto con éxito, hay que darse cuenta de que la creencia —un conjunto de convicciones que se sostienen con sinceridad y no solo por conveniencia— es un acompañamiento vital para lograr ese éxito.

Si se calcula demasiado, se calcula mal.

Puede parecer un consejo ingenuo. Pero es mi experiencia personal. Dos ejemplos de mi propia vida política lo demuestran. El primero se remonta a hace más de cuarenta años, cuando intentaba ser elegido candidato laborista en las elecciones de 1983. Me dirigí al menos a doce circunscripciones diferentes con la esperanza de que en alguna de ellas resultara elegido. Todas me rechazaron, a veces a favor de un aspirante que, francamente, no tenía grandes dotes. Fue deprimente. Pero podía comprender por qué: yo estaba declarada y abiertamente a favor de expulsar a la Militant Tendency —sector de extrema izquierda— del Partido Laborista en una época en la que apoyarla era una prueba de fuego de respetabilidad izquierdista. No sabía si lo estaba haciendo bien o no, me preguntaría una y otra vez; pero mi barco se hundió.

Justo antes de las elecciones, me surgió la oportunidad de presentarme a la circunscripción de Sedgefield, entonces un escaño laborista seguro y con partidarios anti-Militant. Una postura que me había supuesto una desventaja en una docena de circunscripciones se convirtió en una ventaja. Gané.

He aquí la cuestión: varios de los escaños por cuya candidatura me presenté sin éxito acabaron perdiéndose debido a la derrota laborista de 1983. Si hubiera triunfado en alguno de ellos, no habría estado en el Parlamento después de 1983 y, por tanto, nunca habría conseguido el liderazgo once años después. Al final, mantenerme firme a mis convicciones mereció la pena.

Me convertí en líder del Partido Laborista de una forma muy parecida. Después de sufrir la cuarta derrota electoral consecutiva en 1992, me había convertido en un reformador laborista, diciendo cosas que gran parte del partido consideraba demasiado atrevidas o inaceptables. El entonces líder, John Smith, incluso me advirtió de buen grado que fuera menos vociferante porque, en su opinión, eso significaba que nunca podría llegar a ser líder. Pero yo pensé: «Qué demonios, estoy harto de la oposición perpetua; tengo una visión clara de lo que nos está frenando y voy a decir lo que pienso, con elegancia, pero sin rodeos».

Trágicamente, John murió. El liderazgo quedó vacante de repente. El partido decidió que también estaba harto de no poder salir de la oposición y yo me convertí en el ejemplo de persona adecuada que llega al lugar adecuado en el momento adecuado.

He visto cómo ocurría lo mismo muchas veces con muchos de los líderes con los que trabajo. Los mejores. Los que consiguen mantener el rumbo. Por supuesto, habrán jugado sus cartas con habilidad, se habrán movido por los pasillos, habrán hecho todo lo necesario. Sin duda, habrán hecho muchos cálculos. Pero, en un momento crucial, dejaron de calcular y se plantaron.

Los líderes asumen riesgos, a veces los que otros no quieren o ni siquiera se plantean. De lo contrario, Emmanuel Macron no se habría convertido en líder de Francia. Nelson Mandela no se habría convertido en un icono político. Mijaíl Gorbachov no habría puesto en marcha la desintegración de la antigua Unión Soviética, que condujo a la liberación de Europa del Este. Winston Churchill no habría dirigido el Reino Unido durante la Segunda Guerra Mundial, ni Charles de Gaulle a Francia después de ella. Todos estos líderes, en algún momento de su carrera, adoptaron una postura que el mero cálculo en aras de la sola ambición habría desaconsejado.

Esto no quiere decir que quienes adoptan posturas firmes y las mantienen sean necesariamente personas con las que uno pueda estar de acuerdo. Margaret Thatcher tiene detractores, por supuesto, y también admiradores. Pero nadie puede dudar seriamente de que se aferró a aquello en lo que creía.

La nueva ola de populistas triunfa en parte porque la gente cree que se oponen a la sabiduría imperante, al *statu quo*. Ahora bien, esto puede ser falso en la medida en que algunos son populistas en todo caso por cálculo. Toman un agravio y lo explotan, sabiendo que así ganan agarre político. Pero los descubrirán rápidamente una vez que alcancen el poder, a menos que hayan pensado bien sus posiciones y tengan un plan más allá de la actuación.

Esto no es un alegato para reconocer que los «buenos» tienen principios y los «malos» no. Es solo una lección de vida práctica sobre liderazgo político. Si para un aspirante a líder todo es un cálculo de carrera, ha de comprender el riesgo de que el mundo cambie y se quede en el camino por un error de cálculo.

Lo único que se puede garantizar en política es que lo que parece inmutable un día se vuelve mutable: las cosas a menudo se tuercen de forma inesperada. La política puede cambiar. Las circunstancias pueden cambiar. Lo que antes era evidente para una minoría ahora pasa a serlo para la mayoría de la gente. Se adopta una postura impopular en un asunto y el análisis que se hace se revela acertado. En un momento, lo que parecía una apuesta tonta reaparece de repente como una muestra de clarividencia.

Pero la gente acabará por distinguir a unos de otros. De nuevo, para ser claros, esto no hace que unas creencias determinadas sean correctas, simplemente enfatiza el punto sobre lo que llamamos «autenticidad».

En última instancia, hay una razón más profunda: la política no merece la pena a menos que se actúe de acuerdo con creencias genuinas. De acuerdo, el poder es el poder; y es atractivo, incluso como una droga, que, una vez adicto a ella, es doloroso abandonar. Pero, a menos que uno sea un robot emocional —y reconozco que hay bastantes de esos en la política—, se puede alcanzar lo que se conoce como paz mental. Quien intenta hacer el bien, e incluso si fracasa en el intento, sabe que lo ha hecho por buenos motivos.

Hay un karma en la política y tiene —como hace el karma— su forma de volver. Para toda la política y los políticos, hay un final.

37

No hay que afanarse en ganar enemigos; vendrán por sí solos

El líder tiene estatus, autoridad, poder. Puede nombrar, imponer y revocar. Estará rodeado de personas que desean complacerlo con la esperanza de ganar o lograr un avance, normalmente por cualquier medio posible. Estas personas pueden ascender por sus propios méritos. Eso es un punto a favor. Serán los mejores de la clase. Pero, si no pueden hacerlo por méritos, tratarán de avanzar mediante la adulación, regalándole el oído al líder, haciéndose aparentemente indispensables mediante una lealtad desmedida o cualquier truco que funcione.

El líder debe ser capaz de detectar el mérito y recompensarlo; también de gestionar a aquellos que carecen de él, pero cuyas ambiciones son tan grandes como las de aquellos que lo tienen, e incluso mayores. Este último grupo puede pasar con facilidad de ser sumamente leal a ser sumamente desleal, si sus pretensiones de progresar se ven frustradas o pasan desapercibidas. Y la desafortunada realidad es que suelen formar parte también del grupo más numeroso, porque el verdadero mérito —el talento— es raro en política.

Tales personas, una vez que no ascienden como creen que deberían —o, peor aún, cuando la necesidad exige que se las degrade— se convierten rápidamente en un peligro potencial. Se dan cuenta de que el líder ya no es su vía de progreso. Por tanto, gravitan en torno a otros —siempre hay otros— que están dispuestos a prometer lo que el líder ha decidido no hacer. Dejan de ser aliados amistosos y se convierten en críticos hostiles.

Y esa no es la única forma en que se hacen enemigos políticos.

A algunas personas les gusta sentirse cercanas al líder, saber que cuentan para él, poder decir a sus amigos que son amigos suyos. Serán personas con distintos niveles de influencia, no ministros, pero invariablemente individuos con un agudo sentido de su propia relevancia. Son muy susceptibles al menosprecio. Se ofenden rápidamente si se olvidan cosas que ellos creen que deberían recordarse o no se les presta atención cuando creen que se lo merecen. El menor descuido que perciban les hará pensar que han pasado de la preferencia a la indiferencia.

Los momentos de aparente negligencia por parte del líder suelen ser percibidos más que deliberados. Ser líder es una gran tarea que devora energía y concentración. No es razonable esperar que, si eres el líder, estés atento en todo momento a lo que, comparado con la envergadura de los asuntos que tienes entre manos, son cuestiones triviales. Pero la cuestión es que no son triviales para aquellos a los que estás desatendiendo. Es ridículo, exasperante e irracional que las personas desatendidas de forma involuntaria guarden rencor. Pero lo hacen.

Luego están los celosos. Los celos son una simple emoción que todos tenemos la capacidad de sentir. Intentamos dominarla, pero son un insidioso y hábil manipulador de nuestra psique y saben presentarse como algo diferente y con más principios. Los líderes no deben engañarse en este sentido. Por muy simpáticas que sean las personas de cara a la galería, en el fondo viven en un hábitat inundado de pequeños duendes invisibles —como la envidia— que esperan a que los líderes tropiecen o, si surge la oportunidad, les ponen la zancadilla.

Todas estas personas pueden pasar muy fácilmente de la antipatía leve a la hostilidad activa. Incluso en su versión más positiva, están a muy poco de convertirse en enemigos.

Luego, por supuesto, están los que se oponen al líder porque están realmente en desacuerdo con él. Los hay. Su desacuerdo puede ser cordial, pero también puede acabar siendo desagradable. Puede que sea por una cuestión de principios, pero en política lo político y lo personal son difíciles de distinguir.

La cuestión es que el líder hará enemigos, muchos, legiones; y los hará sin querer, a veces sin darse cuenta. De ello se deduce que no debe tenerlos de manera deliberada, pues ya le surgirán bastantes de forma accidental.

Hay que actuar en todo momento con elegancia. Mi padre me enseñó muy pronto que el encanto no cuesta nada. Sonreír y ser amable. No es difícil. La amabilidad es una virtud al alcance de cualquiera. Mostrarla no evitará que se acumulen enemigos, pero al menos permitirá reducirlos y, a los observadores que lo rodeen a uno, convencerlos de que esa enemistad es injustificada o exagerada. Todo ayuda.

Del mismo modo, un líder nunca debe guardar rencor. Es un derroche de energía. Es inútil y consume mucho tiempo. Es malo para la estima que le tienen los demás y para la que se tiene a sí mismo. También es una forma segura de convertir a alguien a quien le cae mal en alguien que lo odia.

Por supuesto, un líder debe mostrar y exigir lealtad. Y los desleales deben ser apartados por el bien de todo el proyecto. Eso es buen liderazgo. La incompetencia también debe tener consecuencias. Tolerarla es un fracaso de liderazgo. El líder que no toma las medidas necesarias, que muestra debilidad o que —tal vez por amistad o por miedo— permite que los desleales e incompetentes sigan formando parte del equipo, envía un mal mensaje a toda la organización, desmoralizando a los que son leales y competentes y creando un entorno en el que el mal comportamiento se consiente.

Pero ser firme ante un mal comportamiento es completamente distinto a guardar rencor por ello. Ajustar cuentas —utilizar el propio poder, autoridad y estatus para infligir daño a alguien sin ningún propósito de gobierno— está mal. Tal acción responde al ego, no es una expresión de liderazgo.

El liderazgo se ejerce mejor en frío, no en caliente; con el espíritu tranquilo, no tempestuoso; sin rencor personal; cuando los dientes no rechinan y los ojos ven el cuadro completo, no el pequeño rincón, cegado por la irritación o la ira.

Hay otra razón por la que es un error apresurarse a quemar puentes. Si bien es cierto que en política los amigos pueden convertirse en enemigos, también lo es que los enemigos pueden llegar a ser, si no amigos, al menos colegas.

Cuando, como primer ministro, me planteaba nombrar o ascender a alguien, mis allegados me decían a veces: «Pero ¿has visto lo que decían de ti?». Yo respondía: «Me da igual; ahora me sirven». La gente se separa de ti, pero siempre se debe estar dispuesto a dejar que vuelvan.

Puede que el líder haya tenido un desacuerdo real y profundo con otra persona sobre un tema de política. No lo debe tomar como algo personal. Quizá en el futuro surja otro tema en el que ambos estén de acuerdo y para el que necesite su apoyo. No ha de serle imposible.

La palabra «despiadado» significa literalmente «sin piedad». Pero, en el contexto político, se entiende mejor como «sin emoción desmedida». Las emociones no tienen nada de malo: somos humanos. Cuando un líder actúa sin piedad, la ausencia de piedad se debe a la presencia de un propósito.

En este caso, ser despiadado es una fortaleza. Pero no tener piedad por resentimiento es una debilidad disfrazada de fuerza. Y rara vez deja de traer desgracias.

En los sistemas políticos que funcionan por voto proporcional, las coaliciones son el día a día. Y cambian constantemente. En esos sistemas, he visto cómo se formaban Gobiernos de coalición entre partidos muy diversos, algunos de los cuales parecían visceralmente opuestos entre sí, pero que de algún modo eran capaces de unirse cuando era necesario.

Pero esta cooperación siempre es más difícil cuando la oposición no es visceral en un sentido político, sino personal. En ese caso, no se trata simplemente de negociar diferentes posiciones políticas, sino de superar la angustia emocional y la furia. Eso es mucho más difícil.

Así que todo líder debe recordar que su trabajo es liderar. No hay espacio para nada que consuma su energía o su atención o que no sea sustancialmente importante para gobernar.

38

Crear un grupo de apoyo, no una camarilla

Me gusta la parte más sublime de la política: las ideas, la formulación de medidas, la toma de decisiones, el reto de enfrentarse a un problema, analizarlo y resolverlo. Estas son las cosas que me conmueven, que activan mis sentidos, que me hacen sentir que todo este asunto merece la pena a pesar del dolor y la decepción.

Pero no bastan por sí solas para sobrevivir en la peligrosa vida callejera del centro de la ciudad política, donde las bandas campan a sus anchas, cada esquina tiene su propio asesino al acecho, hasta el transeúnte más inofensivo puede convertirse de repente en un salvaje y la ambición y la intriga cohabitan en mortal combinación. Se necesita a gente alrededor que dé apoyo, protección y luche por ti, que forme un círculo a tu alrededor y te proporcione un escudo defensivo mientras caminas por la calle. En otras palabras, se necesita un grupo de apoyo: un partido, un movimiento, cuadros o soldados de infantería.

Aprendí la importancia de esta dimensión del liderazgo por las malas. Al final de mi mandato, tenía un grupo de personas a mi alrededor que apoyaban mis ideas y la dirección de mis políticas, y que eran valientes y estaban dispuestas a dar la cara, luchar y protegerme. Pero no eran suficientes y no estaban organizados como yo necesitaba.

Como la gestión del partido en realidad me aburría, la descuidé bastante. Error. No es algo para estar orgulloso. Por el contrario, fracasar en este aspecto implicaba un fracaso en términos de liderazgo. Fue un acto de incompetencia, pues la competencia en este ámbito es crucial para dirigir bien. No es que no contara con personas —ayudantes cercanos— que hicieran gran parte del trabajo duro en el partido y lo hicieran con gran habilidad. Es que no me di cuenta de que, en un momento dado, no podían sustituirme. Podían ayudar a llevar la carga, pero yo tenía que estar en el centro de lo que sucedía.

El compromiso, por tanto, con un partido político en el sentido convencional, o con un movimiento o incluso una facción dentro de una base más amplia, es crucial para un líder. Mientras se está en la oposición, esto es relativamente fácil. Aunque entonces no lo parezca, se tiene más tiempo libre que cuando se está en el Gobierno. Y, en cierto sentido, la gestión del partido en la oposición equivale a gobernar. Gestionar bien el partido demuestra la capacidad ejecutiva. Este es un aspecto importante porque pone a prueba la capacidad de gobernar, aunque la importancia de las decisiones que se toman sea, obviamente, mucho menor.

La clave del éxito del liderazgo es continuar con esta gestión en el Gobierno cuando se sufren presiones que lo erosionan. Ahora no se tiene tiempo, ni energía, ni siquiera paciencia para preocuparse del partido porque pesa más la toma de decisiones que afectan a vidas reales, con consecuencias reales. Pero se tiene que encontrar ese tiempo, esa energía y esa paciencia, porque la gestión del grupo de apoyo permitirá tomar esas decisiones de la manera que se desee.

Soldados descontentos no forman un ejército eficaz. Por lo tanto, no es malgastar el tiempo y la energía si uno se centra en mantenerlos contentos. Se debe considerar como una necesidad profesional. Para quienes trabajan en su nombre, en las entrañas del cuerpo político, el líder se convierte rápidamente en una figura remota. Puede que lo admiren, pero necesitan saber que él los admira, que los considera esenciales, que los ve como una parte vital para la salud del grupo.

Estos soldados de infantería se dividen en dos bandos: los que actualmente son soldados de infantería pero tienen una ambición natural y a menudo bien fundada de llegar a ser oficiales o incluso líderes; y los que están contentos como tales y que, o bien saben que ese es el límite de su capacidad, o bien han elegido quedarse ahí y no tienen mayores ambiciones. El primer grupo necesita saber que existe una vía de avance y que el líder entiende que es su deber ayudarles a avanzar. El segundo grupo necesita saber que el líder aprecia su importancia, que no están por debajo de él, sino a su lado, que valora su presencia y no confunde su falta de ambición con falta de orgullo o deseo de reconocimiento.

El compromiso del líder con estas personas tiene que ir más allá de aparecer de vez en cuando y pronunciar un discurso. La agenda —tan indispensable— tiene que dejar espacio para reuniones que permitan el diálogo, oportunidades para explicar, para intercambiar argumentos que se puedan utilizar con los oponentes a las medidas que haya decidido, educar, cultivar y generar apoyo. Los asuntos personales —matrimonio, hijos, fallecimientos, logros fuera del ámbito político— también deben destacarse y celebrarse. Los soldados de a pie deben sentirse inspirados por el propósito y liderazgo del líder, pero también han de sentir que forman parte de él, que son una parte integrante. Cada uno puede ser una pieza del engranaje, pero es una pieza sin la cual el engranaje no funcionaría.

En los primeros momentos tras la victoria, cuando se llega al poder, todo esto puede parecer algo agradable de hacer, pero no se toma como un deber primordial. Cuando lleguen los tiempos difíciles —e inevitablemente sucederá— la importancia de este grupo será manifiesto. Ese es el momento en que más vale que esas personas estén listas para pasar a la acción y no se descubra, de repente, que no lo están.

No hay que confundir un grupo dispuesto a tomar las riendas con una camarilla. Por supuesto, cualquier líder tendrá un círculo íntimo de aliados cercanos. Son socios, aquellos con los que comparte pensamientos políticos íntimos, ansiedades y secretos. Son las personas con las que disfruta pasando tiempo porque hay un nivel de confianza que permite cavilaciones indiscretas en un oficio en el que, por regla general, este tipo de cavilaciones se consideran imprudentes y la indiscreción se castiga con severidad.

Pero eso no es en absoluto lo mismo que una camarilla: ni en escala, ni en por qué y cómo se crea y se mantiene. La camarilla proporciona comodidad. El grupo de apoyo ofrece protección. La primera hace la vida más llevadera. El segundo mantiene a flote.

Desgraciadamente, y en ocasiones de forma desagradable, las necesidades del entorno pueden ir más allá de la expresión de aprecio. Puede llevar a la exigencia de un sustento más tangible. Esto puede tomar la forma de una posición política que realmente les importe a esas personas, un gesto simbólico o sustancial que demuestre que el líder es uno más de ellos. Si este último está de acuerdo, no hay problema, naturalmente. Pero, en caso contrario o, peor aún, si va en contra de su forma de pensar, tiene que sopesar la situación con mucho cuidado. Es posible que se tenga que ceder en algo para un propósito inferior con el fin de lograr un propósito general superior. En mi opinión, no hay nada de malo en ello.

Por supuesto, si solo se trata de mantener al líder en el poder a cualquier precio, entonces todo el proyecto carece de valor. Pero escribo para los líderes que tienen un deseo genuino de hacer cambios en los que creen. Y para estos líderes, de vez en cuando —no demasiado a menudo y no en temas demasiado importantes— el negocio de la política exige concesiones a aquellos en los que se confía cuando las circunstancias lo requieren.

Hay otra razón para crear y mantener un grupo de apoyo: este protegerá el legado del líder.

39

Mantener el legado

Si el líder no mantiene el legado, nadie más lo hará.

Sin embargo, es más fácil decirlo que hacerlo.

Después de un tiempo en el poder, se olvida cómo era la vida anterior. El líder se acostumbra al estatus, a la parafernalia que lo mantiene en lo alto, en el púlpito, o lo que Teddy Roosevelt llamaba «la formidable tribuna». Por «tribuna», Roosevelt —el más notable de los líderes políticos y una figura que bien merece estudiarse— se refería al poder que da el hecho de ser el líder de un país. Esto permite ser el primero en hablar y normalmente también tener la última palabra.

Lo que dice el líder importa. Cuando se pronuncia, la gente escucha. Con un mínimo de habilidad, puede, en su condición de líder, marcar la agenda. Otros lo intentarán, pero él tiene más peso. La gente puede atacar lo que hace, pero siempre se le permite reaccionar. Siempre tiene un altavoz a su disposición. Y, cuando lo utiliza, nadie más puede igualar el alcance de lo que dice.

Eso significa que el líder también puede rebatir a los detractores. Cuando sus adversarios se burlen de sus logros, podrá defenderlos a capa y espada. Cuando cuestionen sus motivos, puede responder a sus preguntas con autoridad. Pueden gritar y berrear, lanzar insultos, lanzar puyas hirientes contra lo que hace y hacia su persona, hacer acusaciones. Pero no pueden silenciarlo, ni privarle de ese altavoz ni de su poder. Pueden asediar la tribuna y arrojarle estiércol, pero sigue siendo él quien da el sermón.

Una vez que el líder se baja de la tribuna, se aleja y otro ocupa su lugar, todo su mundo cambia.

Se acabó el poder del altavoz. Atrás quedó la capacidad de llegar más lejos con los mensajes. Atrás quedaron el estatus y la parafernalia. Se acabó la infraestructura que lo mantenía en pie.

Peor que ser silenciado, ahora se le puede ignorar.

Y no es solo eso. La persona que lo suceda no verá necesariamente con buenos ojos lo que ha hecho durante su mandato. Por el contrario, si procede de otro partido, le interesa oponerse, proclamar que su herencia es lamentable, presentar los retos que deja a su paso como demasiado complejos. Así puede construir una narrativa que le permita excusar sus propios fallos o su incapacidad para cumplir las expectativas que ha despertado para ganar el poder.

E incluso si su sucesor procede de su propio partido, es bastante razonable que quiera demostrar que está empezando de nuevo, adoptando nuevas ideas, cambiando de dirección. De lo contrario, teme que la gente se pregunte por qué él sí y no su antecesor.

Como en otros ámbitos, puede sacar más provecho de los errores del pasado que de los logros.

Cuando dejé el cargo, tenía grandes ambiciones que en ningún caso pasaban por jubilarme. Quería hacer algo diferente. Quería construir algo. Y construir requiere trabajo y concentración. Diecisiete años después, tras algunos comienzos en falso y momentos difíciles, creo que por fin estoy en el lugar que quería estar.

Presido un instituto que está creciendo y que tiene un alcance mundial, con equipos de personas en todo el mundo que ayudan a los Gobiernos a cambiar las cosas. Lo cual es bueno, pero...

Como tenía una nueva vida con un nuevo propósito, pensé que podía dejar que la antigua vida se ocupara de sí misma. Aquello fue un gran error.

Inevitablemente, había demasiada gente interesada en desprestigiar mi trayectoria. El Partido Laborista dio la espalda al «nuevo laborismo» porque quería demostrar que un Partido Laborista más tradicional era un vehículo mejor y con más principios para la política progresista. El Partido Conservador, que había sufrido la conmoción por primera vez desde la formación de los laboristas de asistir a tres legislaturas sucesivas del partido de la oposición en el poder, no sin razón quiso unirse a cualquier desacreditación para asegurarse de que los laboristas no volvieran a ganar. Y, para ser justos, la parte más centrista del Partido Conservador estaba siendo atacada cada vez más por su propia derecha.

Asumí que el desacuerdo y enfado, perfectamente comprensibles, sobre Irak y el apoyo a Estados Unidos tras el 11-S (que no discuto ni por un momento que deban ser una parte importante de la evaluación de mi mandato) eclipsaran casi por completo los logros, ya fuera en lo relativo a la mejora de los servicios, los recortes de la pobreza, el crecimiento económico, la reducción de la delincuencia, el avance social y liberal, la paz en Irlanda, un salario mínimo o nuestro liderazgo en desarrollo.

Hoy las cosas son un poco diferentes. Cuando dejé el cargo, otros pudieron y seguramente quisieron definir mi legado en términos totalmente negativos. Ahora, con un Partido Laborista diferente que quiere el poder y que comprende por fin que el camino para conseguirlo no es distinto del que yo seguí, por fin cuento con algunos defensores. Pero lo cierto es que no estaba preparado, y debería haberlo estado.

He visto cómo esto ha sucedido repetidamente con otros líderes cuando han abandonado el poder. A menudo, por la noble y digna razón de no querer ser una molestia para sus sucesores, no dicen nada. Y, en general, eso puede ser una buena opción, como reconozco en el próximo capítulo. Pero, cuando se ataca el historial de alguien, ese alguien debe salir del silencio y participar. Al menos periódicamente.

Siempre digo que asumiré la responsabilidad de las decisiones que tomé en el cargo, pero no de las que se han tomado después. Es importante no asumir la responsabilidad de asuntos que pueden haber empezado con tus decisiones, pero que luego fueron tomando forma a través de las decisiones de tus sucesores. Uno se responsabiliza de la época en que era líder. No de lo que viene después.

Por supuesto, es mucho más fácil proteger tu legado cuando has creado un grupo de personas que siguen alineadas con él, después de que hayas dejado el cargo. Entonces tienes defensores. Sin embargo, todo esto solo te da una oportunidad de luchar, y no voy a ocultar la dificultad de hacerlo. A veces lo mejor que se puede hacer es adoptar el enfoque zen y tener esperanza. Henry Kissinger me contó una vez que intentó consolar al presidente Nixon cuando abandonaba la Casa Blanca tras el escándalo Watergate diciéndole: «La historia será más amable contigo». Nixon respondió: «Todo depende de quién la escriba, Henry».

Ahora bien, eso no es del todo cierto: la historia se escribe sola hasta cierto punto y, a pesar de lo que algunos puedan pensar o creer, los hechos siguen siendo hechos. Pero el color, la interpretación, el enfoque y el impacto son juicios y quienes los emiten necesitan al menos escuchar a ambas partes.

Por tanto, el líder tiene que crear su defensa y poner de su lado a defensores. Debe dedicar parte de su tiempo a responder a las críticas y a defender sus argumentos.

Puede que se haya apartado del poder, pero no de la memoria. Por lo tanto, tiene que trabajar para que parte de esa memoria sea positiva.

40

Partir con elegancia

No hay un momento perfecto para marcharse. No hay un momento perfecto para estar en la cima y luego dejarla. No hay momento perfecto para ser «él» y luego el posterior a «él».

Los dictadores pueden morir en el cargo. Los líderes elegidos democráticamente pueden marcharse porque hayan encontrado algo mejor que hacer. Sin embargo, no se me ocurre ningún caso en el que esto haya ocurrido.

Por tanto, rara vez se produce una salida consentida, ni siquiera cuando en apariencia lo parece.

En las dictaduras, el motivo para resistirse a la salida suele ser el miedo. En la mayoría de las dictaduras hay un grupo de personas muy unidas en torno al líder. Por lo general, ese grupo tan unido se ha beneficiado personalmente de su cercanía a la fuente de autoridad. A menudo, el líder ha participado en los planes de esas personas para acumular riqueza o poder. Su temor, por tanto, es que un nuevo líder se enfrente al anterior, vea la ventaja de sacar a la luz las «fechorías» del régimen anterior y tenga su propio séquito, que también espera enriquecerse. Eso pone en peligro tanto al antiguo círculo íntimo como al antiguo líder. Y, en una dictadura, la respuesta de los dirigentes al riesgo puede ser más mortífera que vergonzosa.

En una democracia, el mandato es limitado. Por lo tanto, la salida del cargo en algún momento es inevitable. Pero eso no significa que sea fácil. Si, en el poder, se pierden las elecciones, no se consigue renovar el mandato. Entonces el líder siente que se ha esforzado en vano. O lo despiden, lo derriban, lo empujan, le hacen entrar en pánico o lo golpean hasta que se le agota la fuerza vital y ansía liberarse. Incluso entonces, en el fondo, no quiere irse.

A nadie le gusta irse antes de que el trabajo esté hecho y, como he dicho antes, el trabajo nunca está completamente hecho. Siempre hay algo, a veces mucho, que se queda en «asuntos pendientes».

El hecho es, sin embargo, que en algún momento, tarde o temprano, hay que irse. No se vive para siempre ni se dirige para siempre.

Entonces, ¿cómo hacerlo bien? ¿Existe una forma correcta?

Creo que es posible apuntar ciertos elementos que pueden constituir una «forma correcta».

En primer lugar, hay que reconocer que uno puede verse obligado a dejar el poder cuando cree sinceramente que no debe hacerlo. Hay que aceptarlo. Aferrarse no da una buena imagen ni es un buen atributo. Hay que ser sincero con uno mismo al respecto. ¿El líder intenta quedarse porque cree que el país estará en peligro si se va? ¿O es un miedo interno a que la pérdida de poder signifique una pérdida de prestigio, incluso una pérdida de fe en él mismo; que cuando pase lo que ha llegado a definirlo también lo hará esa autodefinición?

Renunciar al poder nunca es fácil, sobre todo si se siente que el trabajo no está terminado, si el impulso de gobernar por una razón sigue presente, si el fuego del propio corazón sigue ardiendo. He mencionado antes que es una ironía inherente al hecho de gobernar que —por lo general, aunque por supuesto no de forma universal—, cuanto más tiempo se gobierna, mejor se hace; y, sin embargo, la popularidad es a menudo inversamente proporcional.

Así que se empieza siendo el más popular y el menos capaz y se termina siendo el menos popular pero el más capaz. La verdad es que fui mucho mejor primer ministro en mis últimos cinco años de mandato que en los primeros, al menos en política interior, y, cuando llegué al décimo año, sabía muy bien cómo hacer cambios y el tipo de cambio que sería más eficaz en cada momento. Pero sabía que se me había acabado el tiempo, a menos que estuviera dispuesto a librar una lucha frontal por la supervivencia que podría haber perjudicado al partido y al país.

Luego está la cuestión de quién sucederá al líder.

La «planificación de la sucesión» en la empresa tiene toda una sabiduría dedicada a ella. Es vital para la supervivencia de la compañía. Se me ocurren buenos y malos ejemplos.

Cuando hablamos de política, la planificación de la sucesión es igual de importante, y a menudo más, dado que estamos hablando del futuro de países y no de empresas.

Pero el contexto de la planificación es, de largo, más complicado. Y, francamente, no se me ocurren muchos buenos ejemplos.

La mayoría de los líderes quieren elegir o, al menos, participar en la elección de su sucesor.

Sus razones pueden ser, por supuesto, malas o egoístas. Un líder puede, por ejemplo, querer controlar el proceso porque le da una sensación de comodidad: está fuera, pero sigue con las zarpas metidas. Entonces es solo una cuestión de ego.

Pero sus motivos también pueden ser honorables. El país puede ser aún inestable; puede ser una democracia, pero joven y propensa a ciertos desequilibrios. La oposición puede ser muy destructiva para los intereses de la nación. O, en un país más desarrollado, puede que exista un proyecto de cambio y, como hemos visto, cambiar un país suele llevar mucho más tiempo que el o los mandatos de un líder.

Los buenos líderes tienen un proyecto de progreso para su país. Los que se quedan después de haber sido incapaces de impulsar el proyecto, o de que el propio proyecto haya dejado de ser relevante, simplemente ocupan un espacio que es mejor que ocupen otros. Pero no está mal intentar que haya cierta continuidad, sobre todo cuando está claro que la dirección que tomó el líder beneficia económica o políticamente a la población.

La continuidad de la política —siempre que esté bien fundamentada, claro está— es un requisito esencial para el éxito de un país. Proporciona estabilidad, da tiempo para que una reforma a largo plazo funcione; ayuda a fijar una dirección. En los sistemas democráticos, esto puede ser difícil de conseguir, ya que la disposición natural de la oposición es objetar.

En un sistema no democrático, la continuidad de la política es más fácil de conseguir mientras el régimen está en el poder. Pero, en algún momento, el régimen cambia y surge el mismo problema. Así pues, el líder debe seguir ocupándose de planificar.

La sucesión, pues, importa. Se le debe prestar atención, incluso si se descubre que, llegado el momento, el poder para influir en ella se desintegra. Al fin y al cabo, la política es imprevisible. Hay una multiplicidad de intereses diferentes y a veces enfrentados; hay acontecimientos inesperados que cambian el contexto de gobernar. Todo ello conspira para que las circunstancias y el momento de la salida sea mucho más difícil.

Así que, al marcharse, el líder debe intentar asegurarse de que el futuro está en buenas manos. Pero tiene que ser realista sobre quién tomará el relevo. Es probable que pierda la discusión tantas veces como la gane.

También hay otra cosa que se aplica casi siempre a la planificación de la sucesión en el liderazgo: nunca se puede saber realmente si alguien está a la altura del puesto hasta que lo ocupa. Se puede intentar evaluar su capacidad y se podría pensar que, si el recién llegado ha estado cerca de la cima durante mucho tiempo, con mucha probabilidad dará la talla. Craso error. También se podría pensar que sus colegas pueden juzgar quién es la mejor persona para triunfar. Pero se suelen equivocar con la misma facilidad.

Por último, si consigue marcharse con cierta elegancia, lo recomendable es que la conserve más allá del ámbito político.

Eso no significa que el líder haya de convertirse en un ermitaño. A menudo se cree que un antiguo líder debe mantener silencio. Si un exdirigente ve que su país está cometiendo lo que considera un grave error o si cree, como yo hasta hace poco, que su partido va en la dirección equivocada, tiene, si no el deber, al menos la justificación para hablar.

Pero eso no es lo mismo que socavar deliberadamente al sucesor porque se anhela un retorno o involucrarse en una intriga. En otras palabras, si se trata de hablar con objeto de participar en la «gran política», de acuerdo. En cambio, si se trata de meter cizaña en términos de pequeña política, ese comportamiento es inapropiado y, por cierto, muy a menudo resulta inútil.

Aprendí una lección ya de adulto sobre los celos en el amor. Sé amigo de tu ex. Conserva la amistad aunque la relación íntima haya terminado. Reprime la amargura y rebaja el escozor del ego, incluso si —y quizá especialmente si— te han dejado. Si lo haces, te sentirás mejor contigo mismo y puede que, con el tiempo, tu ex te vea de forma más positiva. Por supuesto, puede que no. Pero así es la vida.

Si, como líder, puedes marcharte con elegancia, hazlo. Te sientas como te sientas en el momento de irte, acabarás sintiéndote mejor después.

Epílogo

Me preguntan a menudo: «¿Le ha gustado ser primer ministro?». La verdad es que «alegría» nunca es la palabra que me viene a la mente cuando pienso en ello. Algunos líderes que conozco responderán que sí y algunos incluso lo dirán en serio. Pero, francamente, al menos para mí, había demasiado estrés, demasiada conciencia de responsabilidad; todo pesaba demasiado como para identificar lo que sentía con la alegría. Satisfecho, sí. Concentrado y lleno de energía, desde luego. Pero alegría es lo que siento cuando nace un hijo o un nieto, en una boda o en la celebración de un logro ajeno. En política la sentí en dos ocasiones: cuando concluimos el Acuerdo de Viernes Santo para la paz en Irlanda del Norte y cuando ganamos la candidatura para los Juegos Olímpicos de 2012. Pero en el día a día no me pavoneaba alegremente por Downing Street.

Sin embargo, es realmente un privilegio dirigir una nación. Y es importante sentirlo, entender que el líder se encuentra en una posición privilegiada. Por un lado, hace que las críticas sean soportables. Pero, sobre todo, transmite la noción de que el líder está ahí para servir. Ese es el trato: se es el jefe, el rey o la reina del castillo, el número uno; pero el propósito de todo ello tiene que basarse en la humildad del servicio.

Así que, en cierto sentido, los propios sentimientos deben ser, necesitan ser, relegados. Lo que importa son los sentimientos de la gente.

Y hay una cosa —además de todo lo obvio, como que la gente crea que sabes lo que haces— que merece una mención especial. Un país necesita mantener la moral alta.

Un líder necesita generar optimismo.

Nadie quiere subirse a un avión con un piloto deprimido. Quieres que la persona al mando de la aeronave parezca que tiene algo por lo que vivir. Tiene que rebosar confianza, no ansiedad.

La gente siempre recuerda la parte de «sangre, sudor y lágrimas» del famoso discurso de Churchill. Es cierto que el gran estadista estaba explicando el enorme desafío al que nos enfrentábamos como nación. Pero todo estaba en un contexto de «Vamos a ganar». Al final llegará la victoria. Son muchas las probabilidades en nuestra contra, pero venceremos.

El gobierno es, por supuesto, un asunto serio, o al menos debería serlo. Y, dado que los líderes se dedican a ello y tratan asuntos de enorme importancia material para la gente, pueden olvidar que, en su mayor parte, la gente no quiere pensar mucho sobre política o gobierno. Los activistas políticos —quienes sí piensan mucho en política y gobierno— a menudo no lo entienden o, si lo hacen, en cierto modo desaprueban el desinterés general del público por la obsesión que los invade.

Al mismo tiempo, nunca hay que subestimar el deseo de la gente de divertirse, de disfrutar, de entretenerse. La gente *just want to have fun* («solo quiere divertirse»), como dice la canción. Vale, estoy exagerando un poco. Pero la cuestión es importante. La seriedad de la tarea de gobernar, las difíciles decisiones que hay que tomar, la necesidad de explicar la gravedad de todo ello son cuestiones que deben tener en cuenta la realidad de la naturaleza humana.

En el libro *Peacemakers*, de Margaret MacMillan, sobre las negociaciones celebradas en París en 1919 para resolver los problemas derivados de la Primera Guerra Mundial, hay una descripción maravillosa de cómo, a pesar de los debates que estaban teniendo lugar y que cambiaban el mundo y las naciones, y de la inmensidad de los asuntos en juego, la gente que acudía a París y los propios parisinos seguían encontrando tiempo de sobra para divertirse. Se reabrieron los teatros, volvieron a celebrarse las carreras en St. Cloud, se representaban nuevos y atrevidos bailes y musicales, y la gente, liberada de los horrores de la guerra, tenía aventuras y hacía el amor con toda la pasión e indulgencia de que son capaces los seres humanos. Las viejas inhibiciones se enterraron. Elinor Glyn, una famosa novelista romántica de la época, escribió —con aire moralista, todo hay que decirlo— que «el vicio campa a sus anchas en París […]. Las lesbianas cenan abiertamente en grupos de seis a veces, en Larue. Los hombres hacen lo mismo». Incluso a los líderes —el presidente Wilson, Lloyd George y Clemenceau— se les convenció para que salieran y se relajaran.

Así que, al abordar los inevitablemente aleccionadores y a veces oscuros asuntos de gobierno, hay que dejar un poco de espacio para la luz y la risa.

Este libro ha tratado sobre el liderazgo en el Gobierno. Pero la idea misma de liderazgo subyace en cualquier persona a la que siguen otras personas. Y, para que la sigan, han de creer que el líder las está llevando a un lugar al que merece la pena ir: que sus vidas serán mejores, su nación un lugar mejor donde tendrán un futuro más halagüeño.

El hecho de que sea un privilegio ser líder debería prestarse al optimismo. Se ocupa una posición por la que uno se ha esforzado. Todo es posible, dentro de ciertos límites. Que la nación avance está en sus manos.

Por supuesto, la prueba es, en última instancia, si, juntos, el líder y la gente tienen éxito. Pero las perspectivas de éxito aumentan si se parte de un espíritu noble. Que se fundamenta en la humildad que debe acompañar al privilegio de liderar y que, idealmente, el líder debe poseer de forma natural. Porque, si no está ahí por naturaleza, la experiencia se lo acabará enseñando.

Agradecimientos

Este libro trata del liderazgo: cómo los líderes transforman las grandes ideas en resultados. Confieso, sin embargo, que en mi caso me ha llevado bastante tiempo pasar de lo que espero que fuera una buena idea a un libro acabado. Ha sido un trabajo de amor que no habría podido completar sin la ayuda del extraordinario equipo que me rodea, en particular Daniel Sleat, que me asistió con la investigación para estas páginas. También me gustaría dar las gracias a todos los que trabajan en mi instituto, que ahora opera en casi cuarenta países de todo el mundo y cuenta con cerca de mil empleados: son un grupo excepcional de personas con talento dedicadas a servir a los líderes políticos y a los Gobiernos.

En Penguin Random House, me gustaría dar las gracias a mi editor, Nigel Wilcockson. Por razones que no hace falta que explique, se lo conoce en la oficina como «el sufrido Nigel». Le estoy profundamente agradecido. Gail Rebuck, presidenta de Penguin Random House UK, también me dio consejos increíblemente valiosos sobre cómo mejorar el texto.

Las lecciones que extraigo en el libro proceden de mi experiencia tanto en el cargo como desde que dejé el número 10 de Downing Street. Por encima de todo, doy las gracias al excelente personal del instituto que trabaja apoyando a líderes de todo el mundo en estrategia, política y ejecución. También deseo mostrar mi agradecimiento a los increíbles ministros y a las personas que me acompañaron en el Gobierno. A ellos se deben los increíbles logros de nuestro mandato.

Por último, quiero expresar un agradecimiento especial a todos los líderes de todo el mundo con los que he tenido la suerte de trabajar desde que dejé el cargo. Ha sido, y sigue siendo, un privilegio colaborar con tantas personas inspiradoras en la primera línea de la política que trabajan incansablemente para mejorar la vida de sus ciudadanos.